孤兒・女神・負面書寫

文化符號的徵狀式閱讀

劉紀蕙◎著

〈自序〉

我們的症狀

劉紀蕙

黃漢荻曾經說：台灣前輩畫家呂璞石的畫作被人描述爲是以如同實驗室一般的精準，透過層層鋪疊的顏料與質感，來呈現台灣土地的溫度與溼度（註：黃漢荻在一場「中國／台灣的當代視覺呈現」座談會中發表此看法。「中國符號與台灣圖像學術研討會」，輔仁大學，一九九九年十二月十七—十八日）。我想，我這幾年來所要探究的，不是台灣作家如何呈現眼前的土地，而是台灣不同時期的作家如何以圖像修辭與非寫實書寫，來呈現台灣人民眼前所不見的心理溫度與溼度。

我開始思索這個問題，是因爲我注意到，近二十年來，台灣文化界展開調整與重新建構文化認同的風潮。這股風潮自然與同時期國際以及島內政治局勢的改變息息相關。然而，若我們仔細觀察文學與藝術的再現文本，會發現這些文本透過改寫中國符號與台灣圖像，卻也迂迴地流露出台灣島上複雜的認同模式與不安焦慮。

因此，我們再一次面對什麼是「中國」的問題。當「中國」這個辭彙不再是本質性的範疇，當「中國」在文本的再現過程中被視覺化與符號化時，我們便必須面對這個符號的虛構想像性格，以及此符號所牽涉的隱藏文本與概念系統，甚至是此概念系統所呈現的文化定位以及藉以區隔「他文化」的內在動力。

對於台灣而言已然成爲「他者」的中國，在台灣文人與藝術家的想像與修辭中面貌變化多端。這個「符號他者」(Semiotic Other)是台灣文化與個人歷史中的一個環節，像是母親，像是戀人，像是文化中不可復得的理想境界，或是一個熟悉卻陌生的空間，甚而是一塊沾著於身體上欲去之而後快的腫瘤。這個「文化他者」是必須被推離的自身，以一種永恆的矛盾存在。因此，透過探討「中國符號」、「非中國符號」或是「台灣圖像」，我們得以深入思考台灣文學與藝術工作者如何藉著不同的符號轉義，來處理台灣文化意識的重新建構。

換句話說，我的研究問題著重於討論台灣文化轉型之際，文化場域透過各種論述建構文化認同時，藝術家如何選取可供投注的視覺化符號，此符號形式如何一再改變，由中國符號到「非」中國符號，到中國符號的閹割與不在場，甚至如何繼而轉向到另一座神龕的塑造。我亦企圖透過這些視覺化符號的轉變，討論選取符號者的主觀位置所牽引之時代脈絡與內在矛盾動力。因此，面對被視覺化的「中國符號」、「非中國符號」與替代而生的「台灣圖像」，我們所處理的是這些符號背後被置換的文化動力與投注對象，以及此符號的替代轉換過程中被壓抑的原初對象。

更重要的問題是，我注意到「中國符號」與「台灣圖像」這對具有相對意義的符號開始轉換意義時，其過程亦鑲嵌著台灣文學史論述的發展脈絡，甚至模塑其史論的形態。因此，我開始檢視台灣文化場域中附著於「中國符號」與「台灣圖像」的文學史論述，有關「中國—本土」之辯論，以及台灣「新文學」與「現代主義文學」的論爭。同時，我也開始思索這些文化符號背後被置換的文化動力與投注對象。我所關注的問題是，台灣文學寫實主義傳統之外的負面書寫在何處？我企圖思索此負面意識的本土意義與歷史脈絡，以便理解文化符號如何在文化場域中展開其改變投注的路徑。

要討論這些被置換的文化動力與投注工程，我所採取的詮釋策略是參照台灣文化場域的時代脈絡，進行後設心理學所啓發的精神分析之徵狀式閱讀。因爲，對我來說，更爲重要的議題是，我們身處台灣，面對不同的族群起源、不穩定的認同疆界、不同的象徵系統召喚，要如何透過檢視台灣文學與藝術中視覺化的「中國符號」以及「台灣圖像」，探討這些文化符號所流露的認同、淨化、排他、推離等動力與伴隨的焦慮，以及如何在台灣文學寫實主義之外的變態與負面書寫的符號空間中，觀看我們自身內部的異鄉人如何展演自我放逐，如何釋放施虐與受虐的雙向壓力。

台灣自八〇年代以迄九〇年代，自戒嚴時期進入解嚴時期，文化認同的轉變與掙扎在不同的角落發生，影響了每一位走過這段歷史的人。對於許多人而言，這個問題尚未解決。我所思考的問題是：我們要如何面對並且含納所有過去的文化經驗，例如日本經驗、中國經驗，以便繼續創造與改寫，而不要固著停留在棄絕與否認的動作。或許，如同精神分析所教導我們的，只有面對眞相，才有可能避免無止境的循環或是固著；只有透徹探討我們與「文化他者」以及「我們自身的陌生性」的關係後，才能使我們不再反覆執行自我的淨化工作，放棄追擊不屬於此團體的代罪羔羊。我個人更要面對的，是如何能夠以理論化的思考整理台灣文化場域的問題，以便開始討論台灣整體文化史中的圖像史、意識史與論述現象。

孤兒・女神・負面書寫：
文化符號的徵狀式閱讀

【目錄】全書總頁數496頁

〈自序〉我們的症狀 ◎劉紀蕙

I 文化符號的徵狀式閱讀：問題與方法

1 台灣文化場域內「中國符號」與「台灣圖像」的展演與變異 2

2 視覺圖像與文化場域的精神分析詮釋模式 34

II 文化意象的展演：從孤兒心態到女神心態的轉移

3 斷裂與延續
台灣文化記憶在舞台上的展演 64

4 女神文化的動力之河與戀物固著 108

III 固著之外：台灣文學史中的負面意識書寫

5 文化整體組織與現代主義的推離 152

6 變異之惡的必要
楊熾昌的「異常爲」書寫 190

7 銀鈴會與林亨泰的日本超現實淵源與知性美學 224
8 超現實的視覺翻譯
重探台灣五〇年代現代詩「橫的移植」 260
9 故宮博物院vs.超現實拼貼
台灣現代詩中兩種文化認同建構之圖像模式 296
10 燈塔、鞦韆與子音
陳黎詩中的花蓮想像與陰莖書寫 340
11 林燿德與台灣文學的後現代轉向 368
12 《時間龍》與後現代暴力書寫的問題 396
〈跋〉台灣經驗的負面空間與符號抗拒 423
參考書目 430
人名索引 〔001〕
文學現象、文學集團與批評術語索引 〔008〕

I | 孤兒・女神・負面書寫

文化符號的徵狀式閱讀

問題與方法

◆1 台灣文化場域內「中國符號」與「台灣圖像」的展演與變異

「中國符號」如何被台灣藝術工作者視覺化？

符號視覺化過程如何揭露藝術家內在的文化認同矛盾？

我曾經以「故宮博物院」作爲暗喻模式，討論台灣一九四九年流放詩人與新生代詩人對於「中國符號」與「台灣圖像」的不同處理方式，並進而討論其中呈現的文化認同之建構模式的轉變。①

對於一九四九年流放台灣的大陸詩人來說，「中國」的記憶如同在故宮博物院中珍藏的藝術品一般，展現出中國古文化歷史中被凝固住的完美片斷。因此，面對國畫、秦俑、唐三彩馬、玉器、瓷瓶、銅鼎，或是古中國地圖，詩人以「讀畫詩」(ekphrastic)的模式，呼喚並且重新整理他對中國歷史的文化記憶。余光中的〈白玉苦瓜〉、〈唐馬〉、〈秦俑〉或是〈黃河〉，都是典型的例子，一再描繪出詩人想像中的遼闊中原與神州圖像。

這種抒情懷鄉、遙想遼闊而寂寞的「古神州」浪漫情感，在六、七〇年代的台灣是普遍存在的。而且，生長於台灣，從未見過中國土地的新生代詩人，亦強烈的沾染上這種神州情懷。楊澤的〈漁父〉、〈拔劍〉、〈彷彿在君父的城邦〉，羅智成的〈那年我回到鎬京〉，甚至是後現代詩人林燿德的早期作品〈掌紋〉、〈文明記事〉等，都有此傾向。②

七〇年代末期的「三三詩社」與「神州詩社」便是集體抒發這種中國情懷的最高峰。

這種懷鄉情結，到了八〇年代漸漸無法支撐，原因在於七〇年代末期政治局勢的轉變：從中壢事件、中美斷交、高雄美麗島事件，加上過去白色恐怖時期壓抑住的歷史創傷經驗的逐漸浮現，使得人民對於政府以及國家的懷疑加劇，也相對的開始對於政府與國家所強調的大一統論述不再信任。一九八四年的「中國情結 vs.台灣意識」論戰③，具體呈現「中國」已然成爲「文化他者」的論述形態。

今日回溯，「中國情結」的論戰，其實銜接了一九七七年到一九七八年的「鄉土文學論戰」④，甚至在精神上也延續了一九七二年到一九七三年的「現代詩論戰」⑤。究其原因，我們可以觀察到此一系列文化場域論戰之癥結處，便在於以「本土」來區隔「西方」或是「中國」，以便建立「本土」之認同基礎。隨著文化場域內本土意識高升的同時，對於「西方」或是「中國」這兩種「文化他者」的排斥也陸續展開。「中國」的概念就在這個脈絡之中被嚴重的檢討與發生質變。

在這個質變的過程中，七○年代扮演著十分重要而奇特的角色。楊照在〈發現「中國」——台灣的七○年代〉一文中寫道：「如果說五○、六○年代是靠政治意識形態建構神話的時代，七○年代就是艱苦東挪西湊努力調整、維持神話的時代」(《七○年代：理想繼續燃燒》，頁一三二)。或者，如果我們說，八○年代開始了一連串的信念的瓦解，七○年代就是瓦解之前勉強支撐此神話的最後階段。

七○年代已經開始呈現政治神話疲憊的狀態。七○年代發生的保釣運動、脫離聯合國、蔣介石過世、與美斷交，都是震撼台灣人民的事件。過去穩固的封閉世界開始剝落，黨外異議份子力量的興起，再加上台灣人民深刻意識到台灣在國際間的孤立狀態，使得台灣島上開始出現一波又一波台灣身分認同的探索。台灣研究學者顧德(Thomas B. Gold)曾經指出，一九七○年以降的回歸熱引發各種文學與藝術的尋根活動，當時的小說、音樂、電影、舞蹈、戲劇與學術研究都呈現共同的主題，如本土的尋根、傳統民俗的探源、台灣史的研究與出版、大衆的政治敏感度等。具體的例子則有史惟亮的民謠音樂、《漢聲》雜誌引介民俗藝術、《雄獅美術》發掘洪通，以及雲門舞集跳傳統台灣廟會八家將的舞碼等（頁六一—四）。

七〇年代末期出現的「神州詩社」與「三三詩社」，是相對於同時期的「鄉土意識」的另一種磁場，吸引了另外一群嚮往中國文化而激烈企圖重建文化秩序的熱情年輕人。當年參加「三三詩社」的楊照曾經說過，七〇年代末期，「三三」對他是一種「烏托邦式」的嚮往：

> 我已經不復能用語言形容，初次讀到胡蘭成《今生今世》時的震撼感動。……我們謙恭地學習中國文化。那時正是與中國有關的口號喊得最為響亮的時代，我們不可能擺脱對中國的熱望綺想，卻又對宣傳的千篇一律內容極度不滿。坐在往景美方向疾馳的車上，我常常覺得自己正泗泳尋索一座島嶼，那個島上儲藏著「中國」所有精粹部分的寶藏。那個島、那座城邦，正是柏拉圖知識論中的最終「理型」，而現實不完美的中國只是它的不完美投影。
>
> （〈「彷彿在君父的城邦」〉，頁一四四）

九〇年代初期，楊照曾經提出「三三現象」與當時的「鄉土文學」都有一套「行動改革」原則的看法；他認爲「三三」與「鄉土文學」以不同的方式，卻同樣都企圖透過文學的形式，抗拒「六〇年代以降」，在「現代主義主導下，個人化、盡量縮小社會角色的傾向」（〈浪漫滅絕的轉折〉）。「三三」集團當年的確十分積極，到各大學或是中學舉辦座談會，出版「三三集刊」，希望吸引更多的年輕人加入，「讀經書」，讀古籍，以便「復興中華文化」。⑥我們看到「三三集團」的「行動」動力不見得是要改造社會，而在於對「中國」的「精粹部分」與「理型」的強烈投注，以便改造心靈，重建精神秩序。這種全神貫注的精力，以及藉著反覆述說而堅定信心的行動，卻正是七〇年代末期所需要的，藉以抗拒外面世界之分崩離析與動盪不安。⑦

「神州詩社」⑧的「大哥」溫瑞安的作品，例如《龍哭千里》、《風起長城遠》、《中國人》、《坦蕩神州》與《山河錄》等，更是這種對古中國文化全神貫注的極致表現。僅須翻閱一下〈龍哭千里〉，我們便可以隨處撿拾陷落死域與慷慨激昂的浪漫對立意象：「失翅之龍」、「困龍」、「鬱龍」、「鬱結萬載的龍」、「一座斷崖。一輪殘月。一座怒海呵不息的海高高低低嘆息的海」、「月在冷笑，冷冷地笑著，青苔如毒蘚般長滿在碑上，石上，墳塚上底燐光」、「墓園清明時號哭過的滿地碎紙」。這些殘破意象勾繪出受困之鬱龍；相對於此，則是痛苦而清醒、振翅欲飛：「全城只剩下一位清醒者的痛苦」、「追殺中的狂馬」、「淒厲而狂野的嗥嘯」、「刀便成了你的象徵，每出鞘必然沾血」、「鵬飛千里，鵬在天涯」。而在《山河錄》的〈長安〉、〈江南〉、〈黃河〉、〈峨眉〉、〈崑崙〉中，我們更反覆看到受困之龍所遙想的古典：「古之舞者……玄衣更傷／時日無多，我緊緊握著妳的手／緊緊追問，妳在何處／妳是誰呢？是黑髮還是白衣／是風景還是河山？」（〈長安〉）

楊澤的〈彷彿在君父的城邦〉中，亦呈現類似追尋古典精神之純粹美的情感：「在古代，／被遺忘的河邊，我們將加倍尋回與失落／——一如在詩中——我們失去的一切……」。這種「古代」與「失落」的時空，是詩人們不斷尋找的「想像中國」。九〇年代的楊照說，八〇年代開始，他讀到楊澤的〈彷彿在君父的城邦〉，突然醒悟：「原來長期以來我渴望著一個有君父高臨統治的環境，權威然而溫柔的君父。」（頁一四五）美麗島軍法大審開庭，對於許許多多的人來說，都是嚴重的打擊。楊照說：「我開始懷疑，我和父親的隔絕也許有著比代溝更複雜、更深沈的理由。這個懷疑做起點，我一步步走離七〇年代，以及那個長久失去、彷彿拾回、卻又無從確知的君父城邦。」（頁一四六）林懷民八〇年代末期的《九歌》祭祀而揮別的那個從未降臨的神祇，亦是此遙遠沈默而從未降臨的「君父」。

一九九四年，楊澤透過時報文化出版公司，編了兩冊回顧七〇年代的書《七〇年代：懺情錄》與《七〇年代：理想繼續燃燒》。楊澤試圖藉著〈人間副刊〉所設計的專輯，整理這段歷史，「尋回那失語、失憶的原點」，以便取出「腦中血塊」，使「凝結的時間」再度流動。他希望流動的時間與記憶可以「讓我們體認到了『自我』的存在——一個漸已成形的文化自我」，一個「攬鏡自照」時描摹的「自畫像」，以便從「歷史底層」呼喚「要被誕生的台灣人的自我」（〈有關年代與世代的〉，頁七）。

其實，不僅只是這兩冊七〇年代的懺情錄提供了這個時代的自畫像。透過七〇年代、八〇年代以迄於九〇年代的文字與藝術的造相，我們亦不斷看到了激流之中處處浮現的「自畫像」，而且，在追尋「中國符號」與「台灣圖像」的變異中，在曖昧隱諱而超越現實之際，在混亂、暴力與矛盾之中，我們一樣看到了不同意識層次的「台灣人的自我」逐漸誕生。

或許我們可以從余光中反覆歌詠的豐饒母體地圖，或是完美的博物館古物談起，或是從林懷民舞台上黏附敦煌壁畫投影的半透明屏障，以水袖之姿千變萬化、各具不同意義的白色布條，或是賴聲川舞台上被留白的桃花源山水畫開始思考，更可以從舞台上匯聚的女媧、觀音與媽祖等女神形象開始討論。⑨這些被視覺化的「中國符號」成爲台灣藝術工作者在建構藝術創作之主體性以及文化認同時，所影射的對話對象。我們可以發現，當這些「中國符號」被引用時，也同時展演出了「非」中國的切除推離動作

(abject)。⑩甚至，我們在陶馥蘭、瘂弦、蘇紹連、陳黎的超現實拼貼中流露的逃逸目光，或是林燿德的暴力魔幻書寫中，也看到了「中國」的痕跡，或是「非」中國的企圖。⑪

「中國符號」之中所以能說是牽連了「切除推離」(abjection)的動作，原因是：以曾經被批評爲懷鄉詩人而有流亡心態的余光中爲例，⑫我們讀到詩人以文字誦念地理空間，召喚歷史事蹟，實際上漸漸流露出不是要回去故土，卻像是以文字水泥堆塑一道堅實的故宮城牆而區隔立足點。當詩人整理過去記憶的敘述過程完成時，被凝視固定住的「客體」也被關在城牆之內，與觀者隔開，不至於氾濫而造成界限不明的危險。余光中八〇年代的懷鄉詩，清楚透露出不斷將以文字塑造出的「中國」推離自身的隱藏衝動。這種推離，持續以不同的方式進行，而造成了「非」中國的動作。

建立台灣的主體性文化認同，在八〇年代中期以後已經是有意識的活動。我們從各種舞台文本，便可以清楚地看到許多導演藉由各種表演修辭展演台灣人的文化記憶，以便重塑文化行爲模式，建構新的文化身分。汪其楣自一九八七年到一九九二年的「孤兒戲劇」系列，便屬於八〇年代末期台灣文化界試圖重建文化身分認同的一種集體論述傾向。在籌備與排演過程當中，汪其楣除了要求她的演員閱讀吳濁流的《亞細亞的孤兒》和李喬的《寒夜三部曲》，也要求演員閱讀連橫寫於一九一八年的《台灣通史》，以便使年輕的演員充分了解台灣原住民與歷代移民的社會經濟歷史。汪其楣更要求演員研究自己的家族史與族譜，鼓勵他們在排練過程中即興演出個人的成長故事。因此，從《人間孤兒》到《大地之子》，甚至《海山傳說・環》，我們看到汪其楣反覆將台灣歷史與台灣圖像放置於舞台上。

矛盾的是，當導演有意識地嘗試開展台灣的多元文化與多族群空間，舞台上卻呈現出強制性的集體歷史論述衝動。同時，當導演鼓勵演出者即興發揮講述個人家族歷史經驗時，這些自傳式敘述卻不自覺的重複台灣歷史中的孤兒情結，與孤兒自力更生的奮鬥史。我們只讀到了導演所揭示的問題，以及她所建議的解決方案，而看不到藝術或是人性的幽微轉折演出。

八〇年代的賴聲川與林懷民，也大量使用召喚文化記憶的視覺圖像與文字文本。不過，與汪其楣的「孤兒戲劇」系列有所不同的是，賴聲川與林懷民發展出了特殊的視覺化策略，一則藉著引用古中國文化之文本，回溯並延續文化根源，一則卻利用此視覺符號的內在斷裂，引發視覺經驗與思維層面的跳躍，從而斬斷文化所宣稱的正統性。也就是說，台灣舞台上的「中國符號」，成爲導演帶領觀衆藉由躍入視覺符號所召喚的中國信仰，卻同時因此符號的曖昧性格而同時令觀衆產生質疑而躍離此信仰界。一九八五年，林懷民在舞作《夢土》中，以敦煌壁畫投影在舞台上半透明的布幕上，阻隔舞台前段空間與後段空間的視線，成爲舞台上虛構的古典中國與觀衆之間的「橫槓」。這個半透明屏障造成的視覺橫槓，造成舞台上古典與現代二者並置但斷裂的奇異效果。賴聲川在《暗戀／桃花源》中「留了白」的桃花源山水畫佈景也有同樣的阻斷功效。同樣的，林懷民作品所使用其他代表「中國」的舞台符號，例如中國傳統建築、壁畫、水袖、長袍、面具、紙傘等，在舞台上被幾度轉換，也都不再代表「中國」，而成爲界定現代台灣的辯證性抗拒的符號界面。

林懷民的舞台有另一種轉換：他從早年《寒食》中那種倉倉皇皇試圖尋根不著的赤子無奈，那種如同介之推般「抱木而燔死」的忠誠，逐漸轉向女神再生力量的召喚。女神文化可以協助台灣脫離早年的孤兒文化，放棄父祖的追尋，而採取遊戲之姿起舞，以成熟女人的方式，轉換身分與面貌，挑激起新的創作慾望，孕育新的文化生命。《九歌》便是林懷民正式揮別古典中國神祇、召喚女神文化的儀式。而當林懷民有意在舞台上呈現女神圖像的時候，我們發現他傾向倚賴東方宗教中具有生殖力量與原始大地之母的女神語彙。這種現象，似乎透露了林懷民企圖借用俗文化，以抗拒正統漢族文化或是男性中心價値體系的中原文化的意圖。

年輕女舞者與編舞者陶馥蘭與林秀偉，亦以女性藝術家的身分參與這場文化對話：從陶馥蘭在《她們》與《啊……!?》中對台灣政治的批判，在《愛麗絲遊園驚夢》、

《牡丹亭路上見聞》與《灰衣人瑣記》對大陸政局以及中國文化傳統的批判，到她在《春光關不住》與《北管驚奇》對台灣本土文化的認同，我們可以看到政治立場與文化認同對於過去的她來說是創作發言的基礎。近年來，她脫離政治立場，脫離文化認同歸屬的問題，反而是聲明一個文化新生的起點。陶馥蘭的女神系列，例如《甕中乾坤》、《心齋》與《蓋婭，大地的母親》，都屬於她這一系列「非」政治的身心靈溯源階段。

至於林秀偉一九九五年發表的《詩與花的獨言》，以及其中如同起乩般的母神或地母形象，更展現俗文化中開放肉體本能的內在動力。這種如同母獸般的原始力量，其實從林秀偉早期的《世紀末神話》中，到後期《生之曼陀羅》中男女交媾的圖像，《大神祭》原始祭典中對生殖的膜拜，都一再出現。林秀偉的女神帶出了台灣俗文化內涵的生命力，以及一種離開中原文化的新生文化力量。

因此，台灣舞蹈劇場中這些再度出現的「東方」宗教符號，已然具有不同於傳統的符號意義：相對於曾經熱切擁抱的西方符號，對台灣藝術家來說，本土／東方符號則是曾經被遺忘而現在急於拾起的自身。再度拾起的「自身」因焦點有意轉移，朝向俗文化與女性神祇靠攏，而脫離了自身傳統的正統儒家文化，成爲一個藉以與傳統分隔的女性「自我」。召喚女神，是要藉助於女性的精神力量，來施展文化新生的能力。

然而，「女神文化」有其既具生機亦具僵硬的兩面矛盾：八〇年代中期以降，台灣新文化試圖開展一個具有女神孕育生機與自我更新創生的文化，以脫離孤兒文化；然而，在建立本土文化的同時，卻難免不企圖凝結女神形貌、堆塑神龕、進行集體崇拜的神聖化儀式。這種為了鞏固系統而固定文化論述之父權體系內在衝動，展現出戀物窒礙的困境；也就是說，「女神文化」在展開的同時，亦被戀物固著、凝止於神龕之上而失去生命動力。這種內在的兩難，亦呈現於台灣當前文化論述場域的各種層面。

「中國符號」背後的曖昧動力如何牽引台灣近二十年來文化場域的矛盾動力？

我們要問：「中國符號」如何引發台灣文學史論述的建構策略取向？台灣文學史論述如何處理「本土」，如何抗拒「西方」或是「中國」？

這種在台灣文化論述場域中建構文化認同時，由中國符號到「非」中國符號，到中國符號的閹割與不在場，轉向而到另一座「台灣圖像」的神龕塑造，充分流露於陳黎八〇年代到九〇年代初期的詩作中。陳黎的〈昭和紀念館〉、〈蔥〉、〈牛〉、〈太魯閣．一九八九〉、〈布農雕像〉、〈番人納稅〉、〈花蓮港街．一九三九〉、〈福爾摩莎．一六六一〉等詩，都是他有意「追索、重組島嶼圖像，尋求歷史回聲的過程」（《島嶼邊緣》跋，頁二〇五）。這種強調台灣島嶼的神聖性，以台灣歷史定義自身的無距離自我論述，正是當今許多人企圖再現自身時所採用的策略。這種神聖歷史的自我再現，使得文化演變進程中以文字作多元展演的異質與分歧無法展現，而封閉了容納他者的空間。因此，我們在文本之符號衝動背後，便看到了這些符號展演所牽引的台灣文化論述場域的脈絡。

若我們要探究此處所謂台灣文化論述場域內的矛盾動力，就要回溯「本土—西方」以及「本土—中國」在台灣文學史建構工程中的兩個對立軸。台灣自八〇年代以降至今方興未艾的「台灣文學史」建構風潮中一致的論述脈絡，便是指出「擔負民族意識振興」與「充滿改革意識的文化運動」是台灣文學的「原始性格」，而歷史責任與寫實主義風格，便是具有進化動力的「現實主義化」台灣文學史朝向與依歸的標準。⑬

研究台灣文學史的學者都了解，我們時常必須面對台灣文學史的定義以及幾次論戰所引發的問題，其中最爲核心而爭執不休的，便是所謂「本土」與「殖民」或是「西化」的對立，或是鄉土寫實與殖民文化（包括「中國文化帝國主義」，游勝冠，頁四三八）的互不相容。⑭黃石輝在一九三〇年八月開始發表於《伍人報》的〈怎樣不提倡鄉土文學〉一文中，寫出了鄉土文學與本土概念最具代表性的論點：

你是台灣人，你頭戴台灣天，脚踏台灣地，眼睛所看到的是台灣的狀況，耳孔所聽到的是台灣的消息，時間所歷的亦是台灣的經驗，嘴裡所說的亦是台灣的語言，所以你的那枝如椽健筆，生蕊的彩筆，亦應該去寫台灣的文學了。……你總須以勞苦群衆為對象去做文藝，……應該起來提倡鄉土文學，應該起來建設文學。（引自《台灣文學與本土化運動》，陳昭瑛著，頁一一九—一二〇）

此類論點發展到了八〇年代，便成爲具有強烈自戀的本土化運動。如游勝冠在《台灣文學本土論的興起與發展》（一九九六）一書中的結論所言，「文學的本土化運動，是反動脫離本土社會、喪失民族立場的創作而提出的。」他繼續強調，「台灣文學的本土論，除了對抗西方、日本等隨著帝國主義入侵的強勢文學的支配性影響，也在打開長期受制於『中國』，因爲『中國意識』作祟使得台灣文學不能落實本土社會現實的僵局。」（游勝冠，頁四五五）爲了反應社會現實，關懷台灣民衆，寫實主義文學便成爲反映這塊土地上一切事物的正統管道。

針對八〇年代極端的台獨主義者採用「反中國」或是反漢族文化的策略，並強調具有台灣意識以及主體性的台灣文學，以便使台灣文學脫離「邊陲位置」而成爲中心的論述，陳昭瑛在《台灣文學與本土化運動》（一九九八）一書中提出了嚴肅的檢討。她指出，台灣文學的本土化運動經過了「反日」、「反西化」、「反中國」三個階段；而這種以排除「對象性」的方式來建構「主體性」，則不僅必須排除「中國性」，還須排除一切外來性，例如荷蘭性、日本性、美國性。陳昭瑛追問：「則『台灣性』還剩下什麼？」（頁一五三）陳昭瑛質疑以排除對象性的方式建構台灣本土性的合法性，但是，陳昭瑛在檢視本土性建構的蔽障之同時，卻也不免流露出對於「西化」的不信任與排拒。[15]她反覆指出，「西化」的文學便是「殖民化的文學」，是「失去主體性的文學」，「與日據時期的皇民文學異曲同工」（頁一三〇），因此，在她看來，現代主義文學與「國府對美國的依賴」以及「台灣被美國收編於圍堵赤潮的防衛系統」有關（頁一三一）。

這股以「反殖民」、「反封建」與「現實主義」爲原則的台灣文學史論述，帶出了台灣文學史以及文選的編撰、篩選或是衡量標準而引發的排他性問題。也就是說，依附「本土」而生的幾種對立面，導致台灣現代文學史論述持續推離現代以及前衛，這些被推離淨化的異質書寫包括三、四〇年代日據時期的現代主義詩學，五、六〇年代現代文學與超現實脈絡，以迄於八〇年代末期到九〇年代初期的後現代現象。

正如台灣第一位現代主義詩人楊熾昌於一九三四年所言，台灣文藝自早期便處於「深刻化的混沌」與充滿「雜音」的狀況（楊熾昌〈土人的嘴唇〉，頁一三六）。但是，台灣「新文學史」卻企圖凸顯「本土化過程」中一股清楚傳承民族使命與寫實傳統的主流，而無法接受任何寫實傳統之外的前衛與現代主義作品。當我們思考台灣文化論述中反覆出現的回歸想像父親以及推離母親的內在動力，我們發現此「推離」動力的基礎，正如法國當代學者克莉絲特娃（Julia Kristeva）所言，是朝向建立一個共同而無雜質的建國象徵系統與文化認同體系。台灣文學史的象徵系統必須反覆推離屬於規則之外、擾亂身分與秩序、被視爲不道德的現代主義運動，以便維護其引以爲根據的國家秩序，而這種推離正是台灣文學場域反覆出現淨化運動而抵制變異的內在壓抑。日據時代作家楊熾昌與林亨泰等詩人的現代主義詩論與詩作，在八〇年代無法被注重，而遲至九〇年代中期以後才陸續被重視，便是一例。這種抗拒遊戲顚覆與壓抑前衛衝動的努力，呈現台灣文學史中強烈企圖維持國家象徵系統、急切以「父祖」爲依歸、畏懼與排斥所有異己與不潔之物的「伊底帕斯組織化與正常化」的文化症狀。⑯

討論至此，我認爲有必要提出我的看法：無論是面對「西化」或是「中國」，我們或許必須反轉思考模式，探討「本土作家」爲何有借用移植西方或是依戀中國的內在衝動，以及如何選擇所謂的「外來」文化符號，投注大量的精力，以宣洩本土文化內被壓抑的慾望衝突。也就是說，我們必須面對現代主義、前衛運動、超現實論述以及後現代現象，探討這些文學現象在台灣發生的時代脈絡與本土意義。我認爲，透過討論寫實主義傳統之外的各種負面書寫，我們才可以重新詮釋「本土經驗」與「台灣意識」。

寫實主義傳統外的負面書寫所流露的是什麼「本土經驗」與「台灣意識」？

當我們進入寫實主義傳統之外的脈絡，我們就會發現，從三〇年代超現實主義風格的「風車詩社」創始人楊熾昌開始，我們已經看到台灣現代文學如何以「精神症的異常爲」以及殘酷醜惡之美等「變異」姿態，來抗拒「系統化」與「組織化」。⑰若不是楊熾昌堅持以分子化的逃逸方式，拒絕進入新文學陣營的組織化機器，拒絕身分認同被固定，他便不可能拓展出早期台灣文學中罕見的深入意識「異常爲」（楊熾昌語）之境，也無法透過文字，正視醜陋殘酷之美而進入象徵系統的邊緣地帶。若隨著正常模式進入了伊底帕斯的組織化，個體便會依循被規範的慾望路徑，追求系統內的絕對標準與一致化的對象。

性別身分、國族認同、黨派立場、抽象道德標準都成爲架構慾望的基礎。在此穩固的基礎之上，明確的「主體」隨之產生，朝向「超我」的認同機制也隨之產生。「超我」要求「我」拋棄所有原初母體的殘渣，如同將體內不潔之雜質嘔吐排除，以便完成淨化與系統化的運作。楊熾昌的暴力書寫與變態書寫，流露出被囚禁而帶來的沈默與壓抑，以及其中隱藏的死亡恐懼。無論是監獄的囚禁，或是身體突然失明失聰失聲帶來的囚禁，或是意識形態與文化制度的監禁場域，都會導致變態書寫與暴力書寫。三〇年代的楊熾昌的暴力變異書寫，呈現了殖民時代面對禁錮、面對戰爭的存在焦慮。台灣五、六〇年代的現代主義文學，或是八〇年代末期到九〇年代初期後現代文學的暴力書寫，亦可以從同樣的角度來理解。

由此脈絡觀之，台灣文學五〇年代間興起的現代派運動，現代詩創始人紀弦所楬櫫的現代派六大信條，紀弦的理論軍師林亨泰所撰寫的各種詩論，《現代詩》、《創世紀》與《笠》詩刊翻譯的一系列超現實詩作與超現實詩作實驗，以至於六〇年代承接的超現實主義風潮，皆值得重新探討。表面上看來，超現實風格強調的現實的扭曲、無關連意象的非理性拼貼、夢魘式的荒謬情境等，十分適合於台灣現代詩人尋求嶄新文體、意象與翻轉文句構成法的企圖。究其背景，尤其是在五、六〇年代的政治高壓與文藝政策下，我們會發現：詩人面對無法發言的困境，便更需要此種轉折的管道。⑱但是，進一步閱讀，我們卻可探知，在此隱晦怪誕的文字布幕下，流露出的是五、六〇年代台灣在地詩人以及來自大陸的流放詩人，所共有的一種集體經驗以及他們被迫壓抑的文化記憶；更具體的說，五〇年代到六〇年代的日語台籍詩人與大陸流放詩人，共同用超現實的管道揭露當時被強制斬斷而壓抑的文化記憶——四〇年代在大陸內地與台灣島上發生的各種內戰與屠殺。

一九四六年到一九四九年的國共內戰，一九四七年「二二八事件」中本省人全面追殺外省人，以及因此而引發並延續到一九四九年的國民政府四處軍事鎮壓屠殺，都被一九五〇年開始的戒嚴時期與白色恐怖高壓政治而壓抑，並且沈默了近五十年。五〇年代是個噤聲沈默時代的開始，所有對於內戰與政治迫害的負面經驗全部被抹煞。五〇年代中期奮力冒出的現代主義，便是針對文化塗抹以及歷史刪削而發展的另一種表達策略，一種也是借用省略刪削法而發展的扭曲表達。

詩人內在被壓抑的創傷經驗轉而滋生卻無法言說的憤怒與暴力，在面對西方如達利(Salvador Dali)或是米羅(Joan Miro)的超現實圖像——這些最爲極端而異化的他者時，尋得了發洩的管道。四〇年代現代主義詩社「銀鈴會」詩人林亨泰的〈春〉中「長的咽喉／鳴著圓舞曲／而告知／從軟管裡／將被擠出的／就是春」(頁三六)，春天是尚未到臨，必須被擠壓才可能獲得的不確知的時刻；或是〈回憶No.2〉中「記憶／在夜裡／是沒有腳的／液體……」，記憶是夜間氾濫蔓延的液體，無法抗拒，無法整理，無從壓抑。〈春〉與〈回憶No.2〉是林亨泰兩首寫於一九四九年「四六事件」之後的兩首超現實詩作。在此之後，他便停筆了，直到他遇見紀弦之後才又復出。在這兩首詩中，林亨泰藉著達利的構圖意象與非理性拼貼邏輯，透露出他在二二八事件之後的白色恐怖時期，目睹歷史無奈之處而難以明言的困頓。至於林亨泰在六〇年代被抨擊爲隱諱難懂的

《非情之歌》（一九六二），在此脈絡之下閱讀，詩人對於當時這段歷史的抗議與指控則清楚可見：「我仍不要／枯了的　白／我仍不要／皺了的　白／我仍不要／濾過的　白／我仍不要／刷過的　白」（〈作品第七〉）；「我仍不要／埋了的　黑／我仍不要／銹了的黑／我仍不要／塗過的　黑／我仍不要／鍍過的　黑／我仍不要／淹了的　黑／我仍不要／腫了的　黑」（〈作品第八〉）。歷史典籍之被漂白、過濾、湮沒而枯皺，歷史暴力工具的生銹，歷史受創者之被淹沒而發腫的屍體等等，這些歷史的種種黑白面貌，今日讀來，仍令人凜然一震。

因此，在五、六〇年代的白色恐怖時期，超現實詩派所強調自動寫作、自由聯想、非理性拼貼、並置不同現實平面的意象、夢魘詭異的氣氛等特質，其實提供了台灣現代詩人得以解放內心不得抒發的壓抑情感。「西方」亦成爲一個宣洩狂暴與憤怒的藉口。瘂弦在〈獻給馬蒂斯〉這首超現實詩作中，偷偷引渡不同光譜色調的危險與不確定：「危險邊陲」、「積壓的謠言」、「驚駭」、「小小的傷殘」、「床邊的顧盼竟險阻如許」、「色彩猶如是扯謊」、「用大塊的紅色呼救」、「在翹搖的被中租來的遊戲」、「枕著／一個巨大的崩潰」！字裡行間充滿身爲「過客」的不安與焦慮，而最後累積爲「一房，一廳，一水瓶的懷鄉病／一不聽話的馬蒂斯」。藉著詮釋馬蒂斯，詩人自己內心所畏懼的思鄉與對現實的厭惡，便像馬蒂斯繪畫中氾濫畫布上的紅色油彩一般，氾濫於詩行之間：馬蒂斯任性使用的紅色顏料，成爲詩人無法管束的懷鄉；而馬蒂斯畫中所有的傾斜線條，也都成爲詩人在時時意識到被監控而危機四伏的搖擺動盪年代中的警訊。詩人只能忍耐現實，忍耐暫時隨著軍隊寄居的台灣，一個「日漸傾斜的天堂」，哼一曲「敗壞的曲調」，用畫筆調弄「骯髒的調色板」，就像是玩一場租來的遊戲，危險、短暫而可憎。

在詩人面對現實處境的禁錮與放逐時，詩人的抗議也只能透過《深淵》（一九五九）的嘻笑怒罵方式呈現：

去看，去假裝發愁，去聞時間的腐味
我們再也懶於知道，我們是誰。
工作，散步，向壞人致敬，微笑和不朽。
他們是握緊格言的人！這是日子的顏面；所有的瘡口呻吟，裙子下藏滿病
菌。
都會，天秤，紙的月亮，電桿木的言語，

（〈今天的告示貼在昨天的告示上〉，十一——十九行）

哈里路亞！我仍活著。雙肩抬著頭，
抬著存在與不存在，
抬著一副穿褲子的臉。

我們背負著各人的棺蓋閒蕩！
而你是風、是鳥、是天色、是沒有出口的河。
是站起來的屍灰，
是未埋葬的死。（五五—五七、六一—六三行）

這種文化禁錮與放逐的場域，在商禽無止境的自我囚禁與無效的逃亡中，我們看到了更清楚的例子：

在沒有絲毫的天空下。在沒有外岸的護城河所圍繞著的有鐵絲網所圍繞著沒有屋頂的圍牆裡面的腳下的一條有這個無監守的被囚禁者所走成的一條路所圍繞的遠遠的中央，這個無堅守的被囚禁者推開一扇由他手造成的只有門框的僅僅是的門出去。
出來。
出去。
出來。出去。出去。出來。出來。出去。
出。出。出。出。出。出。出。

直到我們看見天空。（〈門或者天空〉）

一整天我在我的小屋中流浪，用髮行走。長腳蜈蚣。我用眼行走；……我用腦行走。閉眼，一塊磚在腦中運行，被阻於一扇竹門：然后運轉於四壁；……（〈事件〉）

死者的臉是無人一見的沼澤
荒原中沼澤是部分天空的逃亡
遁走的天空是滿溢的玫瑰
溢出的玫瑰是不曾降落的雪

未降的雪是脈管中的眼淚
升起來的淚是被撥弄的琴弦
撥弄中的琴弦是燃燒著的心
焚化了的心是沼澤的荒原（〈逃亡的天空〉）

被斬斷而壓抑的過去歷史創傷無法表達時，台灣詩人經驗的內在憤怒與暴力便會透過超現實非理性拼貼的文字構圖，以及種種自殘、自毀與肢解的意象，以暴力的方式呈現。林亨泰詩中被擠壓的咽喉，在商禽的詩中便成爲相互殺戮的左手與右手：

在失血的天空中，一隻雀鳥也沒有。相互依靠而顫抖著的，工作過仍要工作，殺戮過終也要被殺戮的，無辜的手啊，現在，我將你們高舉，我是多麼想——如同放掉一對傷癒的雀鳥一樣——將你們從我雙臂釋放啊！

（〈鴿子〉）

面對歷史中族群內部相殘的傷痛卻無法言說而轉化的他者，是社會集體壓抑的文化創傷記憶，是自身內的他者經驗。面對極端異化的文化他者時，自身被壓抑的他者經驗亦尋得流露的裂縫罅隙。這種超現實翻譯，就其本土發生之意義而言，實際上是一種本土化的主動挪用，藉以處理自身面對集體文化創傷記憶的曖昧情緒。蘇紹連的超現實寫作最為徹底地呈現了這種內化的暴力與創傷：

以同伴的眼睛為照門，以瞳仁為準心，瞄準並射殺……我們驚疑我們燻在戰火的中的眼睛／把碉堡望作墳墓／幾隻白鳥在其後一一射向天空（〈茫的微粒3〉，三、九—十一行）

槍口對準籠罩著煤煙的車站／我們竟扣不響板機因那列黑色火車已駛入槍管裡／我們知道那一節節車廂裡擠滿了同樣的人……這不是幻覺而我們該用槍口對準什麼／子彈潮溼，彈膛／充塞著硫磺洗過的眼睛／眼睛橫擱在旋轉的天空與瘦長的鐵軌之間／就如此對準了（〈茫的微粒7〉，第一—三、五—十九行）

當蘇紹連閱讀中國地圖時，則完全沒有余光中想像建構中的古文化風情，神祕、黝暗而廣袤無垠，而是充滿超現實式的黑色荒謬與錯亂扭曲：

大陸是一具支離破碎的人體，有一節小腿是山東半島，擱淺在澎湖的海灘上；那五指彎曲的手掌是黃山吧，掉入台灣海峽的黑水溝裡；雲貴高原的背肌撕裂，冒著濃濃的血；黃土高原的土塊把長城推入渤海灣裡；三峽呢？三峽的風景竟然顛倒懸掛在台灣東岸的蘇花公路邊緣！（〈地震圖〉，一九九四）

地圖上的地形差異與空間分配，引出了詩人夢魘式的歷史記憶。詩中肢解而錯置的軀體，正是大陸人遷徙來台的創傷經驗。蘇紹連的詩中呈現的正是這種強行移植人民與意識形態與搬遷地理的圖像，也是對潛意識中文化母體具有敵意的虐待狂式摧毀。蘇紹連詩作中大量的超現實意象，被戰火燻焦的眼睛、被硫磺洗過的眼睛、被黑色火車與槍管瞄準的眼睛，亦可以在陳黎〈吠月之犬〉中四處棄置的手臂，林燿德〈二二八〉詩中刀光劍影、血流成河的二二八武俠廣告，或是魔幻小說《時間龍》中的族群殘殺中，看出端倪。

至於後現代旗手林燿德所面對的，是八〇年代戒嚴管制仍舊持續其壓抑力量，以及三大詩社爲了鞏固其陣營、壟斷詩壇而產生僵化禁錮的氛圍。因此，他的「後現代計畫」所執行的，是對於前行代的斷裂動作；他企圖瓦解建構文學史者意識形態上的法西斯式壟斷以及線性史觀的謬誤，從而挖掘出「陸沈的島」。然而，我們也注意到，林燿德的文學史斷裂，目的是要尋求中國與台灣文學中的「現代」與「前衛」脈絡，或是另一意識層次的書寫史。林燿德曾說：「對所謂合法化的語言傳統的叛逆，本身就是一種反體制的訊息，而現代詩的基本精神，正是一個從語言本身開始反體制的意識歷程。」（《觀念對話》，頁二五〇）他尋找「現代」與「前衛」，便是要揭開文學史中對於語言、體制以及對意識統合狀態的叛逆書寫。在《時間龍》中，我們看到林燿德翻轉現實，以暴力書寫展演出八〇年代台灣文壇與政壇之騷亂與暴力。林燿德呈現當時文化集體潛意識的同時，外省族群後裔如同「被嫌惡、被踐踏、被捕獵」的「夢獸族」，以及白衣神州人被刺的創傷場景卻不自覺地反覆出現。在林燿德書寫中施虐與受虐慾望並陳的矛盾當中，我們也看到了八〇年代末期到九〇年代台灣整體文化場域的不安與矛盾。

這就是我在台灣文學史論述中所注意到反覆被清洗排除的負面意識傳統。我要討論歷史中族群內部相殘的傷痛，以及此無法言說而轉化的他者。在文學中，我們看到社會集體壓抑的文化創傷記憶，自身內的他者經驗。從負面書寫以及負面意識傳統中，我們看到面對極端異化的文化他者時，自身被壓抑的他者經驗如何尋得流露的縫隙。

以上是我爲此議題所勾勒出的問題起源以及脈絡。以此背景出發，我展開了本書各章的討論。本書第二部分處理台灣舞台上視覺化的文化圖像展演。我在第二部分的這兩篇文章中，透過張曉風、汪其楣、林懷民、賴聲川、陶馥蘭、林秀偉等舞台藝術家的作品，討論台灣舞台作品如何處理中國符號與台灣經驗，如何呈現由「孤兒文化」到「女神文化」的時代心態轉變。在舞台儀式化與表演性的空間，我們立即注意到，「孤兒」與「女神」成爲台灣文化轉型的基礎暗喻模式，這是值得我們深思與探究的現象。本書第三部分的八篇文章中，我則企圖處理台灣文學史中的負面書寫傳統，也就是在認同機制與正常模式之外的各種變異書寫與負面意識。我從三○年代超現實主義詩人楊熾昌如何展開「異常爲」書寫，四○年代銀鈴會詩人林亨泰如何進行超現實語言實驗與歷史批判，五○年代紀弦的「橫的移植」下，藏著跨越語言的林亨泰與大陸「決瀾社」創始人之一超現實畫家李仲生的痕跡，六○年代到八○年代之間余光中、瘂弦、陳黎、蘇紹連如何分別以「故宮博物院」與「超現實拼貼」呈現文化認同轉折空間的兩種圖像模式，以及八○年代、九○年代以林燿德爲代表的後現代轉向。

我探討這一系列台灣文學史中的負面書寫脈絡，並且思考此文學史與文化史所不容的「他者書寫」到底呈現了什麼樣的「本土意義」，反映出了什麼樣的「台灣意識」之心理地層。

註釋

①參見第九章〈故宮博物院vs.超現實拼貼：台灣現代詩中兩種文化認同建構之圖像模式〉。

②其中羅智成的祖籍是湖南安鄉，林燿德的祖籍是福建同安，楊澤的祖籍是台灣嘉義。

③陳昭瑛認爲一九八三年六月十一日《前進》週刊報導侯德建赴北京進修，楊祖珺爲文〈巨龍、巨龍、你瞎了眼〉，指出侯德建是去尋找從小在歷史課本中看到的中國。同年六月十八日《前進》週刊刊出陳映眞的〈向著更寬廣的歷史視野〉，引起《前進》週刊六月二十五日三篇反對文字：蔡義敏的〈試論陳映眞的「中國結」：「父祖之國」如何奔流於新生的血液中？〉、陳元的〈「中國結」與「台灣結」〉，與梁景峰的〈我的中國是台灣〉。一九八四年，宋冬陽於《台灣文藝》八十六期發表〈現階段台灣文學本土化的問題〉，三月號《夏潮論壇》推出「台灣的大體解剖」專題加以反駁，包括葉芸芸的〈戴國煇與陳映眞對談：「台灣人意識」與「台灣民族」的虛相與眞相〉、戴國煇的〈研究台灣史經驗談〉，與吳德山〈走出「台灣意識」的陰影：宋冬陽台灣意識文學論底批判〉，引發一場意識形態的台灣文學論戰。參見陳昭瑛《台灣文學與本土化運動》，頁一四二—七。其餘有關中國意識與台灣意識的論戰，亦可參閱張文智的《當代文學的台灣意識》（頁四四—六）、葉石濤的〈接續祖國臍帶之後：從四〇年代台灣文學來看「中國意識」和「台灣意識」的消長〉、馬森的〈「台灣文學」的中國結與台灣結——以小說爲例〉，劉登翰的〈中國情結和台灣意識——台灣文學的歷史情結〉，李瑞騰的〈文學中國：以台灣爲中心的思考〉等文章。

④鄉土文學論戰中具代表性的文字有王拓的〈二十世紀台灣文學發展的動向〉、陳映眞的〈文學來

自社會反映社會〉與〈建立民族文學的風格〉、尉天驄的〈鄉土文學與民族精神〉等，可參見尉天驄所編輯的《鄉土文學討論集》；亦可見尉天驄（趙知悌）編，《現代文學的考察》，台北：遠景出版社，一九七八。

⑤現代詩論戰中具代表性的文字有言曦的〈辨去從——新詩閒話之四〉、關傑明的〈現代詩的困境〉、唐文標的〈僵斃的現代詩〉與〈詩的沒落——台港新詩的歷史批判〉、陳鼓應的〈評余光中的頹廢意識與色情主義〉與〈評余光中的流亡心態〉，以及尉天驄的〈對現代主義的考察——幔幕掩飾不了污垢：兼評歐陽子的《秋葉》〉與〈對個人主義的考察——站在什麼立場說什麼話：兼評王文興的《家變》〉，可做爲此類文字之代表。相關討論可參見蕭蕭的〈五〇年代新詩論戰述評〉、李瑞騰的〈六十年代台灣現代詩評略述〉、李歐梵的〈中國現代文學的現代主義——文學史的研究兼比較〉、奚密的〈邊緣，前衛，超現實：對台灣五、六十年代現代主義的反思〉等。

⑥《鐘鼓三年》中，胡蘭成以「三三群士」之身分寫〈三三註〉：「走進庚申仲春三月，三三群士以集刊爲經，分從文章、讀書、講習、講演、證道、演唱、獻詩、討論、編書、出版等作爲和修行爲緯，經營和遂行所謀家國天下之志，已歷三載風日。」（頁一〇六）朱天心則寫道：「第一年除一切事務性的工作在積極的展開外，就是座談會了。那時眞是心中一念只想著爺爺的話，中國有三千個士，日後的復國建國大業就沒問題了。我們眞覺得自己是戰國時代汲汲皇皇的孟子啊。」（〈三三行〉，頁一二二）蔣緯國甚至揚言要發揚「台灣的中道」，完成「第三次十字軍運動」，以建立「大道之行也，天下爲公」的世界（〈第三次十字軍運動〉，頁三〇）。

⑦對於「三三」與「神州」兩個文學現象，我在第十二章談論林燿德的後現代暴力書寫中，亦有討論。

⑧有關「神州詩社」的成員如何敬佩大哥溫瑞安，以及溫瑞安如何以「國防文化」與「文化國防」召喚「自由中國的文藝復興」，可以參見一九七七年出版的《坦蕩神州》，此書中收錄神州詩社當時主要成員如方娥眞、曲鳳還、黃昏星、周清嘯與溫瑞安等對於此詩社的感想。溫瑞安的《中國人》與《神州人》亦相當有說明性。

⑨這是我在第三章〈斷裂與延續：台灣文化記憶在舞台上的展演〉以及第四章〈女神文化的動力之河與戀物固著〉所討論的問題。

⑩「推離」(the abject)，是克莉絲特娃在《恐懼的力量》(*Powers of Horror*)中所發展的理論，是自我進入象徵系統之前，爲了超我所要求的統一，而對自我原初母體所銜接的不潔雜質進行淨化與推離的動作。我在第二章、第三章、第五章以及第九章都有對此推離作用進行討論。

⑪我在第五章到第十二章的八篇文章，便在發展此台灣文學史中超現實脈絡的討論。

⑫陳鼓應、唐文標與尉天驄的批評可以爲例。

⑬葉石濤、彭瑞金、游勝冠、陳明台等學者的論述清楚呈現此模式。

⑭可參見該書第二章中對於中國意識與台灣意識的討論（頁一八，以及註釋十一）。九〇年代初期，在《中外文學》連續刊登廖朝陽、邱貴芬、陳昭瑛與廖咸浩的幾場論戰，亦凸顯了台灣文學本土化運動的白熱化。

⑮陳昭瑛的討論目的是希望聲援如梁景峰「以台灣爲中心的中國民族主義」的立場（頁一四三），

或是她個人所關切的回歸儒學以及「中國文化乃台灣之本土文化」這一論點（頁二六七）。

⑯第五章〈文化整體組織與現代主義的推離與淨化〉便是討論此問題。

⑰此處概念參照精神分析所說的「組織化」與「正常化」之外的變態形式。第六章〈變異之惡的必要〉便以楊熾昌的「異常爲書寫」如何拓展書寫層次與意識層次爲探討對象。

⑱五〇年代普遍的文藝氛圍，可以從張道藩的「新的文藝政策」中清楚楬櫫之「六不」與「五要」窺見。所謂「六不」便是：「一、不專寫社會的黑暗。二、不挑撥階級的仇恨。三、不帶悲觀的色彩。四、不表現浪漫的情調。五、不寫無意義的作品。六、不表現不正確的意識。」所謂「五要」則是：「一、要創造我們的民族文藝。二、要爲最苦痛的平民而寫作。三、要以民族立場而寫作。四、要從理智裡產生作品。五、要用現實的形式。」參閱鄭明娳〈當代台灣文藝政策的發展、影響與檢討〉，頁一八—九。我在第八章〈超現實的視覺翻譯〉中所提「沒有語言」的時代，就是指此高壓禁忌氛圍。

② 視覺圖像與文化場域的精神分析詮釋模式

前一章曾經指出族群之間和族群內部自相排斥或殘殺的內在暴力，以及因壓抑沈默而轉向的負面書寫，是台灣文學史中非寫實書寫的主要動力。族群矛盾的問題基礎在於文化認同的矛盾界限。認同的快感需要建立於清楚設定的疆界區分，而設定疆界之同時，便有排他性的暴力產生。文字與藝術便是展演此疆界的反覆設定與跨越的文化行爲；透過藝術想像，文化他者浮現於視覺化的空間場所，在此視覺化場所，我們閱讀到我／他的分隔暴力，經驗到處於「我」的主體性的攻擊位置，或是處於「他」的自我放逐位置，或是我與他易位的施虐／受虐並陳之間的奇特快感。

若我們要討論台灣文學與藝術想像中視覺化的族群疆界，文字與圖像中視覺化的「中國符號」與「台灣圖像」，正好可以提供窺探台灣文化場域中的錯綜衝突動力。我們除了要援引視覺文化與視覺符號研究的基本方法，也必須藉助於精神分析的方法論，辨識文化衝突動力的折衝點。

以下，我要先檢討目前視覺文化研究與視覺符號論述形構的討論，然後，我便必須進入精神分析所提供文化符號徵狀式閱讀的方法論。我認爲，弗洛依德後設心理學所指出的無意識系統的地型、動力與經濟交換原則，可以協助我們探討文化符號背後的欲力投注模式。因此，我必須暫時岔開，先討論爲何我們要凸顯文化符號的視覺性，爲何文化符號可以承載文化的內在動力與衝突，然後再回到我們所關注的問題核心：文化符號如何展演文化論述的內在排他性暴力。

視覺圖像背後的意識形態論述系統

近年來，視覺文化與視覺符號的研究發展快速，相關的研究領域與理論建構亦大量出現。①以艾玟絲 (Jessica Evans) 與霍爾 (Stuart Hall) 於一九九九年編的《視覺文化：讀本》(*Visual Culture: the Reader*, 1999) 來看，書中所收錄的三十三篇文章及所收錄的理論者，包括：弗洛依德 (Sigmund Freud)、班雅明 (Walter Benjamin)、傅柯 (Michel Foucault)、桑塔 (Susan Sontag)、波笛爾 (Pierre Bourdieu)、法農 (Frantz Fanon)、阿圖塞 (Louis Althusser)、巴柏 (Homi K. Bhabha)、羅蘭・巴特 (Roland Barthes)、布萊森 (Norman Bryson)，呈現了二十世

紀下半葉知識領域的整體「視覺轉向」。由此書的編目，我們也可以立即看到，視覺圖像引發了圖像修辭、可見性的科技問題、觀視的角度與主體位置、觀看中的性別與種族差異種種問題。因此，無論是傅柯所謂的「視覺政權」（scopic regime），或是米契爾（W. J. T. Mitchell）所提出的「圖像轉折」（the pictorial turn）之說法，[2]這些研究都協助我們以更爲細緻的思維檢討「視覺文化」的複雜運作。也就是說，我們討論文化中的視覺符號時，除了要討論文化文本之視覺圖像的構成符碼與背後的論述機制之外，也要討論觀看者如何被修辭系統定位，閱讀者如何理解與討論閱讀中的視覺經驗，文化文本之內的圖像如何透過選擇投注而表演出文化模式的內在動力與衝突點。

以繪畫爲例，布萊森在〈視覺詮釋的符號學〉（"Semiology and Visual Interpretation," 1987）此文中，很清楚地交代如何檢視視覺文本中的符號脈絡與論述生成的關係，藝術史學者爲何並且如何將繪畫視爲符號系統，以及如何從繪畫符號的物質性探知其所承載的論述與社會形構之權力互動。

首先，布萊森指出，過去藝術史學者多侷限於「觀視理論」（Perceptualism），亦即是認爲畫家作畫，皆是基於其觀視感知之模式記憶，不斷重複。例如羅斯金（Ruskin）就曾指出特納（Victor Turner）所有畫作中的橋都重複其記憶中的原初模式（61）。這種「觀視理論」最具代表性的發言人便是龔布里赫（E. M. Gombrich）。龔布里赫提出繪畫處理問題

(problem)，而其處理之方式便是提出假設，並嘗試解決此問題：從觀察，到借用傳統模式，到測試此模式之可行與否，畫家將其所看到、感知到、觀察到的外界實物，以模擬的基礎，重新在畫布上建立其形象(62-3)。這種公式也與文學創作中採用經驗——文類對應以及寫實模擬論相通。

但是，布萊森指出，此種模擬視覺感知之模式，無法處理繪畫中圖像與社會形構(social formation)以及政治力量流動的關連。他認爲，以符號學的方法出發，便可以質疑並修正模擬論的詮釋。布萊森建議，我們須先認清畫家在畫布上所呈現的觀點與視景並不同於觀者的凝視。畫家的「視景」(vision)與觀者的「觀看」(gaze)之間，存在著一個傳遞力量的管道，一個居於其間而被社會與政治力量所運動的管道。社會以及權力可以滲透、掌控、資助並影響此視覺管道，以便重組社會論述的流向(63-4)。因此，如何重新檢視觀者的「觀看」，是一個重要的問題。

如果我們將繪畫視爲符號的活動與論述的生成，繪畫便可以展示社會形構的權力運作。因此，繪畫無法脫離社會符號流動與交換的場域，也絕對不是天才獨自在畫室中創作的成品。透過圖像本身、符號的物質性，我們可以看到論述的脈絡。布萊森由此處便進入決定上層結構的下層物質結構的討論。布萊森指出，誰決定掌握下層生產、分配的機制及意識形態的支配，就會決定藝術的生產。藝術符號受到下層結構之拓印痕跡，因此，藝術便是社會論述中的一支脈絡，是物質的變形，如同複結構的陳述（66-7）。

我們因此了解，根據布萊森的說法，古典的符號再現模擬論不再能夠說明視覺符號的產生。我們需要將視覺符號視爲吸引、重組觀看與論述的運作場域。同時，視覺符號不是模擬我們的視覺經驗，而是投射，是源自於原初環境的符號投射，此原初環境包括政治、軍事、醫療、宗教、經濟、性、教育、知識系統等歷史環境（71-2）。我們要了解視覺符號如何自其歷史環境中產生，以便了解此符號在視覺文本中如何被運用。

在布萊森一九八二年發表的〈觀看與窺見〉（"The Gaze and the Glance"）一文中，他已經指出，視覺文本中的空間可以呈現論述系統的層級意識形態，以及此系統所決定與分配的資訊區域。布萊森認爲西方中古時期的繪畫中尚未呈現被他者觀看的對象，而只是被神觀看的對象，也有利用不同場景呈現不同時間的畫面處理，不同時間點的身體同時出現。阿爾柏提（Leon Battista Alberti）對於繪畫視角之理論發展完成之後，畫面上的統一空間與統一視角才開始被執行。從此以後，視角所區隔的空間決定了空間中的層級權力關係。主體位置早已被決定，被層疊覆蓋而漸次遞增重要性的資訊區塊所決定。有意思的是，布萊森指出，在阿爾柏提式的體系中，透視點所決定的平行線消失點正是決定觀者位置的系統固定基礎（102-11）。也就是說，此平行線之消失點構成了一個回看觀者的眼睛，正如阿圖塞的理論所說明，是一個決定此空間層級的眼睛／系統，一個賦予觀者觀看身軀、觀看時空與意識形態的系統。此處便牽涉了此系統所決定的再現邏輯，阿爾柏提式的空間呈現了透視點背後隱藏的系統，以及此系統對觀畫主體的召喚，觀畫主體因被此「眼睛」回看，也進入了此系統以及其所決定的秩序，成爲了再現系統中的一個客體。③

由以上的討論，我們可以知道，觀看感知(perception)與認知辨識(recoognition)是不同的；認知辨識需要建立於社會性的基礎。沃漢(Richard Wollheim)在他的文章〈觀者看到了什麼〉中，借用人們視覺的雙重性，討論觀者在看圖畫時，如何看到畫面圖像以外的訊息。就如同我們在雲朵的變化中可以看到城堡或是恐龍，在滿布水漬的牆面上可以看到人的面孔一般，我們在圖畫中也會看到畫面以外的形象。這種「看進去」(seeing-in)的視角需要藉助於再現過程中約定俗成的傳統資訊才能夠完成。正如沃漢所說：「我們需要先知道一些資訊，才能夠在圖畫中看到其他原本沒有看到的形象。」(140)

沃漢的說法，充分指出歷史知識對於我們理解圖像的必要性，同時也說明了觀看脈絡會因歷史知識而異。也就是說，這個「必要的資訊」一方面來自於畫作創作的時代背景與畫家的個人脈絡，另一方面卻來自於觀畫者的時代背景。就以柏格(John Berger)所提出的「看的方法」爲例，我們注意到，柏格翻轉傳統觀畫的方式，從側面切入，看到了傳統藝術史沒有看到的問題。柏格所利用的策略，或是他所憑藉的觀看前提，可以歸納如下：

㈠圖像（image）是人造的，受到意識形態的制約，也受到觀看方式而決定其意義（4-6）。

㈡繪畫中，由於女性時常是爲了「被看」而擺出姿態，因此也把自己變成了一個對象（object），一個視覺對象，一個景象（a sight）。在此姿態中，根據柏格的看法，女性自身的「性」被減低，以方便觀者滿足偷窺以及壟斷之慾望。依此邏輯，柏格便駁斥克拉克（Kenneth Clark）之說法，而指出Nudity是爲了別人的眼光而存在，是客體，是爲了展示，而nakedness則是爲自己而存在的主體，是自然的，不須偷窺（39-58）。

㈢觀看是一種「佔有」的行爲。如同繪畫中陳列物品也是一種佔有的表現。柏格因此指出，繪畫中的靜物、食物、畫廊、風景、人物，都顯示出某一種「擁有」的宣示（77-102）。

㈣廣告則是將歷史之理想銷售給觀者，使觀者有「我是我所擁有」之想像（123-48）。

這些前提或是假設中，其實有一些似是而非的論點，而這些謬誤的膠著點則在於觀畫者與畫作之間的關係。例如柏格指出，觀看含有偷窺、佔有、擁有等對待關係，似乎自我展示者與被偷窺者已被物化，成爲客體，而失去了主體性。然而，所有的觀看都含有慾望的投注(cathex)以及要與對象結合的愛欲(eros),所有的對象都是第一對象的替代與變形,也都具有吸引力,而使得觀者驟然失去自我獨立而存的漠然狀態,離開自我的隔絕,朝向對象。如此,何謂「客體」?何謂「物化」?

我們可再借用諾克林(Linda Nochlin)在《女性,藝術與權力》(*Women, Art and Power*)中的討論,說明視覺符號與意識形態。召喚觀看位置的內在問題,以及此觀看位置所牽連的主體/客體之複雜關係。《女性,藝術與權力》的〈前言〉中,諾克林便明言她採取接近阿圖塞的觀點,揭露「隱而不顯」的意識形態運作,說明此意識形態如何將女性藝術創作邊緣化,將女性形象根據男尊女卑的層級固定化。因此,諾克林特別關注意識形態在視覺藝術上所扮演的角色。(頁三)諾克林認爲,在具有性別差異的社會的某一特定歷史階段內,女性藝術家也會被導引而採取某種視覺表達模式。因此,無論是何種視覺圖像,這些符號都已被納入特定的敘事及此敘事背後的權力架構與大論述。

諾克林處理這些女性圖像的策略,是進入當時的社會與文化史脈絡討論被層級化的女性形象,例如十九世紀的奶媽、十九世紀的道德觀與墮落女性的社會處境。她舉出許多女性處於缺乏權力位置這個大論述中的例子,例如柔弱、冷靜的美德、非淑女的野獸形象、滿足男性虐待狂式幻想的裸體、在市場被買賣的女奴、墮落的女性。

當諾克林討論德拉克洛瓦(Delacroix)的《撒旦拿帕勒斯之死》(*Death of Sardanapalus*)

時，所提出的看法是：「這個故事中包含了頗爲俗世的預設，是德拉克洛瓦那個階層的男人共同認同的，他們都自然而然地『被賦予』想望、擁有和控制女性身體的權力。如果這些男人是藝術家，他們便被默許擁有幾乎是無限的管道，可以任意布女性模特兒的身體。換句話說，德拉克洛瓦的私密幻想並非憑空存在，而是存在於一個特定的社會脈絡中。」(18)諾克林並且指出作品中的主角呈現出一種「事不關己」的態度：「德拉克洛瓦試圖用各種方式去除和疏離男性主宰女性的意象，同時又強調其主題中所含有的性刺激。他表現這場屠殺的方式，是在這幅畫的血紅心臟地帶安置一個投射自我的人物——橫躺在床上的撒旦拿帕勒斯王——這個自我避開了周遭的感官刺激，是個藝術家暨破壞者，終將被他自己的創造——毀滅的火舌吞噬。」(18)

符號學式的詮釋角度可以使我們敏銳的探知圖像背面隱藏的論述結構。但是，我們要繼續討論的是：德拉克洛瓦眞正呈現了藝術家主體之「事不關己」嗎？意識形態或是論述系統如何能夠「完全」決定符號的運作？意識形態要如何能夠完全解釋經過繪畫的創作活動過程，畫面中的人物、線條、筆觸、空間分配等元素互動背後的慾望投注與流動？藝術作品中的「主體」處於哪個位置？此外，我們要如何界定觀看者與畫中人物的相對關係？我們看畫時，被騷動的經驗有多少是源自於我們內在的男性成分，而多少是源自於我們內在的女性成分？更重要的是，觀看經驗中隱藏的施虐與受虐兩種不同快感，其實存在於每一個主客體的對待關係之中。而且，此處所謂的施虐與受虐起源於幼兒對母體的曖昧態度，而且日後以辯證的關係同時存在。因此，當諾克林指出「德拉克洛瓦那個階層的男人共同認同的，他們都自然而然地『被賦予』想望、擁有和控制女性身體的權力」之外，德拉克洛瓦其實還在畫作中流露出他的毀滅慾望，這就是引起我們興趣的地方。藝術家呈現毀滅場景時，他是要控制文本中的對象，還是流露出自己追求毀滅的內在衝動？

從米契爾早年探討文本中圖像性的《圖像學》（*Iconology*）到近年的《圖像理論》（*Picture Theory*），我們可以看出，他的走向很明顯的從馬克思理論的意識形態機制，例如暗房觀點與戀物，發展到了意識形態的劇場修辭效應，也就是視覺符號的「表演功能」。④對我來說，當我處理台灣舞台與文字中的視覺圖像，例如「中國符號」或是「台灣圖像」，除了探討這些視覺圖像所牽涉的意識形態與論述形構之外，還要探討其「展演」出的內在文化動力。此「展演」內容，一部分或許可以釐清此視覺符號背後隱藏的社會脈絡、歷史場景、文化議題、宗教論述與政治立場等交錯的符號系統，以便充分閱讀。

但是，在視覺文本主題性或隱或顯的符號系統之外的「分裂文本」痕跡，卻需要由視覺圖像所牽引的無意識層反向衝動探知，這就是所謂的「徵狀式閱讀」。以下，我們必須進弗洛依德對於視覺符號以及符號投注交換原則的討論，以便說明此「徵狀式閱讀」的運作方式。

視覺符號的意義斷裂處與展演性

弗洛依德的精神分析理論，從夢象徵的詮釋發展到文化符號的探討，經歷了很長的一段路程。重新閱讀弗洛依德的夢的學說，我們看到的一個面向是以「夢的工作」(dream work)來看人的無意識層面的複雜活動，另一個面向則是詮釋學的問題，也就是弗洛依德所說的「詮釋的技術」(techniques of interpretation)。弗洛依德認爲，症狀的形成與隱意化爲顯夢是經過同樣的機制，因此，了解「夢的工作」便更爲重要了。

弗洛依德在一九〇〇年〈夢的解析方法〉("The Method of Interpreting Dreams")一文中指出，探究「顯夢」之內晦澀的「隱意」，必須先掌握此取代某種思想過程的「替代物」(97)，他並且視夢爲「一大堆心理元素的堆砌物」，因此他採用「密碼式」的解讀策略，以「片斷、片斷的處理」來詮釋夢象徵，而不對夢作整體研究(104)。

而在一九三三年〈夢的學說的修訂〉("Revision of Dream-Theory")一文中，弗洛依德補充說明，由於做夢者的抗拒，他所作的聯想時常會因爲遲疑與遺忘而被省略。但是，被遺忘的片斷時常就是最重要的部分，因爲此部分遇到最大的阻抗，夢的構成亦因爲阻抗而造成夢的「殘缺、含糊、混雜、非連貫性」(14)。此外，「隱意」化爲「顯夢」，通常是將分別的意念化爲「感覺的影像」與「視覺的情景」(sensory images and visual scenes)，以便將抽象的隱意以具象的方式呈現，而其中的連繫詞或是關係詞都會被省略(20)，但是，由於做夢者時常會「塡補其殘缺，增加其連鎖，並以己意加以附會」，以致於夢的內容或許會以較無邏輯的方式出現，呈現各種「缺口與矛盾」(rents and cracks)(21)。同時，弗洛依德強調，夢中藉由視覺影像呈現的，不是視覺影像的客觀內容，而是正在努力做夢的主觀心理狀態，因此，詮釋工作的重點不在於夢中的客體，而在於做夢者的主觀狀態(23)。

從弗洛依德早年到晚年的夢學說理論發展，我們可注意到三點重要的訊息：㈠弗洛依德強調夢念的「視覺」呈現；㈡夢中視覺影像的斷裂會被做夢者以主觀的方式塡補與連結，以致完整的夢境中出現了許多意義銜接上的缺口與矛盾；㈢視覺符號的客觀指涉內容並不重要，其揭露的主觀心理狀態才是最重要的面向。從此處出發，我們可以繼續探討的問題是：「視覺元素」特別容易轉借而成爲替代物，所以，文化符號中的視覺元素是我們可以研究的「密碼」。然而，文本中必然存在著「缺口與矛盾」，而此「缺口與矛盾」流露出符號製造者的抗拒與僞裝，因此，我們必須掌握文本中的細節差異與論述裂縫，以便探究抗拒的癥結所在。然而，「視覺元素」的客觀內容並無法幫助我們說明此夢念的內容，若僅抓住顯夢中的視覺符號而進行詮釋的工作，必然會被其僞裝之技術所誤導，而忽略了重要的問題。因此，我們必須反向思考，探討此視覺符號所僞裝與遮掩的主觀心理狀態。

面對創作活動中所產生的具有文化認同的符號時，我們要如何開始思索呢？當文化文本展露具有文化召喚功能的視覺圖像時，例如此書中討論的「中國符號」、「非中國符號」或是「本土符號」、「台灣圖像」，我們要如何處理？或許，更基本的問題是，文化符號像「症狀」(symptom)一樣，它所替代置換的是文化場域中什麼樣的內在欲力與衝突？

當文化活動以創造的想像力選取特定的文化符號，如同遊戲，也如同表演，此文化符號便以僞裝的變形替換文化內在的慾望動力。就如弗洛依德在〈創作與白日夢〉("Creative Writers and Day-Dreaming," 1908)中所討論的，詩人以如同兒童遊戲一般的「眞誠」以及「大量的精力」投注於想像活動之中，「重新安排自己周遭的世界，使其以一種自己更喜歡的新的面貌呈現」，也因此，遊戲與表演之間，有十分相似的性質，同樣是以各種替換的方式將各種慾望表演／遊戲出來。(143-4)

如同弗洛依德所說，「想像力創造的東西，與白日夢一樣，是兒童遊戲的繼續與替代。」(152)夢、幻想、症狀與創作都使我們得以通往過去，銜接目前。因此，思考以及面對書寫如何使我們的文化得以釋放潛藏的慾望動力，透過種種轉換與僞裝，將慾望的衝突表演出來，則是我們研究文化符號者可以探討的議題。弗洛依德也指出，「一個民族的神話、傳奇與童話可以顯露整個民族的願望所生成的幻象或是幻象的變種。」(152)那麼，思索一個民族與文化如何塑造集體神話，亦是文化符號研究者可以深入挖掘的議題了。

然而，從弗洛依德對於無意識系統以及他對於欲力投注選取對象與替代物的複雜討論，我們理解到符號選取與指涉功能的迂迴扭曲。此處所謂的「投注」(cathexis)，德文是 kathexis，是 kata-(down)與 echein (to hold)的結合，意思是「緊緊抓住，集中精力於某一物體」。弗洛依德反覆指出：本能有選取對象而將精力投注於彼處的動力，在無意識系統內，本能欲力的投注可以流動，轉換投注對象而不被束縛，也不會被壓抑；本能衝動進入意識系統內，尋求到了「替代的意念」，便會以固定型態發展("The Unconscious," 177)。此處所謂「代表意念」或是「代表意象」的原文是 vorstellung，英文意思是 idea、image、presentation，既可爲意念，亦可爲意象，或是代表物。也就是說，代表本能動力的，是被具象化的意象或是意念。其實，根據弗洛依德的說法，本能本身亦是透過被投注的「代表意念」或是「代表意象」，才能被意識感知("The Unconscious," 177)。被壓抑而無法進入意識系統的意念，則會繼續在無意識系統內「以結構的方式存在」。("The Unconscious," 178)這個「結構的方式」便是十分值得深思的問題。原初自戀、原初壓抑、施虐／受虐以及愛恨並存(ambivalence)的愛戀關係，都具有結構性，並且會在不同時期以增強的模式再度出現。⑤

複雜的問題是：進入意識系統內的前意識層的投注精力，爲了避免被壓抑而附著於已經置換過的替代意念，此意念與被拒絕的意念有聯想上的關連，卻又十分遙遠，因而不會被禁止。這一個被選擇作爲替代對象的意念，便同時釋放出內在的焦慮。("The Unconscious," 182)「症狀的產生」便是由於此種被壓抑而轉換呈現的替換物所引發。以一個弗洛依德所舉的例子，來說明這種表面遙遠卻又是個可引出無意識衝動的替換物與爆發點：小孩對於動物的恐懼，實際上畏懼的對象是父親，卻因爲尋找到了「動物」這個替代物，而將本能衝動轉移。弗洛依德說：「對此畏懼的替代物越是敏感而頑固的迴避，越是堅決的撤離投注，這個防衛機制就越可以確實地發生作用，以便孤立隔絕此替代意念，杜絕其被刺激而發作的機會。」("The Unconscious," 183)自我處理焦慮的威脅，通常就是藉著嚴格防範外界特定的恐懼對象，而且這個恐懼對象會延伸爲整個外在的恐懼結構(phobic outer structure)，企圖執行有效的壓抑，而不肯承認眞正的威脅是來自內在的衝動。("The Unconscious," 184)從此處所討論的恐懼對象的替代結構，我們便可開始討論文化論述中迴避、棄絕、禁止與排斥的結構生成原則，以及其背面的投注痕跡。我們也可以根據弗洛依德的後設心理學經濟交換原則，指出此焦慮症狀與恐懼替換物如同表面上「通用的兌換幣」（"universal current coinage"）一般，作爲內在矛盾情緒的交換。（*General Theory of the Neuroses,* "Lecture 25," 404）

由以上的討論，我們了解如何從弗洛依德的精神分析理論來理解與創作行爲有關的活動，例如遊戲、表演以及藝術創作等等，也就是說，我們要藉由弗洛依德對於夢思想與夢的工作的討論，以及他對於無意識系統的後設心理學理論的發展，進入文學與藝術作品，思考創作者如何以極大的精力投注某一些經過變形而作爲替代物的文化符號，展演出種種個人化的內在衝突，也就是所謂的「徵狀式閱讀」。由此處開始，我們可以進而討論一個文化的民族願望，如何透過僞裝與變形而尋求替代物，扮演出相互衝突的慾望衝動，甚至思考文化論述如何展開排斥迴避特定對象的防衛性論述，以及此防衛性的恐懼結構的爆發點在何處？正因爲個別創作者所處的文化與社會脈絡，構成了他所面對的象徵系統中的法律以及伴隨的檢查制度，創作者所企圖認同的、依附的、排斥厭惡的，或是叛逆掙脫的，亦皆是在此文化脈絡之中發生。

本書所發展的各篇論文，便依序進入個別議題的文化脈絡，以徵狀式閱讀的方式，試圖仔細討論台灣文化場域中文化符號的生成路徑。我在書中第二部分藉由台灣舞台上展演出的中國符號與台灣圖像，討論台灣文化場域由孤兒心態朝向女神心態的轉型。我在這些藝術家兼視覺圖像的製造者的作品中，看到了中國符號與台灣圖像所吸引的從儀式性的反覆演練到戀物式的投注；從水袖、桃花源，到白玉苦瓜、地圖，然後女神。然而，在某一些創意時刻，我也看到了這些視覺符號的斷裂處與反向意涵，就像是舞台上被投射在半透明布幕上的敦煌飛天，甚而，如同林懷民《九歌》中的山鬼，我看到了如同弗洛依德所說的謎樣的肚臍眼，我們以為找到了引向解釋慾望與記憶的通道，這個斷裂縫隙卻將我們帶向更為複雜黑暗的空間，我們的負面意識，如同底片一般，在正片顯影之前就已經以原初模式的方式存在。視覺符號的徵狀式展演，演出我們的共同症狀——這就是我鋪展此書論述的基本暗喻式方法論。

集體論述與內在排他性暴力

我要從另一個面向說明我的方法論問題，也就是由精神分析進入集體論述與超我認同機制的問題。弗洛依德曾經教導我們，文化符號與集體論述有密切的關係，而集體論述又與超我的形成不可分離。弗洛依德討論「超我」的形成時指出：超我的發展是基於「認同作用」，又譯為「仿同作用」、「自居作用」。自我模仿對象，愛戀對象，但是害怕失去，所以希望將對象吸納入身體，取代自己體內一部分，使自我成爲本我可以投注的對象；這就是超我發展完成以及自我進入象徵系統的基礎。(*New Introductory Lectures on Psycho-analysis*, "Lecture 31," 62-8; "The Ego and the Id," 28-9) 一九三三年《精神分析新論》(*New introductory Lectures on Psycho-analys 13*)的第三十五講〈世界觀的問題〉("A Weltanschauung?")中，在提出精神分析對於宗教的質疑時指出，在許多神話中，只有一個男神，在放棄或捨棄女性神祇之後，才開始創造萬物，而這個創造萬物的上帝被稱呼爲「天父」。從精神分析的角度來看，祂的確是一個父親，具有小孩眼中父親所具有的一切形象，甚至更爲理想與全能。無依無助的小孩需要完全的保護，可以感到安全，而發展出此幻想形象。(162-3)

弗洛依德指出，宗教中這位具有安撫的保證、宇宙論以及嚴厲的倫理道德結合一起的「天父」，其產生是源於個體脫離母體的焦慮、個體對於黑暗與孤獨的恐懼焦慮、個體對於母親與父親的依戀、愛戀中愛恨矛盾並存的心態以及超我的建立。(168)同樣的，我們可以說，任何歷史與文化中具有召喚力與安撫作用的「天父」、「父祖」、「元首」或是「祖國」，也都源自對於母親與父親矛盾並存的依戀，以及超我構成的發展原則。此外，由於任何歷史與文化中具有宗教儀式性的神聖召喚，都受到當時社會與政治制度的規範而形成，因此，我們必須檢視個體焦慮以及社會召喚的歷史與文化脈絡，才能解釋此召喚的有效性。⑥

當一個團體凝聚了社會文化中共同塑造的超我，例如宗教、軍隊以及高度集體化的社會，那麼這個社會中便會產生代表集體倫理道德規範的「神祇」或是「集體超我」。透過了神聖化的過程，此集體超我越來越壯大，自我也會由於依附於此幻想之物，而誤認爲自己也很壯大。這種集體價值的替代品可以成爲道德的指標、民族的救星、國族認同的基石，甚至是超越世俗的聖人賢哲。弗洛依德在〈集體心理學〉("Group Psychology and the Analysis of the Ego")一文中曾經指出，個人在集體中便會「放棄個別的判斷以及個人的責任」，因爲在集體中，「個人獲得了某些條件，而使得自己能夠擺脫自己對無意識本能衝動的壓抑。」(74)弗洛依德補充說，「集體的智能始終大大低於個人的智能，同時，集體的道德行爲則既可能遠高於個人，也可能遠低於個人的道德行爲。」(88)因此，在集體運動中，個人的恐懼都會消失，代替恐懼的，則是殘忍與敵意的衝動。(98)

克莉絲特娃根據弗洛依德的理論，進一步針對這種神聖化超我的集體論述，詳細探討了西方文化的文化論述中同時進行的「對象物」與「推離物」。根據克莉絲特娃的說法，「對象物」(object)是面對自我，我可以命名或是想像的對象，是自我在象徵系統內慾望所追尋的目的；「推離物」(abject)則是爲了超我的要求而強行推離自身之物：

「我推離自己，吐出自己，排除自己，因爲這是父親的要求，是超我的要求，推離是文化的基礎。」("Approaching Abjection," 3)此處所謂「推離」，依克莉絲特娃在《恐懼的力量：論推離》(*Powers of Horror: An Essay on Abjection*)中的說法，是被超我所要求，進入象徵系統之前必須被推離的原初母體，不然此異質體會導致意義的崩解。此推離運動，如同嘔吐，是一種自身系統的淨化作用。透過淨化的儀式，這個文化得以保全其系統之一致與正常。所以，面對於「中國」或是「台灣」，依著文化認同的轉向，所有對於「超我」以及對於「父親」來說無法同化的不潔之物都需被推離，以便建構出同質性高的文化論述。換句話說，在象徵系統之內，慾望所追求的「對象物」是架構在象徵系統之內的價值體系。此對象物可以穩固個體的身分，而不至於產生認同的混亂。同時，造成身分、系統與秩序的紊亂的，破壞界限的，居於二者之間的、曖昧的、複合的狀態，便是此必須被「推離」之物，或說是原初要抗拒推離母親的掙扎。("Approaching Abjection," 3-13)推離了母親，拒絕了混亂，便能夠進入語言，進入象徵系統以及想像父親。("Approaching Abjection," 41)克莉絲特娃甚至指出，排拒不潔與非我的部分，便是宗教以及文化論述要建立「超我」或是神聖概念的起源。宗教利用儀式反覆加強對於神聖、不潔、禁忌等概念，就是爲了便於控制對原初母親的推離排拒。("Reading the Bible," 118)

然而，上述集體認同以及排斥異質的雙向並存動力，正是我們必須面對的族群間以及族群內敵意與暴力的起點。蘭恩(Christopher Lane)在《種族之精神分析研究》(*The Psychoanalysis of Race*)中指出，從精神分析的角度理解族群間以及族群內部的敵意，我們便會面對人類和平共存之烏托邦式大同理想的脆弱，以及人類在攻擊與衝突中可能感受的快感等等眞相。蘭恩指出，我們必須思考如何檢驗當代各種論述建構主體性時，例如後殖民主義，其論述中呈現的文化創傷與各種文化恐懼症的內在問題，以及宣稱主體性眞實的背後無法化解的保守與僵固，或是藉著加強身分社群的訴求(identitarian and communitarian claims)而增強自我可能引發的問題。蘭恩強調，不同的社會文化的象徵系統不見得都是顯而易見的；只有透過精神分析對於慾望、幻想、認同與偏見的探討，我們才可能對於族群問題有較爲深入的認識。(1-37)

銜接我們前面曾經討論過的集體防衛性論述的禁忌、排斥，以及建立超我認同之同時發生的反向推離暴力，我們面對了克莉絲特娃曾經討論過的「文化他者」以及「外國人恐懼症」(xenophobia)的問題。克莉絲特娃在《沒有國家主義的國度》(*Nations Without Nationalism*)以及《我們之中的異鄉人》(*Strangers to Owrselves*)兩本書中，反覆討論「文化他者」引發的慾望、幻想與偏見的問題。克莉絲特娃指出此「文化他者」主觀地展現了我們身分內部隱藏的面貌，而「外國人恐懼症」，正說明了我們將自身的異質元素投射到我們可以攻擊的文化他者身上，並且進行閹割的心理暴力。⑦

克莉絲特娃在《我們之中的異鄉人》一書中指出，「他者」是我們自身的壓抑，是我們曾經熟悉，成爲陌生而再度復返的無意識領域(182-4)。她說：「外國人活在我們自身之中：他是我們身分中隱藏的面貌，使我們居無定所，使我們的理解與親和力搖擺。如果我們能夠認識我們自身中的外國人，我們或許便不至於厭惡排斥他。」(1)由於外國人棄絕了母親，遠離故土，以移民的身分來到異鄉，失去了原初點(origin)，失去了記憶，或者，失去了母語。沒有所屬的地方，沒有所屬的親人，沒有愛，而只有工作的野心，心中經歷著仇恨。此「外國人」或許會以家長的方式出現，或許會以病態者的方式出現，也或許會以妄想者在幻想中成爲被放逐者與被迫害者，以致他們更加劇的迫害他人。

在《沒有國家主義的國度》中，克莉絲特娃繼續指出，近年來在東歐發展出的極端國家主義引人憂慮。她認爲：

> 起源崇拜(the cult of origins)是一種仇恨反應。對於不屬於同一起源的他者的仇恨；對於以個人、經濟與文化方式冒犯我者的仇恨。我隨之退回到「屬於我」的小圈子，緊緊附著於古老、原始的共同點，回到我最為脆弱的幼年時期，依附我最為親近的家人，期待他們會比「外國人」更可信賴，而忘了這些正

是時時與我發生瑣碎衝突的家人。暴露於暴力之下，對於自己的仇恨，是對自己能力的絕望，而低估了自己的成就與期許，放棄了自己的自由，退縮到了一個嚴厲、溫暖而私人的世界，無法定名，屬於生理的空間，這是一個有著牢不可破的冷漠而奇特原始的樂園——家庭、種族、國家與民族。(2-3)

克莉絲特娃指出，「起源崇拜」這種防衛性的仇恨會輕易地退化爲具有迫害性的仇恨。曾經經歷過心靈創傷的人，會更容易轉而以極權的方式迫害他們自己的鄰人。(3)因此，對於起源的美化是一種仇恨的表現，這種仇恨是對自己的仇恨。

克莉絲特娃亦指出：與「起源崇拜」相反而同樣性質的仇恨，則是「起源仇恨」。那些壓抑自己出身、不想要知道其所出之處、憎惡自己的根源者，同樣燃燒著對於自身的仇恨。只是他們認爲可以藉著逃離而避開此問題。相反的，忠於起源者則焦慮地尋找自己圈子內的庇護，藉著將自身的衝突投射到他人身上，轉嫁到異鄉人身上，以便壓抑此內在衝突。(3-4)

我們在台灣當代居民的認同焦慮中，同樣發現了美化起源與仇視起源的對立情緒；只是，如同我曾經指出的，此複雜對立情緒由於「古中國」與「古台灣」兩種不同「起源」，而引發了更爲矛盾複雜的擺盪不定與多重焦慮，也引發了台灣居民面對島上內部的「文化他者」更無法容忍，深怕自身的認同界限會被模糊取消或是玷污，因而採取更爲防衛性的排他性攻擊。暴力成爲清潔內部系統的手段，攻擊則是面對威脅自身身分的認同焦慮而產生的防衛性反應。

這一種面對他者而產生的施虐暴力與幻想快感，在齊采克（Žižek）的討論中，有最爲清楚而犀利的說明。爲什麼種族對於他者的攻擊性是難以避免的？「他者」之謎在何處？齊采克直接指出，他者、鄰居，都是引發我們內在暴力的直接對象。我們無法透過象徵秩序來解釋此「他者之謎」，我們必須以結構的方式來理解主體快感的創傷核心（traumatic kernel），以便探討種族問題背後不可思議的邏輯（the uncanny logic）（Žižek, 155）。果哈根（Daniel J. Goldhagen）曾經在《希特勒之心甘情願的行刑者》（*Hitler's Willing Executioners*）一書中，討論平凡而有文化素養的德國人爲何會參與大屠殺。他指出，鄂蘭（Hannah Arendt）討論的「邪惡的平庸」（the banality of evil）不足以解釋這種罪行，果哈根認爲這些平凡無趣卻心智成熟而負責任的官僚，當時的確有機會可以選擇不執行納粹黨的命令，他們不會因此而受罰。然而，他們選擇接受命令，其中有幾個複雜的原因：首先，他們讓一種想像的屏障使自己與眞實的犯罪保持距離；其次，當此犯罪行爲被「官僚體制化」之後，服從制度、遵循秩序化的程序，就如同「晨間運動」一般，不用思考，但此服從本身就可以使他們感受到快感，更不用說，「施虐」行爲又帶來了「多餘的快感」（引自Žižek, 157–8）。

但是，齊采克接著果哈根的討論指出，我們無法以納粹黨的象徵秩序以及集體意識形態充分說明此罪行背後的「快感」。齊采克強調，這些「守法」的公民並不是如同果哈根所說服膺納粹黨的意識形態，而沒有「羞恥心」(shame)；相反的，他們的證詞清楚顯示他們意識到了此行爲像是在「嘉年華會」一般「踰越」了日常生活的規矩（Žižek, 158）。齊采克指出，他們經驗到的「羞恥心」正是他們從行爲中體驗到「過度的快感」(the excess of enjoyment)的明證：

> 慾望的障礙同時正是無法承擔的過度愉悅之所在。……在慾望與硬現實(hard reality)的對立之中，愉悅屬於硬現實。愉悅是抗拒被象徵系統整合的「真實」；它是濃密而無法穿透的。正因此，愉悅是「超越快樂原則」的。愉悅(Jouissance)在不愉快源頭的現實（亦即痛苦），以創傷式的過度快樂體驗中發生。我們也可以說，慾望本身的純粹在於其防止「病態式」固著的努力。……相對於慾望，愉悅（或是本能、驅力）定義上便是「骯髒／醜陋」的；永遠「太近」。慾望是缺席的，而本能驅力則在場。（Žižek, 167）

因此，齊采克說，與「眞實」的相遇永遠是「創傷性」的，眞實是「卑下低賤」(obscene)的。討論到了種族問題，齊采克認為「多元文化」無法解決，因為我們所面對的，是象徵結構與眞實之間無法化約的距離，是眞實所攜帶的醜陋卑下與施虐暴力中的過度快感 (Žižek, 168)。更為無法迴避的事實是，在幻想中，施虐者與受虐者雙方都歡迎此暴力 (Žižek, 170)；也就是說，在服從官僚體制之同時，人們亦體驗到了受虐的快感。所以，齊采克強調，法西斯極權主義所執行的暴力以及暴力之中經驗的泛轉之施虐快感，便是此「卑下低賤」的醜陋「眞實」，本能愉悅的眞相。

精神分析對於族群問題的啓發

「種族問題」內的區隔暴力與伴隨的施虐／受虐快感，的確是可怕的眞相，醜陋而卑下。但是，精神分析教導我們面對此眞相。只有面對，才有可能避免無止境的循環或是固著。克莉絲特娃《沒有國家主義的國度》中說：「只有認識自身的陌生面貌，我們才能容忍我們之外的外國人，而不至於強迫他人屈從於我們自我壓抑之下設定的『正常』模式。」克莉絲特娃提醒我們：弗洛依德已經指出，幼童以拒絕、憤怒、仇恨來排斥母親，以「不」來拒絕母親，以便建立自己的主體性。我們必須承認他者在我們內心所引發的恐懼與吸引力，並且認清分別區隔的慾望背後的暴力。(29-45)文學與藝術正是我們以語言行為銘刻他者經驗、拓展異域，而展開語言幅度的管道；文學之書寫是為了護衛「異鄉人」的尊嚴。(44-51)克莉絲特娃並說，「精神分析教導我們不斷回到起源，但卻是為了要超越此起源。」(4)精神分析也教導我們，只有透徹探討我們與「他者」以及「我們自身的陌生性」的關係後，才能使我們放棄追逐不屬於此團體的代罪羔羊，執行自我的淨化工作。(51)

如同我在〈自序〉中所說過的，我們身處台灣，面對不同的文化起源，不同的脆弱疆界、不同的象徵系統，我此處所試圖完成的工作，是透過閱讀台灣文學與藝術中視覺化的「中國符號」以及「台灣圖像」，帶領讀者共同面對台灣文化場域內部流露的認同、淨化、排他、推離等等動力與焦慮。此衝突動力的折衝處在於文化認同的矛盾界限。我們都了解，認同的快感需要建立於清楚設定的疆界區分，而設定疆界之同時，就有排他性的暴力產生。文字與藝術便是展演此疆界的反覆設定與跨越的文化行為；透過藝術想像，文化他者浮現於視覺化的空間場所，我／他的分隔暴力，處於「我」的主體性的攻擊位置，或是處於「他」的自我放逐位置，或是我／他易位的施虐／受虐並陳之間的奇特快感。同時，當我們理解台灣文學的寫實主義傳統，以及社會使命是如何建立的，我們便清楚知道文學論述場域中所謂「正常」與「不正常」或是「變態」的區分模式。我們更可以開始在台灣文學寫實主義傳統之外的變態與負面書寫的符號空間中，觀看我們自身內部的異鄉人如何展演自我囚禁與自我放逐，如何承擔施虐與受虐的暴力，以及如何透過變異書寫展現整體文化場域內的矛盾動力。我深信，唯有面對，才有理解與同情的起點，也才有不被固著於暴力的可能。同時，唯有面對，才有可能持續創造與書寫台灣新文化的可能。

註釋

①可參見布萊森等(Norman Bryson, Michael Ann Holly and Keith Moxey)合編的《視覺理論》(*Visual Theory: Painting and Interpretation*, 1991)與《視覺文化》(*Visual Culture: Images and Interpretations*, 1994)，馬丁杰(Martin Jay)的《向下注視的目光》(*Downcast Eyes: The Denigration of Vision in Twentieth-Century French Thought*, 1993)，米契爾的《圖像理論》(*Picture Theory*, 1994)，詹克思(Chris Jenks)的《視覺文化》(*Visual Culture*, 1995)，霍爾與艾玟絲合編的《視覺文化：讀本》。

②羅逖(Richard Rorty)在《哲學與自然之鏡》(*Philosophy and the Mirror of Nature*, 1979)指出二十世紀思想界的「語言學轉向」("linguistic turn")，米契爾在《圖像理論》則指出二十世紀下半葉的「圖像轉折」("Pictorial Turn")。

③例如拉斐爾的畫作《童貞女之婚禮》(*Marriage of the Virgin*)中，童貞女伸出手指接受戒指，也進入了中心軸線等等。

④要參考哈特曼在《荒野中的批判》(*Criticism in the Wilderness*, 1980) 中所說的「批判的認知場景」(253-64)。

⑤有關「結構的方式存在」的問題，例如台灣文化論述場域中的原初自戀、原初壓抑、施虐／受虐以及愛恨並存的愛戀關係，會在以下章節的討論中陸續出現，此處便不再贅述。

⑥弗洛依德也曾指出，馬克思的歷史唯物論對文化史的研究有重大貢獻，卻提醒我們：經濟不是唯一決定人類社會活動之因素。他建議：若我們能夠詳細顯示各種不同因素——除了經濟物資條件之外，亦能呈現人類的一般天生固有的傾向，其不同種族與文化轉型變化，社會階層、職業與賺錢能力等種種條件彼此互相禁制、阻礙及促進的方式，則可以彌補馬克思主義的缺失，而成爲眞正的社會科學。(《精神分析新論》，第三十五講，頁六〇一)

⑦克莉絲特娃討論的重點在於主體的分裂辯證，她以「世界公民主義」要求個體自其文化隔離；這種論述模式自然會引起後殖民主義者的批評，例如史畢娃克(Spivak)。但是，正如同潘尼(James Penney)所言，克莉絲特娃討論的重點在於主體的分裂辯證，她以 cosmopolitanism 要求個體自其文化隔離。對於主體的複雜討論，使我們免於太過簡化地以後殖民論述的角度，爭論文化的「主體性」。

Ⅱ｜孤兒・女神・負面書寫

文化意象的展演

從孤兒心態到女神心態的轉移

③ 斷裂與延續

台灣文化記憶在舞台上的展演

舞台上所有元素，如語言、動作、性別、肢體、服飾、背景、幻燈投影、音樂、道具，皆與文字一樣，是被文化經驗所銘刻書寫的文化符號。本章將重新檢討台灣當代舞台文本展演文化記憶的表演修辭，並分析舞台導演如何藉著各種舞台文化符號再度搬演與再度書寫文化記憶，以重建文化行為模式，並建構新的文化身分。①身為比較文學研究者，當我處理文化議題，觀察並思索台灣文學與藝術發展轉型的問題以及伴隨而起的文化論述動向時，我會企圖從跨越藝術類型的角度切入，將文學、藝術、電影、劇場與舞蹈等不同再現媒介納入研究範疇，以探討台灣當代各種文化文本與文化符號背後所呈現的政治策略與意識形態脈絡。誠如戴絲蒙(Jane Desmond)與柯瑞姿(Amy Koritz)等舞蹈研究者所強調：舞蹈是一種再現形式，舞蹈結構與技巧都已被符碼化，而成為處理身體政治的符號或是論述策略(Koritz, 90)；柯瑞姿更進一步強調，舞蹈文本不只是動作與結構，而更是意識形態議題的展現場所（92）。②藉著分析舞蹈文本中所鑲嵌的各種文化符號，以及其背後延伸的意念脈絡與多重符碼系統，可以幫助我們理解舞蹈文本所牽涉的各種文化論述的構成以及對話的網絡。我在此處的討論重點便集中於：台灣當代劇場中，一九四九年前後出生的新生代藝術家所選取的舞台表演修辭符號，如何呈現當代的文化身分認同的內在矛盾。

舞台上的文化記憶與表演修辭

近三十年來，在台灣各種文化論述中，包括政治論壇、學術論戰、文學、藝術、戲劇，甚至舞蹈，發展出風起雲湧而充滿自覺意識的文化身分辯論，例如七〇年代的鄉土文學論戰、八〇年代的中國意識與台灣意識論戰、九〇年代台灣命運共同體的呼籲。八〇年代出現了幾個新生代舞台藝術家，例如汪其楣、賴聲川、林懷民，象徵地呈現了台灣意識發展的中間階段。這幾個中壯代藝術家的共同特色是：無論他們的父母是早年移民來台灣而居住了幾代，或是生長於大陸，卻在一九四九年前後被迫從大陸流亡台灣或移居海外再輾轉定居台灣的人士，他們都目睹甚至承受這一代中國人對傳統中國文化的緬懷；他們自己在求學過程中，則因都曾旅居國外，接受過西方現代藝術文化的訓練，而使得如何融接傳統與現代成爲他們在創作過程中時時出現的矛盾意識。此外，他們更面對國族認同的難題：在他們成長階段的初期，「中國人」是個不容置疑的身分；留學海外時，他們卻不會被稱呼爲「中國人」，而被稱呼爲「台灣人」；學成返國，自我調整爲「台灣人」時，則又因爲無法以流暢的「台灣話」與本地人交談，而被「台灣人」質疑。「中國」與「台灣」成爲一再被掏空而重新塡充的符號，也成爲舞台上藉以思索文化身分的媒介。

在發展正文之前，我必須先討論一下舞台上展演文化記憶時所使用的表演修辭的問題。透過表演藝術，我們通常可以觀察到一個文化如何藉著重複演練一套被重建與修正過的文化行爲來反省自身、自我呈現，以及向他人解釋自己的文化。③表演中刻意公式化與風格化的舞步與姿勢，時常正是一種召喚過去文化記憶的儀式性行爲。甚至舞台上以創意即興演出的爆發動作，都無法抹除或是否定文化記憶，反而揭露文化記憶的強制性。④因此，我們在表演藝術中，會觀察到這個文化行爲的重建模式。舞台空間因此成爲衆多文化記憶演出的場域：表演者在舞台上以肢體搬演不同的歷史經驗，以此時此刻的舞台空間書寫不同的歷史時空，而不同的文化身分亦尋找發言的聲音與姿勢。

巴柏在《文化的場域》（*The Location of Culture*）一書的序言中，曾經藉著格琳（René Green）以樓梯爲「中介空間」（"liminal space"）的比喻，提出舞台爲「空隙通道」（"interstitial passage")的概念：「中介空間，不屬於任何被指定的身分認同，接續社會上層與底層，或是黑人與白人，介於種種不同社會與族群的組織結構之間。」(4)也就是說，舞台像是個通道，是個空隙處，一個中空的過渡空間，隨時會被不同社會階層、不同意識形態範疇或是不同文化認同的聲音填充遞補。舞台也像是不同意識轉換的界面：原先的意識狀態已經被瓦解，而新的意識狀態還沒有被固定，因此，沒有任何聲音會停留或是佔據此處，也沒有任何意識形態會決定此處空間的階層關係。在討論台灣文化論述場域的認同轉型問題時，這個「中介空間」便十分值得我們深思。

若要進一步討論文化認同與意識狀態轉換的中介作用如何在舞台上發生，我們必須對於儀式性中介經驗的概念有更多的了解。宗教儀式中的「中介經驗」("liminality")原本指部落社會的儀式性行為中，藉著戴面具裝扮神怪的舞蹈動作，而從一個精神狀態過渡到另一個精神狀態的中間地帶。特納指出，在宗教儀式的中介過程中，人們玩弄原本熟悉的事物，使其變成陌生，而新鮮感便在於熟悉事物的不熟悉重組方式中發生(27)。蘇同—史密斯(Sutton-Smith)曾經指出，中介經驗就是一種「反結構」("anti-structure")，基本上具有抗拒原本常態性結構的特質：「常態結構代表和諧狀態，而反結構則代表可能發展出另類結構的隱藏的系統。我們可以稱呼這個第二系統為新文化的原型結構。」正是因為人們對於原本常態秩序的倦膩，因此這個反結構可以帶出新的文化象徵模式

(Sutton-Smith, 18–19, qtd. in Turner, 28)。

特納借用此中介概念，發展討論劇場中具有儀式性表演的中介空間。特納認爲，蘇同——史密斯所說的中介經驗，無法完全清楚區分原始部落社會的宗教儀式與工業社會中類似儀式性的活動。他認爲，像是萬聖節的化妝遊行或是其他宗教節慶中戴著面具、兼有儀式與表演性質的活動，就是具有反結構性質的「類中介」("liminoid," 28)。特納認爲，儀式性的中介狀態並不企圖瓦解原有文化結構，以便重組，更不用說要毀滅並取代它。但是，文學、藝術與戲劇中的類中介活動，卻時常企圖顛覆原有結構(40–1)。特納進一步指出中介現象(liminal phenomena)與類中介現象(liminoid phenomena)的差異：中介現象重在其集體性的活動，強調機械性的同一陣線，隨著集體的、節慶的以及社會結構之內在節奏，與社會進程同步，援用大眾共同的知性與情感象徵，在沒有過度衝突摩擦的狀況下，達成向權威的抗議；然而，類中介現象則偏重個人化的、具有邊緣性質的、處於斷裂空隙的位置，有明顯個人特異獨行的癖性(52–4)。

我們如果參考特納對於中介現象與類中介現象的區分，並且提升其換喻層次，便可以開始思考劇場中兩種具有中介效應的表演修辭。劇場活動自然都應屬於特納所謂的「類中介」活動，與部落儀式有所差別。但是，在劇場中，我們卻可以看到兩種不同的中介修辭傾向：一種是有意地借用儀式性行爲、集體訴求、共同情感象徵，而要向當前權威抗議的「中介現象」；另一種則是劇場中較具有個人反省力的表演修辭，較近於特納所說的「類中介現象」。兩者皆須借重主觀經驗的介入，以翻轉既有的意識狀態。⑤然而，前者所訴諸的是一種集體主觀經驗，後者則自集體情境逃逸，進入個人的主觀意識。借重集體訴求與共同經驗的儀式性劇場活動，就像是特納所說的「中介現象」，這種儀式化的表演修辭相當具有強制性與政治企圖，可以召喚觀衆的認同，引發群衆的集體情緒感染，將觀衆帶到集體膜拜的共同信仰狀態，以便使社會中開始發生的文化轉型得以合法化。這種儀式性的中介效應，是透過集體主觀經驗的強勢導向，而使觀衆的信仰從此界躍升到彼界；而「類中介現象」的表演修辭，則是時常出現在導演十分個人化的重組與改寫文化象徵的時刻。這種文化象徵的重組與改寫，是透過藝術家極爲個人主觀的扭轉，具有個人癖性與顚覆力，卻只能處於象徵系統的邊緣，游離不定，不被重複。觀衆在舞台表演中，透過視覺經驗的斷裂，體悟到文化象徵符號的一體兩面，從而對此文化象徵符號所代表的傳統意涵採取反面觀看的距離，而躍升到認知的彼界。這種認知的躍升，也必須透過觀者的主觀經驗參與才得以完成。

本章要探討台灣當代舞台文本所呈現的兩種表演修辭：一種是爲了要向當前權威抗議，以便將社會轉型合法化，而採取具有儀式性、一致陣線、使用共同情感象徵的中介效應表演修辭，以及文本隱藏的反向壓抑。第二種表演修辭則是爲了逃避集體文化認同，而以十分具有獨特癖性的個人主觀方式，改寫傳統文化記憶的符號，製造具有類中介性質的表演符號，而引發隱藏的文化認同斷裂與內在焦慮。

台灣的孤兒身分與汪其楣的孤兒戲劇

平路在一九九五年一場討論台灣文學史的研討會中，曾經以十分具象的方式描述台灣與大陸的關係：「攤開一張世界全圖，我們立足的島國會長大？還是會縮小？島嶼會不會伸長手臂，像半島一樣的攀連上大陸？地殼會不會壓擠變化，導致島嶼永遠的飄離走遠？」（頁五四）平路這段圖像式的描述，巧妙地反映了台灣地處大陸邊緣引發的微妙位置。台灣近代史上政治主權兩度易主，一八八五年由清朝政府轉手日本，一九四五年再由日本轉手國民政府；在激烈軍事佔領與抗爭之下快速完成的改朝換代，以及透過高壓手段進行的文化統一，導致台灣島上居民高度複雜與曖昧的文化身分。吳濁流於第二次世界大戰結束前夕完成的《亞細亞的孤兒》，充分表露台灣人民被祖國拋棄的無奈，與介於中國、日本之間文化認同重疊的矛盾尷尬狀態。彭瑞金便曾指出，吳濁流小說中呈現的「孤兒意識」「強烈地攫住每一個過往台灣人的靈魂，並視為台灣人的代稱」（頁九四）。李喬完成於一九七〇年前後的《寒夜三部曲》，也是描寫日據時代台灣子民孺慕母親的思念情懷。差別在於，吳濁流小說中的祖國是中國，而李喬小說中的母親則是台灣的土地山林。中原的尋根已移轉至台灣島嶼之上。

早在七〇年代中期，隨著台灣在國際政壇上日漸孤立的處境，使得台灣史中的孤兒情結再度浮現；而黨外異議份子力量的興起，亦促使台灣島上開始出現一波又一波台灣身分認同的探索。一連串企圖尋求文化身分認同與文化象徵的文化活動於焉展開。蔣勳曾經指出，一九七〇年以降的回歸熱引發各種文學與藝術的尋根活動，例如史惟亮的民謠音樂、《漢聲》雜誌引介民俗藝術、《雄獅美術》發掘洪通，以及雲門舞集跳傳統台灣廟會八家將的舞碼等（一九七七，頁六七）。台灣研究學者顧德也指出，當時的小說、音樂、電影、舞蹈、戲劇與學術研究都呈現共同的主題：例如本土的尋根、傳統民俗的探源、台灣史的研究與出版、大眾的政治敏感度等(61-4)。一九七八年的高雄美麗島事件更是使台灣大眾政治自覺意識高漲的觸媒，並導致一九八三年到一九八四年間，將台灣人民兩極化認同之議題白熱化的「中國意識」與「台灣意識」論戰。⑥顧德認爲，八〇年代與九〇年代仍然處於重新發現分歧多元歷史的階段，但是，爲台灣身分認同定義的工作已經是自覺而刻意的行爲(64)。然而，我們可以發現，當前台灣的公共論述中，表面上的自覺運動與刻意的自我定義之下，仍隱藏著多面向而複雜的矛盾與焦慮。

汪其楣在一九八七年上演的《人間孤兒》中，明顯的流露出導演嘗試拼湊台灣經驗的努力。汪其楣一九四六年於北京出生，在台北長大與接受教育。畢業於台灣大學中文系之後，赴美修得奧立岡大學的戲劇碩士，一九七六年返國，此後便教授戲劇，並執導數齣大型的舞台劇。在《人間孤兒》劇本的序言中，汪其楣寫道：我們是「和台灣一起成長，一起進步的；這裡是我們的家，我們的土地，我們的關心和一切……我希望《人間孤兒》能夠說出我們共同的關切和憂思，我們的悲傷與熱情的渴望。」（頁三—五）汪其楣承認，這齣戲的成形與《亞細亞的孤兒》和《寒夜三部曲》有十分密切的關係，她甚至曾經考慮以這兩部小說作爲題材（楊憲宏，頁一五七）。在籌備與排演過程當中，汪其楣除了要求演員閱讀《亞細亞的孤兒》和《寒夜三部曲》，也要求演員閱讀連橫寫於一九一八年的《台灣通史》，以便了解台灣原住民與歷代移民的社會經濟歷史；她還要求他們研究自己的家族史與族譜，鼓勵他們在排練過程中即興演出個人的成長故事。於是，在拼湊各種元素之下，這部《人間孤兒》便綜合了台灣的集體歷史與每個演員的個人歷史。汪其楣的編劇方針，明顯地流露出當時集體論述場域中強烈的歷史意識；導演希望藉著講述台灣歷史的儀式性演出，集合大眾對台灣歷史的認識與共識，從而建構新的台灣意識與台灣認同。

《人間孤兒》演出後，引起社會大眾熱烈的迴響，人們認爲這齣戲是提供建立台灣意識與重新認識歷史的最佳教材。作家阿盛寫道：「三、四十年來，立足於這個島嶼上的人，忘記的太多、漠視的太多，甚至戕害了太多。如今，我們終於發現——只有前瞻而沒有回顧，是最愚騃的錯誤；……《人間孤兒》這齣戲……的舉手投足吶喊低語盡皆觸動我們內心隱藏的感觸。」（頁一六九）心岱帶著聽不懂劇中歌曲的兒子離開劇場，自問：「生活在充斥美式文化環境中的少年，誰來告訴他腳踏的這塊土地曾經的歷史與傳統？……《人間孤兒》就像一面鏡子，使曾經從那樣的生活走過來的我們，勇敢且赤裸裸的面對自我良知做一次審判。」（頁一七一—二）一九八七年首演之後，汪其楣幾度重新推出此齣戲，而似乎每一次都是修訂改寫的版本。例如一九九二年的《人間孤兒一九九二枝葉版》，演員講述個別經歷的即興演出明顯改變了故事的架構，同時也呈現了台灣社會經濟的變遷，從農村到都市，從打漁種田到股票市場，從家庭工業到連鎖速食商店，從看廟會大戲到電視兒童、暴力、綁票。汪其楣在一九八九年執導的另一齣戲——《大地之子》——亦是以台灣社會發展史為主軸的「姊妹戲」。同樣的，她藉著此劇暴露台灣的種種絕望處境，環境的污染、教育的無力、社會道德的敗壞。蔣勳亦坦承《大地之子》對他是「道德實踐上的鼓勵」，他向學生介紹此劇，而學生分別去看了之後，「連續一兩週內，學生很少逃課，而且上課時異常安靜了」（《大地之子》代序之二，頁一五）。

汪其楣強烈的歷史意識與刻意的台灣認同，成爲這幾齣孤兒戲劇的核心基調。她希望改寫以漢族爲中心的中原文化論述，而以本土多元聲音取代。例如，在一九九二年枝葉版中，她以卑南、布農、泰雅與鄒等原住民部落的儀式性吟唱與舞步爲開場，而全劇進行當中，對白內穿插台語、國語、客家話，甚至日語、英語等多種語言，使觀衆在舞台上看到台灣文化混種的象徵演出。汪其楣這幾齣孤兒戲劇中刻意凸顯台灣本土聲音的舞台處理與歷史意識，實際上是延續七〇年代本土化運動的發展。八〇年代中期之後，重新思索選擇文化身分的集體論述益發公開，並展現在各種文化形式，從小劇場到廣場學運，波瀾澎湃。一九八七年頒布的解嚴令與汪其楣的《人間孤兒》，只是這一股浪潮的一個浪頭，或是一個代表性的象徵呈現。

然而，《人間孤兒》劇中除了導演的歷史意識與台灣認同的眞誠意圖之外，我們卻不得不承認，這些劇場演出中的歷史綱要架構過於突兀的困窘。雖然，汪其楣以她在美國接受即興演出的訓練，來要求演員發揮在舞台上講述個人故事的能力；但是，這種即興演出卻只是被文化制約的行爲，是台灣人集體歷史意識的反映與回聲，而每人的個人歷史叙述正好增強了集體歷史的叙述。集體講述歷史的強制性史詩意識充斥全劇，從冰河解凍、島嶼形成，到三國、元明清，甚至補充接續到中日戰爭、二二八，而至今日台灣的社會經濟。

劇中演員從誦唸連橫《台灣通史》中的序：「夫台灣固海上之荒島爾！篳路藍縷，以啓山林，至於今是賴。」到羅列編年事例：

立美：一八三九年，林則徐燒鴉片。

志民：一八四一年，中英開戰。

宗正：一八四二年，中英訂立南京條約。

玉娃：一八四八年，俄國爆發二月革命。

立美：德奧也發生革命。

志民：全台訂立「紳民公約」，一致「堅持排外」。

靖夏：七月十六日，日人於芝山岩開設學校，教授日語。

明台：（轉身後隨即站起）八月二十六日，日軍佔領台中。

翊綱：九月九日，鳳山激戰。

傅寯：十月六日，西螺激戰。

光慧：十月七日，土庫激戰，日軍佔領雲林。

家琪：十月九日，佔領嘉義。

恆祈：十月十日，佔領東港。

摯涵：（站起）十月十三日，佔領打狗砲台。

雅君：十月十五日，佔領鳳山。

健雄：十月二十一日，日軍進入台南呈。

沈杭：一八九六年，將延平郡王祠改成開山神社。

寶貴：一八九七年，在台北開設最早的小學，繼而台北的學校開辦女子部。

摯涵：日本式的劇場——「浪花座」也開幕了。

楔子中，觀衆居然目睹演員朗誦七十六條歷史事件（頁一三—二四）。《人間孤兒一九九二枝葉版》雖然大幅度改寫，但是從第四景到第十景，仍舊以條列朗誦的方式呈現同樣的編年紀事。這種編年史式的點狀線性叙述，尤其使得劇中爲台灣定義身分的集體歷史意識膨脹而充塞整個舞台。

楔子中，學童以有力而急促的聲音齊聲朗誦：「夫史者，民族之精神，而人群之龜鑑也。……固凡文化之國，未有不重其史者也。古人有言：國可滅而史不可滅！」（頁一七）這是整齣戲的基本發言立場，也是主要表演修辭策略。因此，修訂過後的枝葉版劇中台詞仍舊以「阮無知——」開始叙述，也因此舞台要講話，要把整個台灣史呈現在觀衆的眼前。雖然參與演出的演員都用眞實姓名出現，雖然這些歷史事件由不同角色唸出，但是，舞台上說話的卻不是演員，不是音樂、燈光，不是空間層次，甚至不是導演，而是歷史。

全劇二十八段中，劇情根據各段標題發展，例如「台灣河川」、「迪斯可・洋煙」、「兒童美語」、「新宿族」、「白人傳教士」、「竹篗隊」、「雨夜花・閹鷄」、「惜別的海岸・蘭嶼行腳」、「吸食污染」、「女工的故事」、「文化公車」等。的確，台灣文化的發展症狀與人們的道德關切重點，可以從這些標題中約略得知。但是，這些關切點的呈現，與召喚人們認同的方式，卻是沒有論述距離的叙述與呼籲。

例如有關台灣河川污染與垃圾蔓延的問題，在「愛河・淡水河」與「幽幽基隆河」兩段中發展：

建誠：其實，人們藉著自我反省，可以不讓生命墮落，河川也是一樣。但當外來的污染超過了河川本身的負荷，惡性循環就開始了。河水在瑞芳折而西轉，進入基隆。河水再西，經汐止進入台北市。

玉娃：（做蛙跳狀）自八堵以下，沿岸工廠急速增加，那些未經處理的工業廢水，辛辣惡臭中還帶有劇毒的重金屬離子，如鉛、鎘、汞等，這些將慢慢置基隆河於萬劫不復之地。進入台北市，在南港附近，有一座人造山，那就是內湖垃圾堆積場。

……

建誠：每天台北市兩百三十萬居民所丟棄的垃圾全數送到這裡，只見山頂上垃圾車川流不息，空氣中瀰漫著一股惡臭，尤其大雨一來，雨水自山頂直瀉基隆河，只見河中黃黃褐褐，真是集一切骯髒污穢之大成。（頁五七－八）

這個段落中，雖然有不同角色參與，但是很明顯的卻沒有任何對話的距離，也沒有表演的內在衝動，而只有以單一邏輯發展的道德式敘述。過度的重複只是一種補償，補償被遺忘的歷史，補償式微的道德。而在歷史與道德的強大磁場召喚之下，導演原初嘗試發展的本土多元聲音消失殆盡。汪其楣自己曾說：「我覺得有些事要讓它厲害一點地出現……我想是一種著急（的感覺）……微言大義出不來。……『發炎傷口』的細菌和鮮血都要擠出來，必要時還得開刀。」（楊憲宏，一五七－六四）這種要「開刀」治療的「著急」，使得導演的道德意圖過於「厲害」而直接，也使得演出化為平面與同質的敘述，如同歷史課本，如同防治污染宣導手冊。一九八七年《人間孤兒》的結尾是由全部演員加入，扮演拾荒者與大學生，反覆合唱〈農村酒歌〉，以儀式化的行爲，合作將舞台上的垃圾收拾歸類。一九八九年的《大地之子》劇終時，全體演員站在舞台上重複合唱王昶雄的〈阮若打開心內的門〉。一九九二年的枝葉版改動結局，同樣是以〈阮若打開心內的門〉的歌聲與儀式化的反覆行爲，由全部演員加入，在舞台上植樹。這種訴諸集體歷史意識與儀式性的認同召喚，造成舞台上類似集體催眠的效果，而原本要脫離中原論述之單一意識形態與拓展多元本土聲音的企圖，卻掉落入另一種形式的單一扁平論述。這種單一邏輯的論述，正是克莉絲特娃討論巴赫汀時，所指出的與嘉年華會式多音寫作相對的史詩式敘述：單一原則，單一觀點，沒有論述距離，根據因果之信念，泯滅任何與自身對話的可能性，因此是屬於系統式的語言（1966: 47–50）。汪其楣便是以這種系統式的單一邏輯，將台灣歷史與台灣島嶼神聖化，召喚集體認同，並且以儀式化膜拜的方式，感動觀衆，而使觀衆一起躍入信仰的彼界。

當我們檢視八〇年代賴聲川與林懷民的舞台作品時，發現文化尋根與身分建構的講述歷史企圖亦十分明顯。賴聲川與林懷民的舞台作品所以會不同於汪其楣歷史意識同質性過高的孤兒戲劇，是因爲賴聲川與林懷民建構了一個呈現符號指涉斷裂的後現代舞台空間。在舞台上某一些文化符號的處理中，尤其是歷史符號的重新搬演，我們發現導演透過一些表面上承載延續文化歷史記憶的符號，以十分個人化的方式改寫，有意凸顯文化符號指涉的不穩定性，引發了認知與意識狀態轉換的類中介效應，也同時揭露了文化身分的歷史斷裂性。

符號的留白：賴聲川的暗戀／桃花源

賴聲川一九八六年的《暗戀／桃花源》，便是一個典型的改寫中國神話的後現代例子。賴聲川的父母出生於中國大陸，一九四〇年父親出使美國，全家隨之移居美國。賴聲川於一九五四年出生於華盛頓市，十二歲時遷居台北，完成中學與大學學業後，一九七八至一九八三年間再度赴美國加州柏克萊大學修得戲劇博士學位，然後返台定居，並開始他的教書與導演生涯。賴聲川編寫與執導的戲劇，例如《我們都是這樣長大的》、《那一夜，我們說相聲》、《圓環物語》、《西遊記》，以及《暗戀／桃花源》，都是尋找當代台灣經驗中各種文化記憶的作品，並思考台灣與中國傳統之間的關係。賴聲川的戲劇演出每次都造成轟動一時的現象，以致朱天文曾說：賴聲川戲劇的每次公演「已逐漸成爲負有社會參與感和歸屬感的社交活動」（頁一三）。

《暗戀／桃花源》是由兩齣戲中戲組成，或者應該說是《暗戀》與《桃花源》這兩齣戲排演過程的交替演出。《暗戀》是一齣現代舞台劇，故事地點是民國七十年代台北市內的一所醫院。劇中一位身患肺疾的老人江濱柳，回憶三〇年代在上海因連續戰亂而失散的初戀情人雲之凡。觀衆發現，江濱柳移居台灣的數十年間，甚至在他與他的台灣太太結婚後，他一直思念著年輕時的情人。《桃花源》則是古裝鬧劇，以舞台方式改寫陶淵明的《桃花源記》。劇中的老陶離家出走尋訪桃花源的原因，是他的太太春花與鄰居袁老闆有染。《暗戀》與《桃花源》交錯演出與台詞穿插的效果，導致這兩齣戲互爲框架，互相詮釋劇中的影射意義，但也同時互相解除劇中文化符號意義指涉的框架。

戲中戲《桃花源》劇中的佈景是一幅與舞台同寬、同高的巨型「中國山水」，畫中充滿迷濛一片的雲霧，桃花源則是在遍地粉紅色桃花的「神祕高山」中的小村莊，既「夢幻」又「美麗」（頁九三）。這個佈景的設計充分利用了中國文化記憶中山水畫傳統與世外桃源的意象，是所有中國文人嚮往與一再描繪的心靈圖像，是亂世中歸回平靜的想像途徑，是盛世中的書齋理想。在這齣劇中，這個山水佈景更成爲江濱柳思鄉懷舊情結的視覺翻譯再現，同時也是一九四九年被迫流亡台灣的「外省籍」人士想像建構「中國」的視覺暗喻。記憶與想像中的家鄉與戀人，在這麼多年來，一直保持不被沾染而吸引遊子歸去的理想美好形象。但是，當佈景緩緩升起時，觀衆立即發現，佈景下方有「一小塊完全沒有畫的空白」（頁九三），演員還對劇中劇既驚且怒的導演說，設計佈景的人以爲這就是導演所喜歡的「『留白』味兒」（頁九四）！劇情進行中，觀衆會看到劇

（上）《暗戀／桃花源》第五景。（表演工作坊提供）
（下）《暗戀／桃花源》第六景。（表演工作坊提供）

中撿場無視於劇情變化，自顧自地手持刷子與桶子，坐在梯子上，一點一點畫上顏彩，塡補這個空白！傳統山水畫中以留白取意境的手法，在此處被導演賴聲川刻意轉換爲意義指涉空隙與斷裂的視覺符號：「桃花源」，或是「中國」，是一個逃避固定意義的符號，藉著不同人的表演一再被重新詮釋與塡補。

賴聲川甚至藉著讓演員以引用與表演《桃花源記》文字的方式，改寫其文字的指涉意義。第五景開場時，觀衆看到劇中老陶身著古裝，以默劇動作，在一幅河川風景的小布幕前，演出划船的動作，口中唸著：「緣溪行，忘路之遠近。」同時，他又自言自語：「忘了！忘了！忘了好！什麼什麼『春花』——忘了！什麼『袁老闆』——忘了！」（頁九五）忘了春花與袁老闆，「桃花源」中的「花」與「源」被去掉，而只剩下了「桃」；這個「桃」是寫《桃花源記》的作者陶淵明呢？還是老陶的逃逸動作？而誰是《桃花源記》眞正的作者？老陶藉著以敘述與肢體動作引用《桃花源記》，同時改寫其文本，創作了此刻的新文本。老陶的後設表演使他得以逃開原始文本的箝制：什麼是原典？什麼是正統？老陶有意忘記原典，也掙脫原典所制定的意義。所謂「桃花源」，或是「中國」，再度被舞台上的演出質疑。

賴聲川如何詮釋「桃花源」本身呢？劇中桃花源內的人物都身著雪白衣袍，以慢動作的舞蹈動作，嘻笑著彼此遮住對方的眼睛，並用手絹蒙上眼睛，玩捉迷藏的遊戲，呈現純淨而快樂美好的畫面（第九景）。這種純淨愉悅的畫面只有在想像的夢境中才可能存在，然而，這個想像中的夢境，如同一場蒙上眼睛玩捉迷藏的遊戲，同時卻也是盲目無知的。桃花源內的「女子—男子」與「春花—袁老闆」的長相一模一樣（由同演員飾演），像是在鏡中的反影。但是他們堅持不認識老陶，就好像夢境中的思想拒絕承認現實，以便夢境能夠得以持續。懷念中的家園就如同夢境中的桃花源，像是一場遊戲與謊言，與現實脫節，拒絕承認現實。

《暗戀》便是流亡台灣者懷鄉情結的演出，第十景的佈景則以視覺的方式詮釋了這種如患病一般的懷鄉心態。觀衆看到《暗戀》的天幕被《桃花源》的桃花林山水畫擋住，而《暗戀》的幻燈片直接投射在《桃花源》的山水佈景上，產生了視覺影像重疊的效果。投射在《桃花源》山水佈景上的幻燈片，是民國七十年代的台北市景色：台北市遠景、公寓房子、高樓，接著是長庚醫院的中景，然後是醫院內部走廊，最後是江濱柳的肺部X光片。舞台說明指出，這些圖像與《桃花源》山水畫紋路重疊的效果「很不搭調」，卻又有一種「微妙的配合」（頁一一三）。這種視覺並置，帶來極爲震撼的顚覆經驗：台北市街景被強行刻印上過去的文化記憶；台北被等同於「桃花源」，或是「中國」！實際上，中國大陸領土上各地的地名被鑲嵌在台北各街道上，從東北到西南；行走在台北街頭，宛如在大陸各省份、各城市間旅遊。而這種懷鄉的心態，活在過去，活在想像的地圖上，一個桃花源式的虛構空間，根據賴聲川的詮釋來說，是一種疾病：江濱柳染患疾病的肺部X光片與《桃花源》山水畫重疊，就像是他的肺部被這個虛構空間所侵蝕霸佔，或是這個桃花源成爲一個滿布病菌的思想空間。

《暗戀》中的劇中導演，十分不滿意年輕演員無法按照他的想像演出江濱柳與雲之凡的模樣。他激動地說：「江濱柳不是這個樣子！我跟你說過多少次？……他是孤兒中的孤兒，在日本鬼子刺刀下長大！……他離鄉背井，四處流浪……流浪……在大上海認識了他一生中再也不會忘記的雲之凡。」（頁八九）江濱柳的經驗代表了一九二○年到一九四○年間中國人在戰亂與砲火中流離失所的成長經驗；一九四九年前後被迫離開大陸時，許多人甚至來不及與家人道別，也一心以爲短時間內可以重回家園。舞台上間歇重複出現的三○年代白光與周璇的老歌旋律，如〈追尋〉、〈我是浮萍一片〉與〈何日君再來〉等，更使這種持續的懷鄉成爲固執而重複的意念，以小型收錄音機播放的劣質而空洞的聲音，瀰漫在舞台空間中。

然而，四十年的分隔，已經使得回鄉的意念漸漸成爲一種有難言之隱、無法觸摸的內在疾病，一種會痛的嘲諷，甚至是一種沒有感覺的笑話。在台灣生長的年輕一代沒有上一代的歷史包袱，也無法分擔他們的創痛記憶，他們當然無法演出眞正的江濱柳與雲之凡。飾演雲之凡的年輕女演員堅持要劇中導演忘記過去：「三十多年前的事，你又回不去，你必須要忘掉啊！……是『我』在演『雲之凡』——我是我，她是她！我永遠不可能成爲眞的『雲之凡』，雲之凡也不可能出現在這個舞台上！」（頁九〇）代表江濱柳的家鄉與年輕戀人的雲之凡，只是如浮雲般無法捉摸、無法追尋的記憶，而記憶是無法如實重建的，就如同桃花源是無法回去的一般。

陶淵明的《桃花源記》中有個要根據武陵漁人的傳說，溯源追尋桃花源的南陽劉子驥。在《暗戀／桃花源》中，一個不在兩個劇中劇的年輕女子混到舞台上，不時打斷排戲的過程，聲稱要找「劉子驥」。桃花源找不到，連要找桃花源的劉子驥也找不到，而這荒謬的尋找卻在最荒謬的劇外劇中插入，使得追尋桃花源的動機成爲鬧劇。暗戀中的桃花源是永遠到不了的虛構地方。

賴聲川的《暗戀／桃花源》與張曉風於一九七二年上演的詩劇《武陵人》是一個時代落差造成的對比。同樣是根據陶淵明的《桃花源記》改寫的《武陵人》中，漁人黃道眞的掙扎是介於歡樂的仿製天國與多難的家鄉之間：「你們被一種次等的幸福麻痹了靈魂，你們被一種仿製的天國消滅了決心，至於我，我已不屬於這低劣的歡樂，我寧可選擇多難的武陵。」（頁七二二）雖然在訪問她的記者逼問是否一定必須投入苦難才能追求眞理，張曉風的回答是她在美國唸書的朋友，爲了釣魚台事件，放棄了舒服的生活，而立刻收拾行李回台灣（《曉風創作集》，頁七五三—四）。但是，讀此劇本的觀衆卻不可能在劇中的宗教架構之外，忽視其中外省人流亡台灣、矛盾掙扎的相似處境。當地姑娘桃花聽說黃道眞已經訂親，而猶豫應不應該考慮這樁婚事。桃花的娘說：「傻孩子，訂過親又怎樣，就是娶了親也不妨啊！只要他不回去，他們還不是當他死了嗎？」（頁六八六）這卻正是《暗戀／桃花源》中江濱柳最後決定與台灣太太結婚的背景。

張曉風的童年是在大陸家鄉度過的，八歲左右隨著戰亂輾轉抵台。她承擔的是現代意識極爲強烈的沈重歷史感，多難的中國令她無法耽於安逸。當童年時的爺爺在她晚上一起逛街疲倦之後要求回家時，會回答說：「家？不，那不是家，那只是寓……人只有一個家，一個老家，其他的地方都是寓。」小女孩會如何回答故鄉在何處的問題呢？（〈初綻的詩篇〉，頁二一六）對於在大陸出生而流落在異邦的中國人來說，他們所暫時歇息的落腳處，無論是台灣或是美國，都是次等的仿製天國，都是桃花源的假相，苦難的中國是他們必須背負的人間磨練。也因此，張曉風的劇本引發了唐文標〈天國不是我們的〉這篇開戰意味極強的文章。文中唐文標譏諷說：「二百多年以前，我們的祖宗爲了同樣的理由，貧窮、重稅、兵燹，而飄洋渡海的來到台灣這個蓬萊仙境，建立了他們的桃花源，不知作者會不會對這些遠祖們（或他們的子孫們），說這是次等的美善，我們還是回到清朝的土地上，忍受苦難，切切地渴望天國？」（頁四九）一九八五年賴聲川排練另一出舞台表演《那一夜，我們說相聲》時，曾經在工作間斷時，到日本休假。在日本的兩個禮拜中，賴聲川說，他深刻體會到「傳統與現代之間的隔閡」；這種隔閡是日本所面對的，也是他當時所面對的。他說，他在京都的清水寺拍照：「拍的是清水古寺的木頭地板，以及牆壁上木頭經過幾百年下來的裂縫。拍了一堆裂縫，一系列的裂縫，從各種不同角度的裂縫。深深的感到，像裂縫這麼突兀的東西，經過歲月的折磨，也變成自然順暢，自然也屬於那個環境的一部分了。」（宋雅姿，頁一六）《那一夜，我們說相聲》中所呈現的，便是傳統與現代的斷裂；一九八六年的《暗戀／桃花源》更是借用歷史來切斷歷史，借用原典來切斷原典，借用中國符號來切斷傳統符號的指涉。

符號的半透明屏障：林懷民的中國

林懷民的雲門舞集作品更時常出現透過具有空隙斷裂特質的舞台符號，而達到雙重意象的重疊，以及傳統與現代的並置。林懷民與汪其楣、賴聲川一樣，都是一九四九年前後出生的新生代，在台灣完成高等教育後，繼續在美國接受現代舞蹈的訓練。一九七二年林懷民學成返台後，於一九七三年成立雲門舞集。當時，雲門舞集的宣言是：「中國人作曲，中國人編舞，跳給中國人看。」

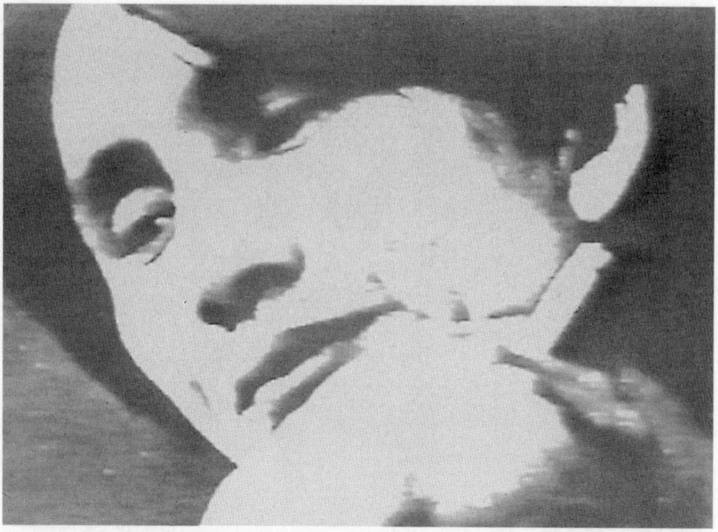

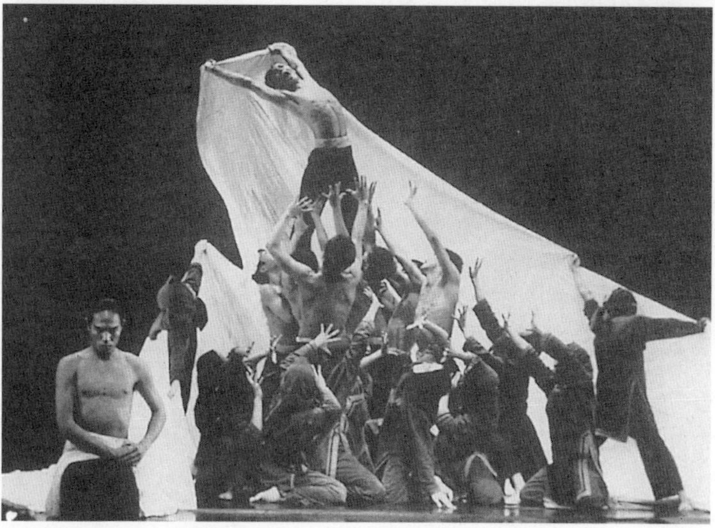

（上）林懷民。（雲門舞集提供）
（下）薪傳。（攝影：劉振祥）

（上）《薪傳》。（攝影：呂承祚）
（下）《射日》。（攝影：劉振祥）

林懷民深受瑪莎．葛蘭姆的影響，而瑪莎．葛蘭姆（Martha Graham）對民族文化的使命感，也透過林懷民一再地呈現。瑪莎．葛蘭姆曾說：「藝術是人內在世界的展現。藝術在人們的無意識——種族記憶——尋找到其根源。透過藝術，一個民族的歷史與心靈得以浮現。」（50）她也曾在一九七五年訪台時，對林懷民說：「到台灣來，對我是一個啓示。我看到許多人，戲院的觀衆，路上的行人。這些人使我驚嘆。不是西洋人，也不是過去的中國人，而是一個嶄新的種族，充滿著活力。你應該把這一代中國人的感覺表現出來。」（林懷民，一九九二，頁三八）林懷民舞蹈作品中的特色是，除了西方現代舞的影子之外，他充分利用傳統中國符號作爲舞蹈語言，例如傳統建築、壁畫、水袖、長袍、面具、傘等。他甚至引用傳統古典文學作品，作爲他編舞的基礎，例如《白蛇傳》、《紅樓夢》、《九歌》等。二十多年來，在雲門舞集的作品中，觀衆的確看到一次接著一次「中國人編舞，跳給中國人看」的努力，也看到在台灣的現代中國人反省自身文化身分的思索過程。

林懷民認同台灣的過程始自《薪傳》，或者應該說是在台灣退出聯合國前後之際。在《薪傳》排練過程中，林懷民要求舞者研究台灣歷史，並且各自談談個人的家譜，以便讓他的舞者能夠有意識地銜接起台灣的移民開拓史與個人的家族歷史（劉蒼芝，頁二五）。《薪傳》之後，林懷民的台灣本土意識急速增強。他曾自問：「我們的藝術界是否曾以目前台灣的形象來立足而成爲我們所熟悉的文化符號？」（何聖芬，頁十一）林懷民甚至在一九八七年時說：「祖國不再是教科書上提起的遼遠的山河。……祖國是綠禾連天的嘉南平原，是空氣污染噪音竟日的台北。祖國是散戲後，拿點心給舞者的社區居民，是那些幕落後兀仍坐在劇場中不願離去的學生。」（林懷民，一九九三，頁二四五）林懷民在一九九二年推出的舞作《射日》中，藉著泰雅族的遠古神話，搬演原住民射殺籠罩天際的兩個太陽中一個太陽的故事，象徵性亦是儀式性地終止了自己雙重政治認同的矛盾。⑦

《薪傳》所呈現的，是典型的儀式性劇場。林懷民曾經要求舞者在練舞過程中，在新店溪邊以「儀式化」的動作，練習搬石頭，以體驗先民拓荒的歷程；休息時，他則要舞者手牽手圍成一個大圈圈坐在河邊石頭上，閉目靜坐，張口發聲哼唱「啊嗚哦」的聲音；每一個人都會用心揣測並跟隨團體的韻律，若任何一個人的聲音不和諧，自己便會發現有問題，而馬上小心試著調整，以免破壞整體的團結一致（劉蒼芝，頁一八－二四）。這種宗教性、儀式性、神聖性的齊聲吟唱，相當具有催眠暗示與集體意識。林懷民認爲，透過舞蹈儀式性地演出，觀衆可以參與先民篳路藍縷、艱苦墾拓的歷史精神。他說：「這個舞劇所再三強調的，是我們的祖先手拉著手、團結、奮發的精神。他們不管面臨什麼危難，總是把命運揑在自己的手裡，把信心建立在自己的血汗上。我急於把這個作品編出來，希望讓雲門的舞者、觀眾和整個社會得到一種力量；透過我們祖先的歷程，來肯定我們自己的力量。」（溫曼英，頁二九）《薪傳》演出前，正值美國宣布與中共建交之際，林懷民對他的舞者說：「我們有責任使更多人得到安慰，使他們的心情得到宣洩，乃至得到一種啓示。」（溫曼英，頁三〇）在嘉義首演時，觀眾四、五千人，林懷民描述：「體育館的秩序非常好。高興的時候，大家就鼓掌，悲哀的時候，你也可以感覺到觀眾席上充滿了悲哀的氣氛。一路演出，很多人留著眼淚。演完了，台上、台下一起拍著手。」（溫曼英，頁三〇）演出後，觀眾意見表中，有一個學生寫下：「我的父親是民國三十八年從大陸到台灣來的，由於在這樣的背景下長大，我一直覺得我的家在大陸。看了《薪傳》後，我知道，台灣也是我的家，是我自己的地方。」（溫曼英，頁三六）

《薪傳》的集體儀式性肢體語言自然是十分明顯。當有人批評《薪傳》的某些動作像是「體操」時，林懷民反駁這種看法：「到劇場的健全觀念，是參與一個劇場的演出，而不是去看一個表演。……我想，最好的觀眾是參與的觀眾，不是鑑賞家。」（溫曼英，頁三五）「參與」與「鑑賞」是兩種不同的觀看位置：一種是被召喚而進入劇場中的儀式，另一種則是抗拒召喚，保持批評與反省的距離。這兩種觀看位置一則是觀眾自設的位置，一則也是舞台文本爲觀眾預設的位置。林懷民的舞作中，其實時常可以發現這兩種不同的預設觀看位置的矛盾：林懷民在八〇年代以降，漸漸脫離七〇年代《薪傳》或是《小鼓手》等負有時代使命、採用寫實叙述的史詩式劇場，而發展出有觀看距離的後現代舞作；然而，儀式化召喚集體認同的時刻卻仍舊時時出現。《薪傳》是個明顯的儀式化膜拜傳統的例子，其他如《九歌》結尾時，全體舞者反覆點燈的動作，膜拜爲國捐軀的死者，以及《悲歌交響曲》結尾時，全體舞者圍著一個燃燒中的香爐，紀念二二八事件的死者，也都是他的舞作中這類儀式化的時刻。

林懷民要他的觀衆進入他的信仰，進入他展開的儀式，以宗教式的虔敬，膜拜一個神聖化的對象。這種儀式化的處理，與林懷民舞台上慢慢發展出的後現代式文化符號的改寫手法，是格格不入的。⑧

八〇年代中葉，觀衆看到林懷民的作品繼續使用代表中國的舞台符號，例如中國傳統建築、壁畫、水袖、長袍、面具、傘等，但是卻漸漸增加這些視覺符號中曖昧而具有爭議性的成分。這些中國符號在舞台上被幾度轉換，而成爲新的舞蹈語言，也成爲界定現代台灣的辯證思考與抗拒的界面。例如一九八五年的《夢土》中，舞台上以敦煌壁畫投影在半透明的布幕上，造成舞台前段空間與後段空間的視線阻隔，也是阻隔觀衆與舞台上虛構的古典中國空間的拉岡式橫槓。這個半透明屏障造成的視覺橫槓，銜接舞台上的古典與現代，造成二者並置但斷裂的奇異效果。整首舞作中，觀衆看到一個身著現

（上）《夢土》半透明的布幕。
（攝影：謝春德）
（下）《夢土》中的年輕男子。
（攝影：劉振祥）

代服裝的年輕男子，肩托一隻孔雀，站立在一座滿布銅釦的朱紅大門之前，而舞台上有時是身著古裝的舞者以飛天姿態飄飄起舞，有時是帶著京劇面具的舞者伸展拳腳功夫，有時是身纏重重白色布條的舞者在舞台上掙扎；這種兼含古今中外的組合，延續了半透明屏障造成的視覺橫槓，使舞台上持續進行古典與現代的對話與質疑。《夢土》中這個身著西服的現代年輕男子，是林懷民舞台上古典與現代對比的象徵符號，是活動而具象化的視覺屏障。這個現代人的視覺符號一再出現在林懷民的晚期作品中，例如《明牌與換裝》與《九歌》，有時轉換爲騎腳踏車的現代人，有時是提著行李箱的旅人，有時甚至是著溜冰鞋、手持竹竿旗幟的旗手。

林懷民擅長使用的水袖，更成爲他作品中顛覆傳統最爲有力的符號。⑨水袖是最具有傳統中國色彩的舞蹈語言。林懷民在早期的作品中便時常使用，例如《寒食》、《奇冤報》、《白蛇傳》、《薪傳》等；而在晚期較爲大型的舞劇，如《紅樓夢》、《夢土》與《九歌》，林懷民也大量使用。觀衆會發現，在林懷民的舞台上，水袖或是長長的白色布條，絕對不是單純的中國服飾特色或是中國式舞蹈語言。早在林懷民的《寒食》中，他已經將水袖轉換爲十分個人化的語言。姚一葦曾經精確地談論林懷民對於介之推的悲劇的詮釋：「白布所代表的便是環境對他的希求與羈勒，係自我之外的諸種牽涉與負荷，是他所揮之不去，割之不斷，不能收藏，無可逃避的那一外在勢力的化身。」

（上）《寒食》。（攝影：王信）
（下）《夢土》。（攝影：趙傳安）

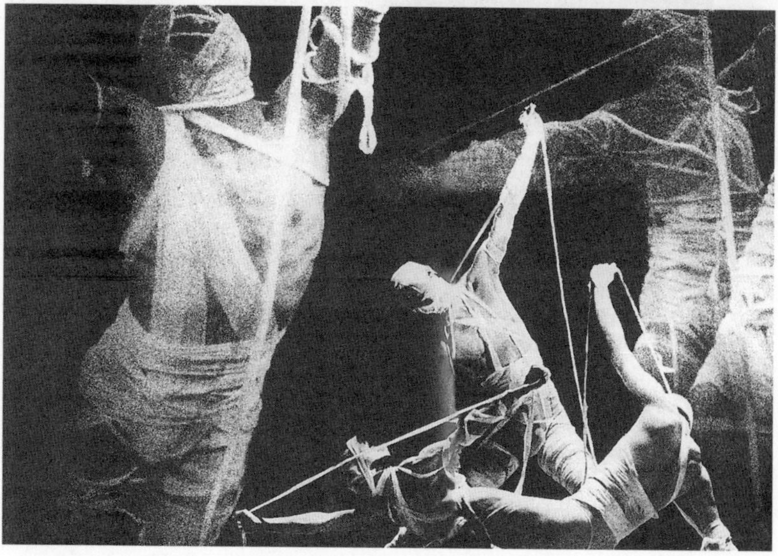

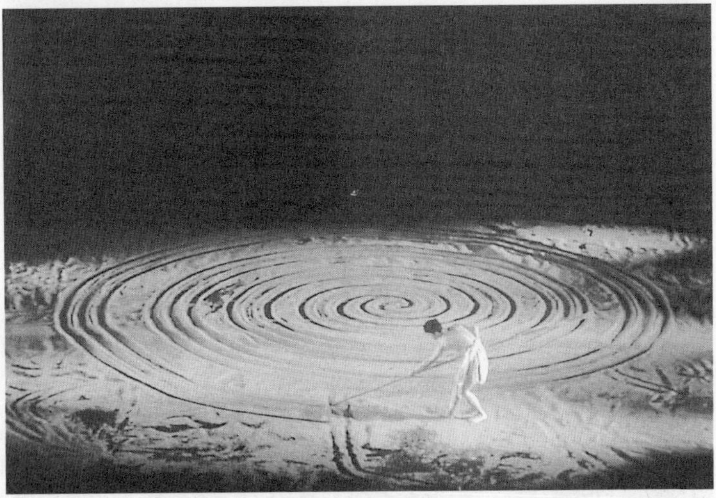

（上）《九歌》中的湘夫人。（雲門舞集提供）
（下）《流浪者之歌》。（攝影：謝安）

（姚一葦，頁一三〇）我們其實會發現，這三十呎白布代表的是傳統中國文化對現代中國人所施加的重重的枷鎖。因此，《寒食》雖是獨舞，舞台上的運動卻是雙人舞，是林懷民與他所身披的三十呎白布的對話——他向白布探索，仰賴它的庇護，詢問它的意義；他撐起白布飛舞、奔馳，賦予它生命與光彩；他被白布覆蓋，它的龐大勢力無所不在；他再度揮動白布，迴旋，力圖重振舊日雄風；他緩緩折疊起白布，捧著它，像是追悼，像是祭拜；最後，他被白布所重重纏裹，不得脫身。《紅樓夢》中，長長的紅色布條，象徵地凸顯中國家庭以賈府爲代表的層層封建結構的強固性，可以被賈政持著鞭笞，甚至捆綁寶玉。在《夢土》中，重重纏繞捆綁在舞者身上的長長白布，是現代人無法脫逃的精神囚籠。而在《九歌》中，湘夫人身披肩後似乎延綿無盡的長長白布，以及她的沈靜面具與典雅身段，使她成爲中國文化的象徵替身：這是個束縛重重，沒有生機的文化，永遠耐心的等待，等待未曾到臨的神！長長的白布，一圈又一圈的圍繞湘夫人，如同漩渦，如同迷宮！這個迷宮狀的視覺圖像，在《流浪者之歌》中，變形爲一圈又一圈的沙堆，更是舞者必須參悟的迷障！

舞台上某些具有雙性特質的男舞者，例如《紅樓夢》中的寶玉、《九歌》中的山鬼，以及他們的柔軟軀體與獨特的肢體語言，使他們成爲舞台文本符號指涉的不穩定軸心。寶玉在《紅樓夢》中全身赤裸，只著一條短褲，穿梭於身著重重絲綢的其他舞者之

（上）《紅樓夢》中的寶玉。（攝影：吳嘉寶）
（下）《九歌》中的山鬼。（雲門舞集提供）

間，像是完全不屬於這個包裹著過多布料的文化。在舞台上，寶玉有如嬰兒般柔軟而不顯露任何力量的軀體，與以賈政、王氏所代表的男性為主導的封建權力架構，以及其他舞者所呈現由絲綢布疋所圍繞塑造出的禮教文化，成爲強烈的對比。林懷民不再呈現如《薪傳》中渡海拓荒、具有堅毅陽剛特質、身軀強健剛硬的男舞者，而打破觀衆對於男舞者的傳統期待，凸顯他的男舞者軀體柔軟而力量內涵的雙性特質，顚覆了中國文化中男女二元對立的堅固封建意識形態。⑩

《九歌》中的山鬼，更是扭轉原典而具有獨特風格的舞蹈語言。我們今日重讀屈原的《九歌》，可以看到其中篇篇都透露出詩人愛慕期盼美男子的同性戀情懷。⑪山鬼是出沒於山坳之間，著薜荔、駕赤豹、含笑看人的美男子。這個「山鬼」獨自站立於高山上，雲層在下面飄蕩瀰漫，詩人則處在幽暗的竹林裡，「終不見天」，因爲「路險難」而不易相見，只能思念他的美男子，「怨公子兮悵忘歸」，「思公子兮徒離憂」，也懷疑他的美男子是否眞正也在思念他，或許只是沒有空閒的時間來看自己。這種怨嘆、思念、疑慮與期待，在林懷民的舞台上，被具象地藉著伊根·席勒（Egon Schiele）與孟克（Edvard Munch）的畫作中的孤獨與吶喊而呈現。林懷民曾說，舞台上山鬼的形象源自於伊根·席勒與孟克的畫作，他也說：「這段舞蹈呈現一個非常寂寞、孤絕、沒有憤怒，已然放棄了掙扎、渴望的世界，山鬼幾乎就像個影子，像詩人痖弦的名句『站起來的詩灰』。」（林懷民、徐開塵、紀慧玲，頁八一）舞者林文隆說：「我只知道『山鬼』在肢體上是虛的，是個孤獨的鬼或人。」（林懷民、徐開塵、紀慧玲，頁八三）林懷民十分欣賞舞者林文隆與吳義芳演出的「山鬼」：「文隆……把整個音樂都吃掉……他好像根本不在這個世界，但那種不舒服的感覺卻一直進入你的身體。（而）我每次看義芳表演這段舞蹈，簡直都要瘋掉，……他的表情並不悲哀……但是所有的動作都透露出淒殘的訊息。」（林懷民、徐開塵、紀慧玲，頁八四）林懷民沒有表現獨自瀟灑出入山中、乘著赤豹、有野狸追隨的「山鬼」，卻把與不在場的「山鬼」對話的詩人主體放入，而將「山鬼」轉化爲虛無與絕望的符號；山鬼的肢體沒有陽剛的奔放，沒有剛硬的曲線，有的只是如繞指柔的重重內轉力量，無言的吶喊，呈現詩人內心孤絕的狀態。

《九歌》是楚國民間祭祀神祇、迎神、送神與禮魂的樂曲。林懷民說，他在原文中看到「碩大無朋的挫折：神祇從未降臨楚地的祭典」，他也說，有人認爲《九歌》是春、秋兩季祭慰戰士亡魂的儀式，那麼，「舞劇九歌就是一場輓頌式的慰靈吧！」（林懷民，一九九四）因此，在「國殤」中，舞台上出現了中國文化史中各個朝代爲國捐軀的烈士，身著劍客服裝的、頭綁白布的、罩竹簍的，從荆軻、秋瑾，到霧社抗暴、二二八事件、白色恐怖時期，甚至到天安門前一人單手抵抗坦克大軍的姿態，以及女巫以聖母慟子圖的姿態洗屍的場景。劇終以全體舞者手捧油燈，反覆出場，將油燈放置在舞台上，鋪疊出一道通往天際的燈河，結束這場祭悼膜拜熱血之士的輓頌儀式。在如此祭悼儀式的大敘述架構之下，「山鬼」這場唯一的獨舞，脫離了整齣舞劇的史詩敘述，其實最具有林懷民的個人符號特質，流露了藝術家的慾望與不安。這個符號也像是漩渦的中心，將各符號吸聚一處，卻是個弗洛依德式謎樣的肚臍眼，我們以爲找到了一個引向解釋慾望與記憶的通道，這個孔隙卻帶向更複雜黑暗的空間，解消文本表面各文化符號的重心。

文化記憶符號的延續與斷裂

我們發現，無論是外省第二代藝術家或是移民台灣幾代的後裔，舞台上的中國符號成爲台灣新生代藝術家沈思文化認同問題與檢討文化霸權的場域。汪其楣自一九八七年到一九九二年的「孤兒戲劇」系列，是近年來台灣文化界試圖重建文化身分認同的集體論述傾向最爲明顯而直接的象徵代表。但是，導演嘗試開展的多元文化空間，卻與舞台上呈現的訴諸集體意識的神聖化中介效應修辭，與強制性的歷史論述衝動矛盾而相互抵觸。同時，汪其楣舞台上所呈現的「即興演出」，雖然是受到明顯的西方訓練影響，實則帶出一套深受台灣本土文化制約的行爲模式、歷史符號與意識形態。也就是說，汪其楣鼓勵演出者即興發揮講述個人家族歷史經驗；但是，這些自傳式敘述卻不自覺的重複台灣歷史中的孤兒情結與孤兒自力更生的奮鬥史。

賴聲川與林懷民在舞台上也大量使用召喚古中國文化記憶的視覺圖像與文字文本；不過，與孤兒戲劇系列有所不同的是，賴聲川與林懷民發展出了特殊的舞台互文策略，一則藉著引用古中國文化之文本，回溯並延續文化根源，一則卻利用此視覺與文字符號的內在斷裂，引發視覺經驗與思維層面的類中介效應，斬斷文化所宣稱的正統壟斷。賴聲川與林懷民舞台上高度風格化的肢體語言與文化負擔沈重的視覺圖像，尤其是以視覺方式引用古典中國文學傳統中的典故，例如留白的桃花源山水畫與投射敦煌飛天壁畫的半透明布幕，表面上依附中國文化的傳統，實際上卻是以視覺的阻隔而造成辨識斷裂，並質疑與批判中國文化的意識形態架構。林懷民的舞台上，其實兼有以儀式化的史詩敘述召喚集體認同以及以個人風格顛覆傳統圖像面具的兩種矛盾衝動；甚至，我們可發現，林懷民舞台上曖昧而具雙性特質的男舞者，以及林懷民所引用的男同性戀作家之文學作品，例如屈原的《九歌》，以及作品中充滿同性戀議題的《紅樓夢》，都最具有徹底顛覆中國文化以男性主導的封建權力架構與意識形態的張力。林懷民作品中以神聖化論述的儀式架構掩飾這些斷裂與不安的修辭策略，正好是以象徵的方式表演出台灣當代文化場域中，包含神聖化傾向與個人化斷裂的文化身分認同建構過程的複雜與焦慮。

註釋

①本章所討論的舞台作品包含戲劇與舞蹈。文化研究者一向將戲劇視爲研究範圍之中，當代舞蹈研究學者亦開始將舞蹈放入文化研究的領域，而試圖銜接舞蹈與語言之間的關係，尋找舞蹈作品與社會文化其他論述脈絡的關係。以下討論將汪其楣、賴聲川與林懷民的作品視爲文化文本，而檢討其中之文字與視覺文化符號。戲劇研究已有較多學者探討，可參考Elin Diamond所編的《表演與文化研究》（*Performance & Cultural Politics*），而有關新興舞蹈研究方向的討論，則可參考Gay Morris所編的《移動的文字：重寫舞蹈》（*Moving Words: Re-writing Dance*）一書收錄的文章，或是Ramsay Burt的《男舞者》（*The Male Dancer*）。

②在〈差異的具象呈現：舞蹈與文化研究中的議題〉一文中，戴絲蒙指出文化研究者傾向於處理身體再現與論述策略，而忽略身體運動與結構亦是文本（34, qtd. Koritz 90）。柯瑞姿則強調無論是舞蹈結構、技巧，或是身體，皆是被符碼化的文本。

③重建行爲（restored behavior）的概念是在謝克納（Richard Schechner）的《劇場與人類學之間》（*Between Theatre and Anthropology*）一書中發展的表演理論。此書討論一個文化如何透過表演，重複演練、再現以及再創造這個文化特有的行爲模式，同時也以反省的方式了解自身，並且向他人解釋自己的文化（35-116）。

④專門研究新奧爾良文化與表演的文化研究學者羅奇（Joseph Roach）曾討論即興表演與文化記憶中的辯證關係（218-22）。

⑤滕布爾（Colin Turnbull）在實際參與數次非洲原始部落的宗教儀式之後，提出他對中介狀態的看

法；他強調中介狀態並不只是中間地帶，而是我們正常意識狀態同時並存的另一個存在狀態（other condition of being），或者可以說，從此界（thisness）成爲彼界（thatness），需要中介狀態的主觀經驗（80）。滕布爾所談的是宗教經驗中的常態意識與神聖意識並存，而藉著主觀活動可以翻轉的意識狀態。

⑥有關中國意識與台灣意識的論戰，可參閱張文智的《當代文化的台灣意識》頁四四—六、葉石濤的〈接續祖國臍帶之後：從四〇年代台灣文學來看「中國意識」和「台灣意識」的消長〉、馬森的〈「台灣文學」的中國結與台灣結——以小說爲例〉、劉登翰的〈中國情結和台灣意識——台灣文學的歷史情結〉、李瑞騰的〈文學中國：以台灣爲中心的思考〉等較具代表性的文章。

⑦一九八六年，國立藝術學院畢業公演亦推出改寫哈姆雷特與后羿故事而編的《射日》舞台劇，諷刺政治高壓統治。

⑧我最初討論雲門舞集的集體召喚以及個人化風格的斷裂，是在一九九六年，我認爲林懷民同時以象徵的方式展演出台灣文化的集體需求，也以儀式性的方式召喚人民的共同情感；然而，在藝術造型的過程之中，林懷民卻時時流露出十分個人化的逃逸。這種符號逃逸，卻正是開展藝術空間的縫隙。王墨林於一九九九年〈「雲門舞集」的政治論述：舞蹈・國族的身體迷宮〉一文中，提出相當類似而有意思的看法。但是，當王墨林說，通過林懷民的系列舞作，我們「不只是看到了後現代、後殖民以至於後東方論述圍繞著這些作品，在拼貼文化中國＝國族台灣的台灣美學論述中，也看到了這個想像中的『東方』並不存在於亞洲」（頁七九），我卻要指出，王墨林太過於將個別作品歸類於特定意識形態的生產機器之下，而疏忽了藝術創作中儀式性、個

人經驗、符號戀物以及符號斷裂，都是必然存在的向度。

⑨西方現代舞對於布料的使用，在七〇年代已有相當重要的實驗。瑪莎・葛蘭姆與艾文・尼克萊亞斯舞作中使用大塊布料的方式，即為直接影響林懷民的例子。然而，林懷民綜合現代西方與傳統中國的舞蹈語彙，發展出他自己獨特的舞蹈符號。

⑩對於後現代前衛舞團有意模糊男女舞者的性別差異，以顛覆傳統性別期待的討論，可參考柏特（Ramsay Burt）在《男舞者》（*The Male Dancer*）中對康寧漢（Merce Cunningham）、帕克斯頓（Steve Paxton）以及摩里斯（Mark Morris）的討論：〈前衛策略〉和〈後男人〉（"Avant-Garde Strategies" and "Post Men," 135-58, 159-99）。

屈原的同性戀身分早已有許多討論，最早出現於孫次舟《離騷考證》一書，《中央日報》一九九四年九月六、七、八日〈中央副刊〉，與同年十一月十五、十六、十七日〈中央副刊〉；以及聞一多〈屈原問題〉，《中原》雜誌，二卷二期，一九九四年十二月，昆明。以上資料及討論可參考矛鋒所著《同性戀文學史》，頁三四—四一。

4 女神文化的動力之河與戀物固著

如同前章所呈現的，舞台視覺圖像包含政治化的修辭策略。此視覺圖像修辭，透過「中國符號」的轉折，展演出了新生代舞台藝術家的認同轉移過程。我們也了解，點線狀的肢體流動延續與塊面狀的凝止固定，也就是動力與造型，是舞蹈藝術中內涵的兩種衝動。這兩種並存而相互矛盾的符號衝動，自然而然牽引出台灣文化論述場域的類似矛盾。本章將繼續以探討視覺文化符號的方式切入，以林懷民、陶馥蘭與林秀偉所編的舞蹈文本，探討台灣當代舞蹈劇場如何對東方宗教圖像以及女神符號投注大量精力，而流露出區隔中國中原文化而自我界定的文化認同符號策略，以及背後牽連的相悖矛盾。我並且要指出，此舞台上視覺圖像修辭的轉換，透露出台灣文化由「孤兒心態」轉向「女神心態」的過程。

台灣當代舞蹈劇場的編舞者，近年來都越來越趨向宗教圖像以及女神符號的捕捉。

無論是舞蹈肢體語言的訓練、舞蹈藝術理論的發展，或是舞蹈作品的編寫，我們都清楚看到這種宗教化的轉向。我將以此宗教化轉向爲出發點，思考台灣當代舞蹈文本中的宗教圖像以及女神符號背後的文化意義；更具體的說，我企圖從編舞者的作品中，窺探台灣當代文化論述場域，如何展演出區隔中國中原文化而自我界定的符號策略。

我將指出：林懷民有意在舞台上呈現東方宗教中具有生殖力量的原始大地之母的女神語彙，透露了林懷民企圖借用俗文化，以抗拒正統漢族文化或是男性中心價值體系的中原文化的目的。林懷民作品中的「女巫」，召喚賦予台灣文化再生能力的「女神文化」，而陶馥蘭與林秀偉以自身的創作回應了林懷民對於新文化的召喚，展現了「女神文化」的動力；然而，「女神文化」同樣有被戀物固著、凝止於神龕之上而失去生命動力的危機。

宗教圖像與女神符號的文本策略

我們發現，近年來台灣舞蹈劇場中大量出現回歸東方宗教的符號，例如禪、道教、佛教或是台灣本土民俗儀式。「雲門舞集」的《夢土》、《涅盤》、《九歌》、《流浪者之歌》以及一九九七年發表的《家族合唱》，都有明顯的東方宗教符號的痕跡。除此之外，林麗珍《中元普渡》中的放水燈儀式，劉靜敏「優劇場」的媽祖進香，劉紹爐「光環」的《大地漫遊》所強調的氣、身、心三合一的實驗，陶馥蘭「多面向舞蹈劇場」的《甕中乾坤》與《心齋》的身、心、靈溯源，和一九九七年發表的《蓋婭，大地的母親：陶馥蘭的吟唱與舞蹈》，以及林秀偉「太古踏舞團」的《生之曼陀羅》及《無盡胎藏》的曼陀羅與胎藏概念，也都有明顯的宗教意涵。

引起我興趣的是：台灣當代舞蹈劇場中出現的所謂宗教符號，時常是一些不屬於正統儒家思想的民俗儀式；此外，更有意思的是，這些作品中的宗教語言多半傾向於女神的傳統。林麗珍與劉靜敏的媽祖；林懷民早期的作品《女媧》、《夢土》中的飛天、《九歌》中的女巫；陶馥蘭的觀音菩薩、千手佛像與蓋婭女神；林秀偉《世紀末神話》的女媧、《生之曼陀羅》與《無盡胎藏》中女性胎藏概念以及印度教沙諦女神的能量，《大神祭》中具有生殖力的原始大地之母，甚至《詩與花的獨言》中如乩童般舞動的女祭師，都是女神的不同面向。同時，值得我們注意的是：這一系列女神塑像所傳達的女性語言，都不是傳統所謂的女性特質，如溫柔、纖細、柔和、婉約，而是兼有生殖與毀滅力量的大地之母的語言，是一種具有爆發力、強度與多種面貌的語言。

這股女神傳統的重新發現，讓我們聯想起近二十年來遍布世界各地，牽連考古學、民俗學、藝術史學、神學以及女性主義學者共同關注的「女性精神運動」（Women's

《女媧》。（攝影：林柏樑）

Spirituality Movement)。一九七〇年代京布塔思(Marija Gimbutas)的《古歐洲的女神與男神》(*The Goddesses and Gods of Old Europe*, 1974)以及史東(Merlin Stone)的《當神是女人的時候》(*When God was a Woman*, 1976)出版後，類似的追尋女神蹤跡、探討世界各地宗教中遺失的女神根源的書籍陸續出版，而蔚爲風潮。①女神研究學者的態度相差懸殊，有的試圖證明特定時空中某一女神的存在而試圖恢復這個原始宗教，有的強調各宗教萬源同宗，以一女神爲共同緣起，有的則認爲「神聖性中的女性面向」(the feminine in the sacred)的象徵意義或是心靈原型重於考古事實。但是，從藝術再現女神的不同方式來思考這個問題，我們便會發現：雖然不同宗教的女神似乎有流傳影響的痕跡，或是類似的執掌，例如主宰創世、造人、滋養農作、醫療、工藝、生殖、愛欲、戰爭、毀滅與死亡等功能，但是不同文化會選擇而凸顯女神的不同性格，因此，我們必須從文化的角度來思考相關的問題。二十世紀末在台灣舞台藝術界中興起的宗教追尋，尤其是舞蹈語言中大量借用的女神符號，更需要我們同時從創造動機、文化符號以及相互牽連的文化論述脈絡來理解。

台灣當代舞蹈中舞者藉著身體模擬東方的宗教圖像，除了可能是編舞藝術家自身的精神追尋，或是要表達本土或是東方的宗教經驗之外，同時亦必須看作是一種脫離西方而要「銜接東方」的企圖。這種說法看起來似乎有一些自相矛盾：爲什麼東方的舞蹈需要努力「銜接東方」？但是，若我們淸楚了解台灣現代舞蹈的發展，我們便會了解「銜接東方」的意義。現代舞蹈起源於西方，台灣當代舞者的訓練背景也根植於西方的現代舞蹈語言，例如葛蘭姆、漢佛瑞（Doris Humphrey）、康寧漢、李蒙（Jose Limon）、尼可萊斯（Alwin Nikolais）以迄鮑許（Pina Bausch）的政治性舞蹈劇場。②七〇年代間，隨著「雲門舞集」的創團，台灣舞者藉著西方現代舞蹈的訓練，才得以脫離傳統民族舞蹈的侷限，而發展現代舞蹈。③因此，所謂的台灣現代舞蹈亦即等同於西方現代舞蹈。當台灣舞者進入並掌握現代舞蹈訓練的系統之後，慢慢開始接觸到了其他當代新興劇場的概念，例如葛托夫斯基（Grotovsky）的根源探索訓練，謝克納（Richard Schechner）的儀式劇場，甚至日本興起於五〇年代而發展爲八〇年代強調回歸身體的「舞踏」（Butoh）等；④這些新興劇場共有的根源探尋與回歸自身的訓練，促使台灣舞者開始探尋自身文化，甚至探索自身心靈根源，並且開始拒絕以身體呼應西方的現代舞蹈語言。努力探索自身以開展出新的舞蹈肢體語言的嘗試，使得台灣舞蹈劇場自然朝向東方傳統文化典故以及東方宗教尋求靈感。

台灣舞蹈劇場中這些再度出現的「東方」符號，已然具有不同於傳統「東方符號」的意義。對於西方觀衆，「東方符號」提供的是屬於異域、遙遠而陌生的他者經驗；對於台灣的觀衆而言，所謂「東方符號」多半就是「中國符號」，例如傳統中國建築的雲紋、紅門、飛簷，中國古典服裝的水袖，甚至中國古典文學典故。然而這些「中國符號」也都具有熟悉但卻遙遠陌生的他者成分，或者應該說是，曾經熟悉親切、此刻卻成爲遙遠時空之外不復可得的「歷史記憶」。正因爲這些中國符號不是絕然的外文化他者，而是文化內既是親切又是隔閡、如同潛意識母體般的符號界面，所以常常在文本中出現時，藝術家會以相當曖昧複雜而愛恨交錯(ambivalent)的態度對待。

此外，有別於「中國符號」的另一種「東方符號」，則是企圖扣緊本土根源，自正統儒家文化偏離到俗文化，自父系社會轉而朝向女性神祇靠攏，因焦點有意轉移而成爲一個藉以與傳統分隔的女性他者。因此，台灣舞台上借重以身體舞動操練巫術起乩的南方民間信仰、召喚女神、召喚女巫起乩，是要藉助於邊緣的俗文化以及非正統的民間文化，來脫離中原儒家傳統，以施展文化新生的能力。

林懷民以及女神文化

林懷民「雲門舞集」創團二十五年來的發展，具體而微地刻劃了台灣現代舞蹈的演變以及台灣文化的轉型。從七〇年代中期大量融合西化的現代舞蹈語法以及傳統中國舞蹈語彙，企圖造成中國文化更新的作品，例如《白蛇傳》、《寒食》，到七〇年代末期以

（上）《白蛇傳》。
（攝影：郭英聲）
（下）《我的鄉愁，我的歌》。
（攝影：謝安）

台灣移民史與民俗語法尋求台灣本土根源的作品，例如《薪傳》、《八家將》，到八〇年代中期以生活化而近乎歇斯底里的重複肢體語言呈現後現代都市生活的作品，例如《夢土》、《我的鄉愁，我的歌》、《明牌與換裝》，到八〇年代末期至九〇年代漸漸流露的宗教情懷，例如《涅盤》、《九歌》、《流浪者之歌》。在這四分之一世紀的過程中，「雲門舞集」帶領著台灣現代舞蹈從誕生到成長。在「雲門舞集」的一系列作品中，台灣文化與中國中原文化若即若離關係的主題反覆出現，尤其可在《夢土》、《九歌》、《悲歌交響曲》與《家族合唱》中觀察得最清楚。

雖然林懷民的舞作中大量使用東方宗教畫與塑像中的各種姿態，不過，他所摹塑展演的宗教圖像並不只模擬禮佛膜拜或是拈花微笑的凝止姿態，也不只是回歸東方的憑藉。林懷民作品中引人深思的時常是舞台上由肢體與背景交錯構築出的圖像變化以及其中意念的轉換所帶來的張力。「雲門舞集」於一九八二年在巴黎龐畢度中心首演的《涅盤》，據林懷民說，是受到埃及之旅看到金字塔下的苦行僧、出土的木乃伊金棺、開羅街頭的窮人、綿延無盡的沙漠，而轉化的舞蹈意象（《涅盤節目單》）。這部作品藉著舞者以灰暗枯槁與光彩耀目正反兩面對比的布塊，時而裹身，時而翻轉，呈現生命慾望與聖潔超越對照並存的生命圖像。生命的流動、曖昧、不定，在布塊翻飛之間，在黛敏郎梵唱、鼓聲與打擊樂器的音樂中，以各種變換的風景呈現；而衆生於旅途終止萬物空寂之後，生命如蓮花剝落葉片而再度安靜緩緩綻放。由林懷民對於慾望與聖潔並存而永恆拉扯的詮釋來看「雲門舞集」早期的《白蛇傳》與《寒食》，我們與其說這些早期舞作是講述中國古典傳說故事，毋寧說是林懷民以舞蹈的肢體意象來探索生長於台灣的中國人，如何面對中國傳統文化的種種困頓枷鎖與矛盾：《寒食》中苦苦舞動三十呎白布的介之推，試圖斬斷卻無法棄絕傳統節義所設定的國君忠誠認同對象；而《白蛇傳》中的書生許仙掙扎於白蛇與法海和尚之間，或許亦可視爲情感認同與理智法律之間矛盾衝突的拉扯。

《涅盤》中以俗世之姿參悟生命往復循環的宗教母題，在一九九四年的《流浪者之歌》中再度出現。《流浪者之歌》是赫塞根據佛傳故事改寫的小說，林懷民依據赫塞小說的意念，呈現求道者虔誠追尋的流浪之旅（《流浪者之歌節目單》）。這部作品以居於歐亞兩洲界限模糊的高加索地峽的古喬治亞民族音樂爲背景，以舞者與稻穀之間的對話爲核心母題：稻穀如同水柱般灑落的垂直線條，稻穀鋪滿舞台的水平線條，以及舞者隨意揮灑稻穀而造成的圓形線條；舞者與這三種元素交替互動，產生變化細緻的韻律感。林懷民說：他「試圖傳達一種心靈的狀態。何謂空？何謂靜？希望帶給大家一份平和與寧靜。」（《流浪者之歌節目單》）然而，無論是《涅盤》或是《流浪者之歌》，這兩部舞作中眞正的趣味不在於其安靜或是空無，而在於慾念流動與凝止之間轉換的張力，在於

《涅盤》中剝落晦暗深沈外袍的舞衣而閃現流利線條的女舞者，在於《流浪者之歌》中帶進的稻穀與水等亞洲文化母題，在於打破垂直與水平線條圍繞的固定空間，進入恍惚之境、執行火祭的女舞者。

我們注意到，林懷民編舞方向的轉變恰好平行呼應了台灣文化的轉型，呈現出自中原文化分隔出來的台灣自覺意識，以及脫離政治議題之後所探索的精神層次。一九八五年的《夢土》一作最具文化轉型作品的代表性：舞台上展開一幅巨大的半透明布幕，呈現敦煌壁畫中飛天的投影，而女舞者以曼妙線條舞出各種飛天姿態。有意思的是，這種模擬古典的引用，同時也解消了壁畫中永恆凝止姿態的幻象。更有意思的是，這些古典圖像被林懷民利用拼貼手法與現代台北生活的桎梏與歇斯底里並置，例如全身纏繞白布條的繭狀舞者，造成極具後現代感的意識斷裂。舞台上拉起的半透明布幕，是一種圖像式修辭，造成了傳統與現代的空間分隔，也造成了觀看傳統的距離。⑤舞台上所呈現的可辨識的中國傳統不再是純粹而無雜質的，正如同現代台灣人意識中的傳統中國雖然可能舞動於意識深層結構中，如同在黝暗的舞台角落起舞，但卻已經因年代久遠而被戀物固著爲視覺圖像，凝結在半透明布幕上的圖像，或是因許許多多的在地經驗而被區隔與推離。

對於傳統中國與現代台灣無可避免的距離，一九九三年的《九歌》則是更爲戲劇性的展演。林懷民說：《九歌》呈現了一九八六年到一九九〇年台灣社會與世界局勢的改變以及他自己生活中的變動，所引發的思考與沈澱。台灣解嚴、柏林圍牆倒場、蘇聯變局，再加上雲門小劇場成員之一周凱的過世，⑥「雲門」因財務困難而暫停，⑦使得他自己被迫停下來思考生命的意義。林懷民說，《九歌》要呈現的是「死亡與新生」（《喧蟬鬧荷說九歌》，頁一九）。《九歌》如同安魂曲，一面召喚神祇的降臨，一面哀悼爲國捐軀亡者的靈魂。舞台上，頭戴面具、身披長長白色布條的湘夫人代表傳統溫婉敦厚守分的禮教傳統，而執行祭典儀式的女祭師則以起乩的狂野舞出具有再生力量的動力。舞蹈儀式象徵的懷念與祭拜中國文化史中歷代的烈士；然而，唯一可以賦予死去文化再生能力的，只有女巫一人。

林懷民要求跳女巫的舞者將骨盤放低、腹部抖動，尋求身體最大的可能性，並且「要讓神把妳帶走」（《喧蟬鬧荷說九歌》，頁三八）。女巫起舞是爲了吸引神下來，向他獻身，以便大地能夠復甦再生。林懷民說：「《九歌》中的女巫是個女人，成熟的女人，爲了民族的命運負起這個使命是她的職務，她高興的起舞。」（頁三九）而當女巫在國殤一段舞中爲死者洗屍時，林懷民強調要以聖母慟子圖的姿態，像是「母親照顧孩子，充滿了惋惜與大愛」（頁三九）。因此，林懷民詮釋下的文化復甦再生之職，只有如同母親一般身兼生殖、撫育的女巫一人可以擔任。或許，更清楚的說，此處所謂的「母

《九歌》中的女巫。（攝影：游輝弘）

親」絕不是單面向只有忍辱負重受苦的母親，而是善於誘引、入出神之境、性交、生殖、毀滅與再生等種種變貌的女神。以林懷民對於女巫的詮釋來看，我們了解對於林懷民來說，從事創造的藝術家亦須如同女神一般以各種變形不斷重複創造、毀滅與再生的過程，才得以創造更新文化。

當林懷民有意在舞台上呈現宗教圖像的時候，我們發現他會傾向倚賴東方宗教中具有生殖力量的原始大地之母的女神語彙，而這種現象似乎透露了林懷民企圖借用俗文化，以抗拒正統漢族文化或是男性中心價值體系的中原文化的目的。我認爲：林懷民作品中的女神，顯露我所謂的台灣當代的「女神文化」，具有試圖賦予台灣文化再生能力的企圖。「女神文化」脫離了台灣早年的「孤兒文化」，⑧一種倉倉皇皇試圖尋根不著的赤子無奈，一種如同介之推般「抱木而燔死」的忠誠；「女神文化」可以採取遊戲之姿起舞，以成熟女人的方式，轉換身分與面貌，挑激起新的慾望，孕育新的生命。然而，「女神文化」同樣有被戀物固著、凝止於神龕之上而失去生命動力的危機。我發現，「女神文化」這種既具生機亦具神聖化而僵硬的兩面矛盾，展露於台灣當前文化論述場域的各種層面。

以下，我將藉由陶馥蘭與林秀偉兩位當代最具代表性的女性編舞者爲例，討論台灣的女性舞蹈家如何藉著舞蹈思考她們的身體與處境，發展她們的藝術理念，並創造台灣現代舞蹈的新世紀。她們以自身的創作回應了林懷民對於新文化的召喚，展現了女神文化的動力。但是，我們也發現在塑造女神之時，她們也面對了堆塑神龕的窘境。

陶馥蘭的超現實物體拼貼與蓋婭女神

陶馥蘭從一九八七年的《她們》、一九八九年的《愛麗絲遊園驚夢》、一九九〇年的獨舞《生日快樂》、一九九一年的《看海》、《三個乖張女人所撰寫的匪夷所思的女性論文》、一九九五年的《子不語——末世紀啓示錄》、《甕中乾坤》、一九九六年的《心齋》，以及一九九七年發表的《蓋婭，大地的母親》，的確走了一條漫長的女性自我探索之旅。她的舞蹈風格從受鮑許影響，大量擷取日常生活語彙以及政治意味濃厚的女性主義舞蹈劇場，到超越政治而轉向古典的尋根，發展到試圖統合身心靈的女性自覺，以蓋婭大地女神與印度教沙諦女神爲對話對象的精神追尋。

陶馥蘭一九八四年取得美國堪薩斯大學舞蹈碩士，一九八六年再度赴美，隨艾文・尼可萊斯與安娜・索克洛（Anna Sokolow）學習編舞。碧娜・鮑許（Pina Bausch）一九八四年紐約首演的《藍鬍子——聽貝拉・巴爾托克〈藍鬍子公爵的城堡〉的錄音》（*Bluebear: While Listening to A Tape Recording of Bela Bartok's Opera--Duke Bluebeard's Castle*, 1977）與《穆勒咖啡廳》(*Café Muller*, 1978)兩支舞作，對陶馥蘭的影響深刻。延伸自德國表現劇場的碧娜・鮑許與她的「烏普塔舞蹈劇場」(Tanztheatre Wuppertal)在美國引起極大的震撼與激辯。她的舞作中極爲生活化的服裝與肢體語言，多焦混亂的場面，歇斯底里地跑步、擁抱、掙扎、僵立與跌墜，極限主義式重複動作的編舞手法，都出現在陶馥蘭於一九八八年推出的《啊……!?》，呈現她對台灣解嚴後社會亂象的感受。

陶馥蘭的作品中一貫流露的女性關注，可以在她一九八七年發表的《她們》中清楚地看到。這齣以女性自覺的立場出發而編寫的舞作，被國內藝評稱爲「爲台灣舞蹈劃下新起點」。⑨繼此部作品之後，一九八九年的《愛麗絲遊園驚夢》、一九九〇年的獨舞《生日快樂》、一九九一年的《看海》，與馬汀尼、黎國媛共同構思演出的《三個乖張女人所撰寫的匪夷所思的女性論文》，都具有明顯的女性意識。

在《香港亞洲女性藝術節特刊》中一篇〈女性舞蹈・舞蹈女性〉的文章中，陶馥蘭引用德國婦女研究學者包雯生(Silvia Borenschen)討論女性美學的觀點，指出女性藝術的構成中，更寬廣的女性意識存在於身爲女性的藝術家「是否能敏感地找到屬於自身的獨特的美感形式與語言」(《舞書》，頁七二)。陶馥蘭進而要求台灣的女性舞蹈家除了提升舞蹈美感經驗與其他層面的自覺外，還須顧及本土社會文化的根源；「如何內化東西文化內涵以迄及個人特有的舞蹈語彙與符號」是陶馥蘭對台灣女性舞蹈家所提出的挑戰

（頁七三）。

「內化東西文化內涵」與發展「個人特有的舞蹈語彙與符號」的確是陶馥蘭自一九八七年到一九九七年創作的動力來源。但是，我們也發現，這段期間，陶馥蘭的作品有兩種傾向：一個階段是往外發展，不安地尋求新的形式，而導致作品中充滿繁複而焦慮的意象，一九八七年到一九九〇年間的《她們》、《白日夢連作》、《啊……！？》、《愛麗絲遊園驚夢》、《生日快樂》與一九九四年的《子不語——末世紀啓示錄》、一九九五年的《一九九五的香煙》、《掠身掠影》及《上帝的玩笑》皆屬於我所謂的焦慮階段；另一個階段則是往內索求，藉著文化尋根或是心靈探源而嘗試抵達一種安定與認同的狀態，一九九〇年到一九九三年的《灰衣人瑣記》、《牡丹亭路上見聞》、《春光關不住》、《北管驚奇》與一九九六年以後的《甕中乾坤》與《心齋》，皆屬於這個探索根源的安定階段。

我個人認爲，陶馥蘭援引西方超現實意象的焦慮階段所創作的作品，最具有典型陶馥蘭式的幽默、尖銳、嘲諷與爆發力的創意，而她的尋根階段，無論是取用中國古典根源、台灣本土根源或是宗教心靈根源，似乎反而較欠缺大膽的創意與動力。

陶馥蘭充滿生命力的意象堆疊與焦慮張力，在具有超現實風格的《生日快樂》中便十分明顯。此作品的序幕是一個關在鳥籠中的女子在黑暗中搖蕩；這個典型的超現實意

（上）（下）《生日快樂》。
（陶馥蘭提供）

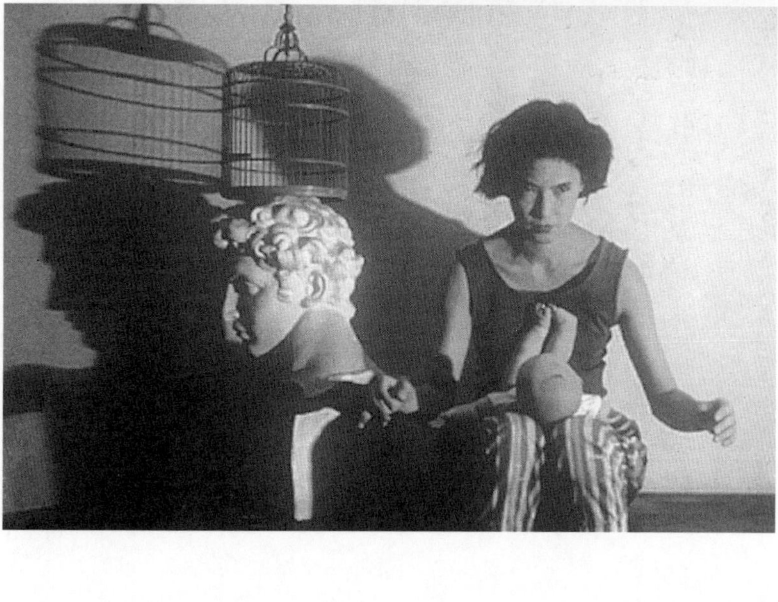

象取自馬松(André Massoon)的物體藝術《三色堇》(*Pense*, 1938)。她明指《生日快樂》的創作動機源自一位女性超現實藝術家唐寧(Dorothea Tanning)的自畫像《生日》，以及其他同類型女性畫家如可恩拉森(Rita Kemn-Larsen)、雨果(Valentine Hugo)作品中呈現的女性夢魘與昏暗晦澀。《生日快樂》其實就是陶馥蘭的自畫像：這部作品以超現實拼貼的方式堆疊一系列的囚籠意象，如暗喻生產的長長紅布條、暗示中國的古老大門、暗示女性處境的蘋果，以及對陶馥蘭最有意義也最具束縛力的芭蕾舞鞋。

有關女性的夢魘，陶馥蘭說：「我了解，因爲我是女人。……但我不喜歡強調我是女人的這件事實，如果夠自覺，每個女人都將清楚地了解並表達自己的處境，包括慾望、焦慮，包括性高潮，也包括創作。」(《生日快樂節目單》，頁三)

《生日快樂》與《愛麗絲遊園驚夢》所表達的便是女性的夢魘。陶馥蘭說明《愛麗絲遊園驚夢》的緣起時，她說她一向喜歡寓言和童話故事中「意在言外、天馬行空與光怪陸離的夢幻世界」；而在她一篇談論蒙克(Mereith Monk)《一個小女孩的教育》(*Education of the Girl-child*, 1973, 1993)舞作的文章中，特別指出其中「荒誕詭異的氣氛」、「超現實的夢境」與集體潛意識的片斷(《舞書》，頁六七)。超現實式的夢魘、荒誕詭異與光怪陸離的世界，其實對陶馥蘭具有一種奇特的吸引力，也正是這股吸引力有足夠帶出她創作動力的能量。

（上）馬松的《三色菫》
（1938）。
（下）唐寧的《帕拉斯特拉》
（1945）。

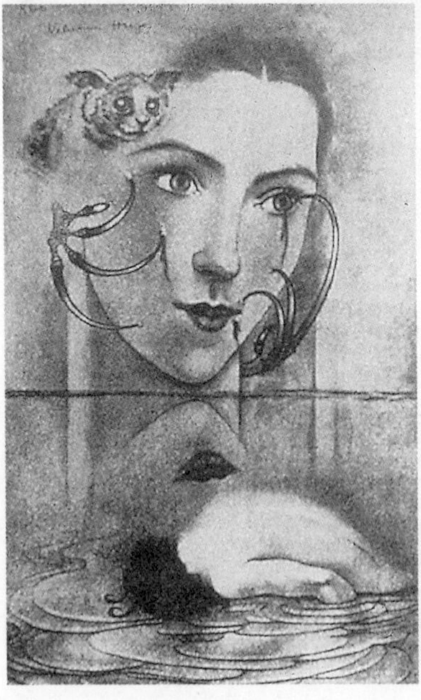

（上）可恩拉森的《自畫像》（1937）。
（下）雨果的《十二月二十一日之夢》（1929）。

相對於不安焦慮的超現實階段，陶馥蘭的文化尋根階段始自於一九九〇年《牡丹亭路上見聞》與《灰衣人瑣記》的古典回歸，並轉向延續到《春光關不住》與《北管驚奇》的台灣本土溯源。⑩陶馥蘭企圖在中國古典京劇中的肢體語言與台灣本土文化的叙述材料中，尋找一些創作的靈感。但是，這個文化尋根階段有其無法突破的瓶頸。陶馥蘭說，她的藝術歷程對源自血緣的中華文化始終有著伊底帕斯情結的眷戀，而她的古典回歸「從表象的身段與美學入手」，卻發現自己來到了「一個傳統文化妝點的洞窟」而迷路了。她說：「與其說我找不到出路，不如說是找不到自己——自己的身體——」（《身體書》，頁五）。陶馥蘭也清楚自己一九九〇年到一九九四年的古典溯源時期是一個迷失身體、沒有出路的洞窟階段。其實，如果與編舞者的內在生命分離，不只是中國古典文化無法提供創作的生命動力，就連台灣文化中的叙述，例如根據楊逵小說所編的作品《春光關不住》，都無法產生感動的力量。

一九九四年再度出發的《子不語——末世紀啓示錄》，又一次出現了具有超現實衝動而詭譎怪誕的氛圍。這部作品以各種超現實式物體藝術，反覆呈現掙脫的母題：自玻璃紙櫃中掙脫，自玻璃箱中掙脫，自女人的繭中掙脫。舞台上被燈光渲染成紅色的玻璃紙一起一伏，如同心臟的脈動。這些物體藝術的強烈訊息是：陶馥蘭的創造力如同被囚禁在石頭內的女人，企圖呼吸，企圖掙扎著要出來。掙脫出來後全身紅色的女子終於可

（上）《子不語——末世紀啟示錄》。（陶馥蘭提供）
（下）《心齋》。（陶馥蘭提供）

以藉著鼓聲自由地舞動，然而，她還是必須站在祖宗牌位前面，站在滿布垃圾的荒原中。在《子不語——末世紀啓示錄》中出現的幾個主要動機，持續出現在《體色》、《甕中乾坤》與《心齋——身心靈溯源之旅》中：《體色》裡我們又看到掙脫的母題，五個身纏白布的女舞者，身影與幻燈片影像重疊，好像是已被安置好的位置，而她們如同蛹般，企圖掙脫重重的捆綁。我們再度看到陶馥蘭的自畫像呈現她創作的不安處境。

陶馥蘭於古典時期展現尋求安定的毅力在《子不語——末世紀啓示錄》與《體色》之後，再度出現在她的身心靈溯源階段。這個階段的代表作《甕中乾坤》、《心齋》與《蓋婭，大地的母親》中瀰漫一股安定、簡約的氛圍；舞台上主要的線條是圓形、垂直線與水平線，而不再出現擺盪不安的意象。《甕中乾坤》與《心齋》，重複林懷民的《九歌》與《流浪者之歌》處理過的水與稻米的母題，以源源不絕的垂直落下的線條以及如同乳房的米堆爲主要視覺母題，配合一連串向大地之母祝禱誦經的膜拜儀式，例如以米潑灑大地，以水潔身，以及《坐忘》中全體舞者舞出千手佛的圖像。在《蓋婭，大地的母親》中，陶馥蘭繼續以儀式化的動作與吟唱，舞出她對蓋婭女神的禮讚。

陶馥蘭說，一九九四年的《子不語》是一種釋放，一九九五年的《體色》是內觀，而一九九六年的《甕中乾坤》是諦聽。一九九五年之後，她進入了第二個溯源的階段，也就是她所謂的身心靈溯源時期。

（上）（下）《心齋》。
（陶馥蘭提供）

我的身體到底蘊藏著何種能量？如何發覺這些能量？又如何釋放這些能量？抑制與肉體如何互動？身／心／靈如何共同成長、飛升？我如何追尋身／心／靈的本源？

我的開悟來自闔眼內觀。

當我進入我的身體，當我觀身、觀氣、觀心、觀意，我體悟了定靜，當我體悟定靜，我發現了動的本源，當我體悟意隨氣，氣隨意，我發現了動的運行。當我體悟能量的含藏點，我體悟了能量，我體悟了陰陽流變。當我體悟陰陽，我體悟定靜。（《身體書》，頁五—六）

陶馥蘭所創立的「多面向舞蹈團」自稱從一九九五年以來，該團企圖脫離西方現代舞程式化的肢體運作，釋放身體內孕育的能量，從氣與觀想的運作中，體驗「氣韻身動」的肢體觀，因此，對肢體的觀想是該團舞者必需的修習。陶馥蘭在《身體書》中亦說，舞蹈創作可分為「想的」與「跳的」兩種：「『想的』身體永遠是失焦的雙重影像，我們永遠看到那多餘的思維的干擾。『跳的』身體則是對焦之後，意識重回身體，神形合一，不再分離。」（頁九四）「想的」舞蹈由於太過賣力開鑿而導致身體動力之河的誤導，甚至阻塞或氾濫；「跳的」舞蹈因爲曾諦聽動力的流向，才能導引體內動力之河。陶馥蘭以地球爲蓋婭女神的生息，身體爲心靈與生命力探索與釋放的範疇，而提醒人們對身體接近，達到身、心、靈的結合。

陶馥蘭的講法指出了體內動力之河引導的流向是舞蹈的原動力，脫離內在動力之河則會造成阻塞或是氾濫的現象。一九八四年，陶馥蘭曾經爲文批評當時國內舞蹈界雖試圖融合中國傳統舞蹈與西方芭蕾與現代舞，但是方式皆極「陳腐」，在肢體語彙的探尋上亦「缺乏有機性的創新」（《舞書》，頁九一）。一九八九年時，她在文章中會要求動作不應該是僵硬的造型姿勢，而是流動的動力，必須「射入空間，成爲龐大的空間渲染力」（《舞書》，頁一三七）。陶馥蘭倚重內在流動的動力以及有機創新的舞蹈理論，的確契合大地之母與「女神文化」的精神。

然而，在《甕中乾坤》與《心齋》，甚至包括《蓋婭，大地的女神》這幾部作品中，我們卻發現作品的進展因爲被一種帶領觀衆回歸的儀式設計，以及在舞台上安靜冥想的企圖，而減弱了創作的內在張力，也失去了陶馥蘭的個人展現與創作爆發力的獨特風格。因此，我們發現，當陶馥蘭處於虔誠膜拜的位置而反覆模擬女神姿態時，她便被固定在一個謙虛虔敬的角色，被塑像的符碼所限制，而無法改變形貌。如此，作品中因簡約單純而無法出現「有機性的創新」或是「射入空間的龐大渲染力」，更不必說眞正屬於大地之母的骨盤式舞動生機與變化萬端的面貌。

值得我們思考的問題便出現在陶馥蘭兩種階段之間的差異：藝術是企圖認同、崇拜的安定儀式，還是不被任何語碼與意識形態限制而恆常變動不居？爲何在陶馥蘭嘗試追尋大地女神之時，反而失去了改變樣態的幽默、遊戲與爆發力？後文會再回到這個問題，以下我要先討論一下同樣以身體來思考藝術問題的另一位女舞者兼編舞藝術家林秀偉，看她如何藉著朝向宗教的精神層面發展而不斷創造新的藝術與文化。

林秀偉的女媧與曼陀羅圖像

林秀偉是「雲門舞集」的早期舞者之一。林秀偉曾說，在「雲門」接受嚴格訓練的階段，他們既可以掌握東方京劇的各種身段，亦可以熟練運用西方現代舞蹈各名家派別的肢體語言。但是，她發現，她的身體不屬於她自己！林秀偉說，她在離開「雲門舞集」後的第一個作品——一九八七年《世紀末神話》——中所嘗試的，便是回歸最原始、最簡單的狀態，也就是「獸」的狀態。實際上，林秀偉所舞出的，是母獸，是創世女神，是女媧。

女媧的神話中明顯呈現女媧半人半蛇的造型，以及女性創生滋育萬物的動機力量，

（上）（下）《大神祭》。
（林秀偉提供）

林秀偉最原始的創作動力因此而得以自由律動。女媧的脈絡，或是女神的脈絡，貫穿在林秀偉的作品中。她編的第一支舞作《女媧》，以及與吳興國合跳的《世紀末神話》是最具體的例子。一九九一年《大神祭》中結合台灣原住民神話與儀式，舞作中以種子的生殖與海水的潮汐，呈現女性生殖力的攻擊與吞噬兩種面向的力量。一九九三年《戀石》一作中，林秀偉以石爲相戀對話的對象：石頭，是經千百年延續向自身展現的歷史傳統，蘊萬變於不變之中；而林秀偉則以如火一般具有生命力的女性之身，以起乩的舞姿反覆進入石頭後再度出來。此處，我們再度看到如同女媧一般的動力。

林秀偉說，在法國首演《戀石》時，法國舞評家困惑於《戀石》中的俗，覺得不像西方人想像中典雅溫柔的中國。可是，這才是林秀偉的語言，屬於女媧的俗文化語言。而且，當我們仔細思考她的舞作中動靜的結構以及不同力量的對峙狀態，我們看到林秀偉如何詮釋台灣文化處境的關鍵。《戀石》中放肆的起乩儀式以及鼓聲與傳統京劇音樂並行之下，俗文化的生命力與不動如山而古老渾沌的兩種力量交錯對話，而到最後二者解開衣物與岩石的拘束，回到簡樸的身體，就像是一場台灣面對中國傳統文化的思索過程。

林秀偉宗教式的思考方向，始自於一九八六年《慾望城國》首演時燈光設計師周凱之死的不幸事件。周凱之死使林秀偉陷入意志沮喪之境，而開始思考生死的問題。她

（上）《世紀末神話》。
（林秀偉提供）
（下）《生之曼陀羅》。
（林秀偉提供）

說，印度密宗的教義引導她進入曼陀羅斑斕的圖像世界：「大日如來向外擴展的無數佛像，使我領會出細胞繁衍和生命恆長的延續。」（《生之曼陀羅節目單》／《表演藝術》雜誌一九九五年一月號）林秀偉說，宗教提供她超越的全觀，而得以與自然中的天地日月星宿雷電風火山川土石草木禽獸對話。對林秀偉來說更重要的則是曼陀羅的圖像世界向她展現以藝術「創造隱藏」的生命法則（林秀偉〈舞出心靈的昇華〉演講）。曼陀羅展現無限佛像的隱喻，便是林秀偉舞蹈藝術理論的基礎：藉著藝術，藉著肢體圖像，生命中各種面貌皆可以在舞台上呈現。

一九八八年的《生之曼陀羅》到一九九一年的《無盡胎藏》是林秀偉舞作中的神祕主義階段：《生之曼陀羅》與《無盡胎藏》中利用密宗胎藏曼陀羅與金剛曼陀羅區分陰陽女男的方式，與宇宙對話。林秀偉曾說明胎藏的意念：「胎藏是與生俱來的本質，是宇宙人類接觸點的某樣東西」，胎藏曼陀羅表現生，表現女性的繁衍生殖，而金剛曼陀羅則表現男性對生的愛欲續生的自我控制。」（《生之曼陀羅節目單》／《表演藝術》雜誌一九九五年一月號）——林秀偉說，她以「胚」的概念看待男女的身體，男女舞者在回歸身體之後將趨於一致，萬象之轉化端看個別軀體自身的柔軟程度而定。她於一九八八年推出的《生之曼陀羅》，就是舞台上形形色色的肉身圖像。她要求她的男女舞者透過靜坐，回歸空寂，紓解身體的每一寸肌膚，還原到細胞狀態，而使得男女舞者的身體一致：「在一種胎動的冥想推送下，依個體不同程度的柔軟，幻化出包括水、沙、魚、蟲、草……等不同姿態。」《生之曼陀羅》中的四個段落：生華、慾界、夢醒、梵音，便是生命中不同階段的苦難和混亂，而當慾望和思考都停止之後，就只剩下寂靜了。

林秀偉的舞蹈理論使得舞台似乎是具有靈性的神祕空間。⑪在一次訪問中，她談到在舞台上，當她領著一個舞者進入垂下的布條所圍成的圓形而明亮的空間時，她感覺好像他們屬於兩個不同的世界，而她靠著身體的磁場與吸力帶領舞者從一個世界進入另一個世界。林秀偉也說，舞台上每一次的演出，如同一次的生命體驗。舞者必須要有極高的能力，才能在出神狀態下仍能保持高度的清醒與自覺，才能夠以敏感的心靈掌握自己的身體狀態，探索身體內在透過舞蹈而展現的圖像，並且體驗與其他舞者對應接觸時發展出的互動關係與延伸力量。林秀偉自己喜歡在黑暗中練舞，她也要舞者在黑暗中面對自己，面對自己體內氣的流動，面對體內的光，而不要受到外在光線的干擾。林秀偉強調舞者必須解脫慣性的肢體語言，要求舞者冥想身體如同種子，慢慢萌芽發生，或是如同毛細孔狀態，或是體內有氣穿流，或是在水中游行。林秀偉常說，生活經驗、身體記憶與夢，都會被收納於身體之內，所以她強調舞者需要有高度的知覺與對身體的覺醒，才能夠透過身體來思考生命，表演對身體的感覺，傳達身體內的祕密。林秀偉認爲，不同的身體記憶與不同的動力，會發展出不同的舞蹈風格。舞作中設定了動力之後，她便要舞者自行探索，延續內在展開的一條心象脈絡。舞者的肢體可以由點發展出動作的延續，一個動作引發下一個動作。一條圖像的路徑會自動出現。舞者便須保持敏感的身體與心靈狀態，像是在地理環境中探索這條路的發展（〈林秀偉訪談錄〉）。

林秀偉似乎自比爲女巫，一個有智慧、有能力、有極高自我掌握與觀悟的巫師，要藉著舞蹈傳達她所領悟到的智慧；她也似乎把舞台當成了祭祀的場所，而要求舞者在舞台上將最完整的自己呈現出來。林秀偉對於舞台空間的描述透露了她對藝術創作的理解：藝術創作的空間是最危險的空間，因爲藝術家必須交出自己，使自己內在空無，才能夠讓創作流動，讓不同的力量進入自己的體內而藉創作呈現不同形象。

女神文化新生與戀物固著的兩難

陶馥蘭與林秀偉兩位女性舞蹈藝術家，發展出來十分類似卻又不同的舞蹈理論與宗教意象：首先，她們兩人都以女神或是女巫自比，而且她們的舞蹈語言以及舞蹈理論都傾向於以宗教的儀式與神祕經驗解釋舞蹈經驗，發展舞蹈語言；同時，由於舞蹈是身體的藝術，所以，她們會認爲舞蹈是反知性的藝術。這兩位女性舞蹈編舞藝術家兼舞者的舞蹈理論與舞蹈文本，引發我們思考台灣文化論述場域中呈現的女神文化症狀。

女神姿態。（陶馥蘭提供）

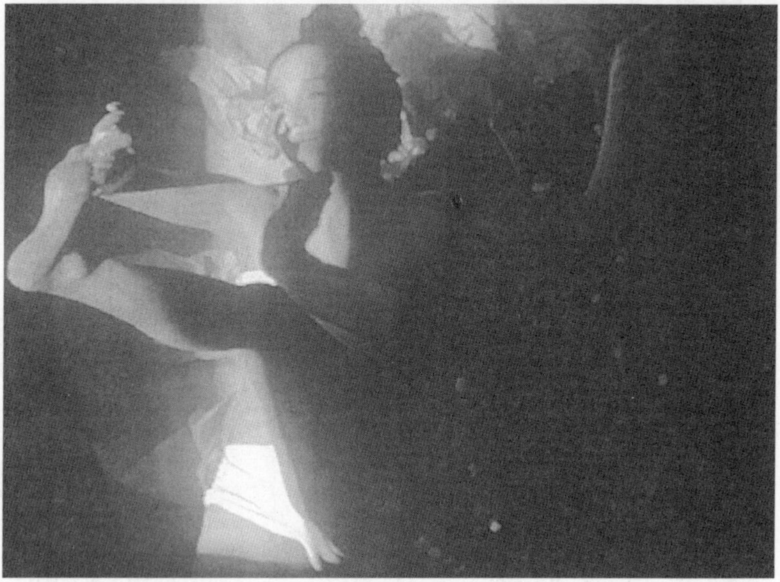

女神姿態。（林秀偉提供）

陶馥蘭強調以個人化的舞蹈語彙表達文化經驗，強調藉由冥思觀想而開發來自內在的動力，強調動力射入空間的渲染力，以及她所善用的超現實物體拼貼與嘲諷批判，無論是她的舞蹈評論或是她的舞蹈創作，都爲台灣舞蹈界帶來極大的震撼而進入了一個新世紀。林秀偉女媧式的母神或地母，以開放肉體本能與原始力量的內在動力，啓發她一連串享譽國際的舞作。她與吳興國合作創辦的「當代傳奇劇場」，更展現這個新文化的創造力。陶馥蘭與林秀偉代表了八〇年代以降台灣新文化的開展，一個具有女神孕育生機與自我更新創生的文化。

然而，在這個女神文化中，以及在陶馥蘭與林秀偉的理論與舞作中，我們卻也同時看到一個反向的戀物窒礙：企圖以堆塑神龕、凝結女神形貌、集體崇拜的神聖化儀式，來固定住這個文化的論述結構。

舞蹈藝術不是傳達信仰的宗教，也不是帶領觀衆皈依的儀式；當陶馥蘭模擬千手佛的圖像以及頂禮膜拜的儀式時，她失去了與此宗教框架對話的距離。因此，她便已被此框架背後的意識形態限制而成爲其代言的器物，並且遠離她身體內在流動的動力。同樣的，當林秀偉強調舞蹈的反知性，她也陷入一種論證上的謬誤。

近年來，陶馥蘭強調放棄「想」的架構，強調虔敬的儀式，不過，若我們觀察她的創作歷程，我們會發現：陶馥蘭所放棄的架構，或是抗拒的，是她早年的政治批判以及古典回歸。從陶馥蘭在《她們》與《啊……!?》中對台灣政治的批判，在《愛麗絲遊園驚夢》、《牡丹亭路上見聞》與《灰衣人瑣記》對大陸政局以及中國文化傳統的批判，到她在《春光關不住》與《北管驚奇》對台灣本土文化的認同，我們可以看到政治立場與文化認同對於過去的她來說是創作發言的基礎。脫離政治立場，脫離文化認同歸屬的問題，是執意聲明一個文化新生的起點。

至於林秀偉的舞作，表面上像是去除知性與理性的架構，底層其實一直有最精確嚴謹的技術要求；從《世紀末神話》中如同母獸般的萬物之母，到《生之曼陀羅》中男女交媾的圖像、《大神祭》原始祭典中對生殖的膜拜，尤其到了《詩與花的獨言》火紅的絲巾與乩童般的舞步，林秀偉的女神都帶出了台灣俗文化內涵的生命力，以及一種離開中原文化的新生文化力量。

因此，我們在陶馥蘭與林秀偉的舞作中，以及台灣舞蹈劇場中再度出現的「東方」圖像與宗教符號中，看到已然具有不同於傳統東方的符號意義：對台灣藝術家來說，本土／東方符號朝向俗文化與女性神祇靠攏，並且脫離了傳統儒家的正統文化。因此，召喚女神，是要藉助於女性的精神力量，來施展文化新生的能力。

除了陶馥蘭與林秀偉對於文化認同的符號選用之外，她們具有宗教圖像的舞作也不僅只是舞者個別風格的發揮，更不只是如同冥想練氣般隨意舞動；舞作中編舞的結構還是掌握在陶馥蘭與林秀偉的設計中，而且仍舊是藉由「面」的圖像截斷動作之流脈來達成編舞。我們在她們二人的作品中，其實看到許多以雕塑的圖像呈現在空間中的動作模式。陶馥蘭善於以身體結合超現實物體藝術，達成她特有的動作韻律；而林秀偉則長於設計了許多對體能極限挑戰難度極高的動作與姿勢，需要能力極高的舞者才能完成。舞者控制從流動到靜止，從強烈到微弱氣息的轉換，其實並不是如林秀偉所說佛一般的當下頓悟，而是在編舞者的設計以及對自身軀體動力掌握之中的協調來達成。然而，當陶馥蘭過於強調崇拜與儀式，或是當林秀偉過於強調反知而無設計的創作經驗時，她們也失去了創作多面的可能性，而使她們的作品反覆展現被一種意識形態與符碼固定住的凝止圖像。

我們發現：舞蹈藝術中，點線狀的肢體流動延續與塊面狀的凝止固定，是舞蹈藝術中內涵的兩種符號衝動，這兩種動力與造型並存而相互矛盾的符號衝動，也帶出了台灣文化論述場域諸如鄉土文學論戰或是藝術本土論戰中的類似矛盾。我們要討論的是：文化與藝術創作的內發動力如何可能像是動力之河，驅動身體語言，與既存的語言系統框架產生對話距離而不爲之所控。

那麼，女神文化的語言對於台灣的藝術創造者提供了什麼啓示？我想，不在於宗教圖像所記錄的姿態與線條，不在於梵唱時瀰漫空間的儀式性安定作用，更不在於某一位女神的眞實存在，而在於女神可能釋放能量，卻也可能凝結動力的兩難。東方宗教的符號意義在於與西方所作的區隔；而相對於男性神祇的大傳統，女神的意義則在於其屬於俗文化與民間信仰銜接的邊緣力量，在於她無法被固定於任何塑像的多元形貌姿態，在於她來自於大地萬物源源不絕變換不止的生機。但是，女神亦可能因爲被放置於神龕之上，被神聖化，而削減了內在的能動力。

林懷民借用女神的符號，展現他對台灣文化再生的呼喚；而陶馥蘭與林秀偉兩位女舞者藉著自身的向內探索，回應林懷民的召喚，漸漸趨近女神多元面貌的經驗，而解消中原文化的磁場。如同陶馥蘭所說，身爲女性的藝術家必須「敏感地找到屬於自身的獨特的美感形式與語言」（《舞書》，頁七二）。她也曾說：「如果夠自覺，每個女人都將淸楚地了解並表達自己的處境，……包括創作。」（《生日快樂節目單》，頁三）或者如林秀偉所言：舞蹈如同佛的萬法諸相，舞者以肉身圖像呈現人世愛欲生死，以藝術反覆創造被隱藏的生命面貌。

台灣的藝術家若要避免開創一個新文化的同時以戀物的衝動將此文化定型，就必須時時回到個人創作的動力之河，回到自身獨特的語言與形式，開發身體內的風景，引發內在專屬於自身的新的慾望，以遊戲之姿舞蹈，與自身所屬重重鑲嵌的脈絡對話，並且時時消解形貌，以便不斷創造。

透過上文的討論，我們理解到：「女神文化」有其既具生機亦具僵硬的兩面矛盾。八〇年代中期以降，台灣新文化試圖開展一個具有女神孕育生機與自我更新創生的文化，以脫離孤兒文化；然而，在建立本土文化的同時，卻難免不企圖凝結女神形貌、堆塑神龕、進行集體崇拜的神聖化儀式。這種父權體系內爲了鞏固系統而固定文化論述結構的衝動，展現出戀物窒礙的困境；也就是說，「女神文化」在展開的同時，亦被戀物固著、凝止於神龕之上而失去生命動力。這種內在的兩難亦呈現於台灣當前文化論述場域的各種層面。

台灣文化場域的轉型，在舞台上反覆以儀式性的中介效應，搬演出對於「中國符號」的戀物固著，亦以個人化風格的類中介效應，跳脫了此符號的框架，解消了傳統的文化制約，完成了從「孤兒心態」到「女神心態」的文化認同轉型過程。然而，在抗拒「中原」而替代以「女神符號」或是「台灣圖像」時，此抵制逃逸動力卻不免朝向另外一個磁場中心發展，而進入了另外一種父權體系之固定系統。此「抗拒—固著」的兩難，在台灣文學史的論述場域中，亦清楚呈現。本書的第三部分「固著之外：台灣文學史中的負面意識書寫」，便要從文學史的角度，搜尋台灣「本土—西方」與「本土—中國」的對立軸所引發的文學史論述，以及相對於「新文學」與寫實傳統的現代主義文學、超現實書寫與負面意識脈絡，並討論其本土意義以及其中所揭露的台灣經驗。

註釋

①可參考柏格(Berger)的《無名女神》(*The Goddess Obscured: Transformation of the Grain Protectress from Goddess to Saint*, Boston, 1985)、比林頓與格林(Sandra Billington & Miranda Green)編的《女神的概念》(*The Concept of the Goddess*, 1996)、京布塔思(Gimbutas)的《女神的語言》(*The Language of the Goddess*, 1989)和《古歐洲的衆女神與男神》(*The Goddesses and Gods of Old Europe: Myths and Cult Images*, 1974)、賀塔多(Hurtado)編的《宗教中的女神與現代論爭》(*Goddesses in Religions and Modern Debate*, 1990)、金斯里(Kinsley)的《女神的鏡子》(*The Goddesses' Mirror: Visions of the Devine from East and West*, 1989)、紐曼(Neumann)的《母神：原型分析》(*The Great Mother: An Analyais of the Archetype*, 1955)、歐森(Carl Olson)編的《過去與現在的女神之書》(*The Book of the Goddess Past and Present: An Introduction to Her Religion*, 1988)。

②葛蘭姆、漢佛瑞、康寧漢、李蒙、尼可萊斯都是雲門的正常訓練課程。

③台灣舞蹈第一階段主要是被傳統民族舞蹈控制；教育部自民國六十三年起每年舉辦民族舞蹈比賽，企圖重新發揚此一「國粹」。

④可參考王墨林《都市劇場與身體》中的〈身體的反叛〉，頁一一一—六六。

⑤有關這幅半透明布幕造成觀看上的意識阻隔，已有詳細討論，此處便不再發揮。

⑥周凱是舞台劇《慾望城國》的燈光設計師，首演時因板橋文化中心舞台設備不良而自高架上墜落喪生。

⑦一九八八年十二月到一九九一年二月，雲門舞集因財務狀況不佳而停止營運。

⑧在前章我已指出：從吳濁流《亞細亞的孤兒》流露台灣人民被祖國拋棄的無奈與介於中國與日本之間文化認同重疊的矛盾尷尬狀態，到汪其楣自一九八七年到一九九二年的「孤兒戲劇」系列，我們看到台灣文化界試圖重建文化身分認同的集體論述傾向的轉型。此處，我所要強調的是：我認為林懷民的女巫代表一個新的轉型界標，指向女神文化的誕生。

⑨盧健英曾在〈舞過半世紀，讓身體述說歷史：回顧台灣舞蹈五十年〉一文中指出，陶馥蘭是第一位以女性主義觀點改寫台灣現代舞蹈史的舞者；陶馥蘭的舞作《她們》發表時，林懷民與李元貞都曾對此作品予以好評。

⑩陶馥蘭自己將她十年來的創作區分為兩個階段：「舞蹈劇場」期，以及一九九四年以降的「身／心／靈／溯源」期。「舞蹈劇場」期間，陶馥蘭歷經了一九八七年開始的女性主義與政治時局批判，一九九〇年轉向的古典回歸（《牡丹亭路上見聞》、《灰衣人瑣記》）與台灣本土溯源（《春光關不住》、《北管驚奇》）（《身體書》，頁四）。

⑪林秀偉曾說，舞台是有靈的，會耗乾舞者的汗水，也會吸納舞者的靈氣。林秀偉也說，在舞台上，舞者面對了自己的極限，也面對了生死交際之處（〈林秀偉訪談錄〉）。

Ⅲ｜孤兒・女神・負面書寫

固著之外

台灣文學史中的負面意識書寫

5 文化整體組織與現代主義的推離

台灣文學史中，現代主義與本土的對抗似乎已成宿命的前提。現代主義必然與寫實保守成爲辯證的拉扯，而在尋求「台灣文學史」的呼聲高張時，現代主義每每會被壓抑而隱沒。在台灣文學史的論述場域中，似乎「台灣」等於「本土」，「本土」等於「鄉土」、「民族」與「社會寫實」，致使以趨向異己而尋求變革的現代主義藝術與文學，時常被「台灣文學史」排除在正統之外。我們若要尋找現代主義所揭開的縫隙，便只有在保守寫實陣營的抗拒現代主義論調之中或可覓得一絲踪跡。

正常與變異：推離現代主義的內在動力

陳明台在一九九七年五月於彰化師範大學舉辦的「第三次現代詩學會議」上發表的

論文〈論戰後台灣現代詩所受日本前衛詩潮的影響——以跨越語言一代的詩人爲中心來探討〉①中，追溯一九二〇年代出生的詩人詹冰、陳千武、林亨泰、蕭翔文與錦連五人，如何各自接受日本前衛詩潮之影響，例如日本「詩與詩論」集團所帶領的立體主義、主知主義、超現實主義、新即物主義，或是「荒地」詩人所強調的現實與歷史關懷，並由於他們在戰後皆積極參與詩社，從現代詩社、創世紀到笠詩社，而對於台灣現代詩之發展具有重要地位。陳明台的結論指出台灣現代詩史的發展「具有連續性、進化的特質」，從五〇年代現代詩社「現實精神比較稀薄」，到七、八〇年代笠詩社「大膽的前衛的，現實主義精神的追求」，看得出「往前邁步，進展的軌跡」（頁一〇七）。陳明台的結論明顯呼應他此文的前提：台灣的現代詩在「現代化的同時，回歸當代的，自身存在時空的，民族的詩，也就是獲得本土詩的性格」，是一個「終極的目標」，而這個終極目標清楚架設於「現實主義精神的追求」，因此，「戰後台灣現代詩發展史」等同於「回歸本土詩精神，回歸現實與傳統，達成詩的現實主義化的歷史」（頁九一—二）。

陳明台帶有「進化論」的「現實主義化的歷史」之說法，與台灣自八〇年代以降至今方興未艾的「台灣文學史」建構風潮，共有一致的論述脈絡。翻閱葉石濤的《台灣文學史綱》與彭瑞金的《台灣新文學運動四十年》，我們很快地就發現其中貫串的論述脈絡，強調台灣文學的「歷史的責任」與「寫實主義的風格」（葉石濤，頁一），以及強調台灣新文學的「原始性格」是「擔負民族意識振興」與「充滿改革意識的文化運動」(彭瑞金，頁一〇)。甚至連爲具有現代性與前衛性格的「銀鈴會」做歷史回溯與文學史定位時，台灣文學史學者也多強調「銀鈴會」與所謂賴和及楊逵所代表的「台灣新文學」傳統的關連；林亨泰本人在一九八五年「銀鈴會」研討會中，也強調楊逵在「銀鈴會」中的地位，同時切切指出由於「對殖民地統治的懷疑與痛恨」以及「現實主義的傾向」這兩大特色，使得「銀鈴會」與賴和所初創而楊逵所發揚的台灣新文學大傳統匯合(林亨泰，〈跨越語言一代的詩人們——從「銀鈴會」談起〉，頁七五—六)。②

可是，這股以反殖民、反封建與現實主義爲原則的台灣文學論述，帶出了台灣文學史以及文選的編撰、篩選或是衡量標準而引發的問題。以三〇年代爲例，的確是以寫實主義與社會責任爲號召的台灣新文學運動最具自覺與政治力的旺盛時期，也正是現代主義詩人楊熾昌發展一系列現代主義詩論與詩作的時期。楊熾昌具有西歐以及日本超現實風格的現代主義性格之詩論以及詩作皆豐。一九三三年到一九三七年間，他展開一系列探討「新精神」與「新文學」的詩論，與鹽分地區社會寫實主義作家領導的《台灣文藝》以及《台灣新文學》壁壘分明。但是，楊熾昌於一九三三年創刊的超現實風格之《風車詩誌》，卻因「社會一般的不理解而受到群起圍剿」，以致僅出刊四期便廢刊(楊熾昌，〈紙魚後記〉，頁二五三)，至今《風車詩誌》除第三輯以外似已無跡可尋。今日台灣文學史界定「台灣新文學」時，居然遺漏最具有現代主義精神以及反覆強調「新精神」的楊熾昌，不但在葉石濤與彭瑞金的文學史中不見處理，就連在前衛出版社所出的台灣作家系列，以及明潭出版社的日據下台灣新文學的《詩選集》與《文獻資料選集》中亦皆略而不錄。③呂興昌於一九九五年出版的《水蔭萍作品集》，是楊熾昌半個世紀以來的作品首次以較爲完整的面貌見世。④這是台灣文學現代化運動內，排拒抵制現代主義的文化症狀例證之一。

風起雲湧的五、六〇年代現代詩論戰中，亦淸楚顯示台灣文壇對於超現實風潮的排斥，而對於現代詩的實驗則屢屢評爲「逃避現實」、「醉漢的夢囈」、「鉛字的任意的排置」、「詰屈聱牙的散文式分列」、「內容貧乏」、「思想蒼白」等等。⑤台灣文學史家論及五〇年代到六〇年代的台灣現代文學，亦視之爲「放棄了來自政治、社會、階級解放未盡的文學傳統使命」而有大感惋惜之意（彭瑞金，頁一一〇），並斷定「西化派和現代主義文學也只是插在花瓶裡的一朵鮮花，不曾在土地上生根，終究要枯萎的」（彭瑞金，頁一一四）。而此排斥現代文學西化的論戰，演變到七〇年代持寫實主義大旗的鄉土文學論戰，則是更爲政治化的延伸；⑥論者認爲西化的現代主義是「病態的」、「沒有根的」、「關在象牙塔中」的「墮落中產階級」產物，受到美帝與資本主義的殖民（尉天驄，〈對現代主義的考察〉，頁六一—六二），只會仿製西方，因而產生「迷茫、蒼白、失落」而「無病呻吟、扭捏作態」的作品（王拓，〈是「現實主義」文學，不是「鄉土文學」〉，頁一一二）。西方現代文學中的艾略特、奧登、卡夫卡、卡繆、海明威等，一併被這些評論者歸類爲西方文化「價値體系倒塌和毀滅」的證據（王拓，頁一一二），而要求台灣文壇能夠「更快地走向一個更健康更正確的道路」（王拓，頁一一三）；至於自一九五〇年代到六〇年代的台灣新詩，則都被視爲是「逃避現實」的例子，紀弦、林亨泰、洛夫、余光中、瘂弦、葉珊等人，無一倖免（唐文標，頁六一—八九）。⑦

今日再度檢視台灣六、七〇年代寫實主義之流批評台灣現代文學西化與現代化的論調，令人不免訝異於參與論戰者對文學藝術範疇界定的排他性與霸氣。言曦所言已把文字的前衛實驗一併歸於「難懂」而應拒絕之列；王拓所言「更健康更正確的道路」則是落入了極端保守右派的論述模式，無法容忍任何「正常」或是「健康」尺度之外的文學藝術表現，而批判所有不「正確」的作品。反美帝、反西化、反殖民的論述，正成爲了另一種論述霸權，以另一種中心論述——台灣本質論——來作純淨台灣文學的訴求，而使各種異質表現形式消音。尉天驄詆毀歐陽子作品中的「病態」、王文興《家變》中的個人主義以及「刻毒的、自私的、狂傲的」知識份子，或是陳鼓應嘲諷余光中詩作中的語言污染、頹廢意識、色情意念及流亡心態，都是拒絕接受人性與藝術表達的多元流動與複雜層次，反而以所謂「多數大衆」之名，扼殺藝術家個人化、抵制既定語言象徵系統的實驗性表達。這一種具有殺伐霸氣的「正確」文化論述，正是父權理體中心思維(phallogocentrism)之下產生的單一層級系統，使得所有邊緣藝術形態無法取得發言或甚至存在的空間。

奚密在〈邊緣，前衛，超現實：對台灣五、六十年代現代主義的反思〉一文中說的好：她認爲台灣五、六〇年代超現實詩作的中心主題之一便是「詩人對壓抑的社會規範和公共價值體系的反抗」(頁二五四)，以「純黑的」美學來對抗當時「光明的」反共文學，並在改變語言的努力上實踐其前衛特質。但是，奚密亦指出，台灣超現實主義詩人並沒有法國早期超現實主義者欲以文學改革來推動社會改革的企圖（頁二六一—二）。此處，我希望補充奚密的論點，指出社會批判與改革的隱藏政治目的，是台灣現代詩人採用極端的超現實技法的基本動機。正如西方超現實主義詩人與藝術家如達利與布紐爾(Louis Buñel)等人的社會改革，不見得都屬於左翼黨派，⑧台灣的超現實詩人雖未採用左翼社會主義立場，卻亦有其激進的政治批判與社會改革的企圖。

三〇年代與鹽分地區作家並存的「風車詩社」今日在文學史中幾乎被湮沒，現代派的前身四〇年代的「銀鈴會」進入八〇年代後的本土化，是值得我們仔細探討的問題。

林亨泰的《爪痕集》中〈爪痕集第一首〉呈現歷史被扭曲遺忘的主題：

像乾裂的河床
留在時間裡
隱約可見的爪痕

無指向的方位
緊扣著空間
歷史縮成拋物線

不回首的記憶
將山脈烙印
於多皺紋的谷中

過去的歷史事件無法留存記錄，如同飛鴻遠離而不留爪痕，只能隱隱約約在時間洪流乾涸之後的河床間，從河床乾裂的痕跡度想河水流過時的深度與質量。記憶被埋藏在山脈的皺褶之間，若不翻轉表層，是無法看到的。而文學史的發展亦如同河水川流而過，乾涸後便有無跡可循的危機。被排斥與遮蓋的現代主義歷史呈現了什麼問題呢？

這些被隱藏的文學史痕跡，便是我重新閱讀與尋找的起點。藉由楊熾昌與林亨泰等詩人的現代主義詩論與詩作，我要回溯二十世紀前半葉台灣現代運動與新詩的發展，重新思索現代主義運動在台灣文學史中企圖展開的格局，以及此格局所呈現屬於台灣經驗的負面意識。正如楊熾昌於一九三四年所言，台灣文藝處於「深刻化的混沌」與充滿「雜音」的狀況（楊熾昌，〈土人的嘴唇〉，頁一三六）。但是，在整理文學史時，台灣新文學史論者卻企圖凸顯一股清楚傳承民族使命與寫實傳統的主流。我希望指出，抗拒遊戲顛覆與壓抑現代主義衝動的努力，呈現台灣文學史中強烈企圖維持國家象徵系統、急切以父祖為依歸、畏懼與排斥所有異己與不潔之物的伊底帕斯組織化與正常化的文化症狀；此種排拒、推離與淨化的必要，使得開展慾望多元形貌的現代主義文學無限展緩，也使得排拒成為強迫性反覆之文化動作。

所謂「推離」，依克莉絲特娃在《恐懼的力量》（*Powers of Horror: An Essay on Abjection*）中的說法，是被超我所要求，進入象徵系統之前必須被推離的原初母體。若不推離，則此異質體會導致意義的崩解。此推離運動，如同嘔吐，是一種自身系統的淨化作用。透過淨化的儀式，這個文化得以保全其系統之一致與正常。所以，所有對於超我以及對於父親來說無法同化的不潔之物都需被推離。因此，造成推離運動的正是擾亂身分、系統與秩序的物質的出現。任何不尊重規則與界限的物質，任何介於狀態之間的曖昧存在，都因被視爲不道德、惡魔、陰謀而必須被推離、淨化與放逐（1-18）。我在第九章〈故宮博物院vs.超現實拼貼〉中，利用此必須推離之潛意識原初母體以便進入象徵系統的概念，說明台灣文化中反覆堆塑神龕與逃離推拒的兩極衝動。此處，我則將先藉此概念說明台灣文學史的象徵系統，必須反覆推離屬於規則之外、擾亂身分與秩序、被視爲不道德的現代主義運動，而這種推離正是台灣文學場域反覆出現淨化運動而抵制變異的內在壓抑。

以國族論述爲後盾的現代性，與個人化偏離系統的現代主義發生了無法彌合的裂縫。寫實主義作家緊緊守住寫實原則的方式，邁向國族建構的大道，排斥所有外來的異己之物，遮蓋過去曾經發生的「深刻化的混沌」與「雜音」，推離語言的多種實驗，反而砌塑了另一種僵化的現實體制。現代性的必要加上以進化論與系統論來篩選文學史，則使得個人化而多元「異常」的文學創作被規律在正統之外而須被推離與淨化。台灣文學的「正常」是所謂的「新文學運動」，此「新文學運動」無法放棄寫實身分政治，文學創作以國族立場與本土精神爲前提，而無法嘗試接納異於己的他者經驗與翻轉現實的形式實驗，使得從語言改革爲起點的台灣新文學，轉變爲民族意識高昂與改革文化的社會寫實運動。台灣現代文學場域中反覆出現的這種意識形態矛盾，揭露了企圖依附父祖而推離自身／異己的恐個人化現代主義之症狀。

中國與台灣二十世紀早期的「變態意識」在哪裡？

討論文學史中的負面意識，或者是異於常態的「變態意識」，自然隱藏著一個較複雜而相關的問題，那便是：爲何極權論述總是強調文藝的正常與健康模式？這種強調文藝的正常與健康的論述模式，最爲典型的例子就是一九三〇年代納粹政權之下的法西斯式第三帝國文藝政策。⑨我們在中國的文革時期以及台灣的戒嚴時期也可以清楚見到此種論述傾向。有關「爲何」的問題我將在其他的文章中繼續探討，此處我暫時不直接處理。⑩我要先處理的問題是：在中國與台灣極權政體展開之前，一九三〇年代的文化論述場域中「如何」開始浮現類似的症狀？極權傾向的意識形態如何以物質形式呈現？也就是說，具有極權中心的國家主義與本土論述，如何在一九三〇年代的中國與台灣的各種文化文本中，以物質與肉體的症狀展現。另一個立即銜接的問題便是：一九三〇年代中國與台灣的文化論述場域凸顯國家主義與本土意識之刻，中國與台灣的現代主義作家在哪裡？爲何在那裡？或者，我們也可以問：中國與台灣二十世紀早期不同於「正常」的「變態意識」在哪裡？他們「變異」的對話對象是什麼？

台灣文學現代化運動內反覆出現排拒抵制前衛的文化症狀，也就是本人所謂的「伊底帕斯症候群」——企圖推離異質物、依附正統、以父祖爲依歸，並集結所有論述而組織於國家象徵系統之下的強烈集體慾望。我們可以借用德勒茲與瓜達里（Deleuze & Guatarri）所說的「伊底帕斯神經官能症」（Oedipal Neurosis），運用「精神分裂式分析」（schizoanalysis），將文學論述場域視爲如同「社會場域」（socius）般的「無器官的身體」（body without organ），來說明此「伊底帕斯症候群」，並探討三〇年代中國與台灣的文學場域如何呈現，以國族論述爲集體陽具（Phallus），從而組織慾望，集結個體，使個別作家採取一致的進步與正確之正常模式。

若要討論現代主義文學如何尋求縫隙而展開文字的前衛逃逸路徑，我們也需要同時檢視三〇年代中國與台灣的文學場域所處之高度組織化與民族意識高張的時代脈絡。正如克莉絲特娃所言，探討前衛藝術的同時，我們必須檢驗前衛藝術當時的生產場景，以便探討在何種歷史與意識形態的背景下產生了此種前衛藝術，以及此藝術所叛離的是什麼對象（"Giotto's Joy"，233）。雷蒙・威廉斯（Raymond Williams）在〈語言與前衛〉（"Language and the Avant-garde"）一文中也指出，我們不能夠以單一的現代主義或是前衛策略來討論現代主義的問題，而必須探討並區分「彼此迥異而甚至實際上完全對立的論述形構」如何在文字中實踐（79）。因此，我們必須釐清，三〇年代中國與台灣的不同文化場域與文化論述如何展現不同的組織化與正常化的龐大驅力，始能了解此論述壓力如何造成中國與台灣的現代主義文學各自以泛轉與變異的方式抗拒，以及台灣三〇年代的現代主義文學的特殊性格。集體論述與個人「變異」(perverse)的雙向檢視，可以讓我們更爲清楚地看到現代主義文學逆向書寫的對話對象。此外，重探三〇年代台灣所發展的現代主義文學，可以對四〇年代延續現代主義的「銀鈴會」，五、六〇年代銜接「銀鈴會」以及中國現代主義兩個脈絡的「現代派」、「創世紀」與「笠」等詩社，提出對照式的理解。

我們必須先注意到所謂「變異」("Perverse")，或是「變態」、「泛轉」，如同弗洛依德所說，並不是「正常」的反面，而是原欲(libido)精神能量與動力的多面向呈現。弗洛依德在《精神分析引論》第二十講談論「性倒錯」或是「性泛轉」時指出：泛轉或是「變態」的性生活實際上與嬰兒的多形態性生活是一樣的(頁二九五)。所謂「常態」的「性」，是指「從事於生殖功能的性生活」(頁三〇二)，而泛轉的「性」則排斥以生殖爲目的的性行爲(頁三〇六)。「變態」的動力與嬰兒的性生活一樣，不同於成人性生活的「集中」與「組織化」(頁三〇六)。因此，當我們談論不被組織化與集中統一的精神能量的多形態泛轉與精力投注時，借用「變異」之多元形態，可以讓我們理解所有投注的基礎原初模式。

弗洛依德的後設心理學強調「拓樸論」(topograpy)、「動力論」(dynamics)以及「經濟論」(economics)，這些後設心理學的概念強調所有精神動力，無論是壓抑或是投注，都源自於最初的基礎模式，日後會藉由經濟交換原則而尋求各種替代物。弗洛依德這種「模式」與「結構」的概念，在他許多文章中重複出現，而且到晚年的論述中更爲清晰：例如在一九〇五年《性學三論》(*Three Essays on Sexuality*)中，討論的幼兒潛抑期建構的壓抑模式是一種「水壩模式」(dam)，日後便成爲厭惡、羞恥、美學理論、道德以及文明與昇華的基礎(177)。一九一五年的《無意識》(*The Unconscious*)中，弗洛依德更清楚指出：情感的發展被遏阻，但是其「意念」會繼續在無意識中「以結構之方式存在」(178)；例如焦慮型的歇斯底里所發展的防衛機制源自於內在一個小規模的「封閉空間」(enclave)，此空間會透過「類似卻遙遠的替代物」延伸爲「外在的恐懼結構」(phobic outer structure)(182-4)。在一九一七年《精神分析引論》第二十一講中，弗洛依德指出「母親」作爲愛的「第一對象」，此時原初壓抑已經產生，因爲「母親」是代替「乳房」的精神性意念代表，日後此模式會不斷的被替換(頁三一二)。在一九三三年《精神分析新論》第三十一講中，亦指出「超我」是一種「結構關係的人格化」(頁四九五)，日後會不斷被各種抽象概念替換。因此，當我們討論文化場域的現象或是文化符號時，著重的是此現象或符號背後結構性的動力替換原則：文化符號所凸顯的語彙是被此文化選擇而強調的，可視爲其他文化動力替換的交換籌碼；而所謂的「其他動力」，則要從社會脈絡或是意識形態結構來檢查。

此外，我們也必須注意到一個有關「前衛藝術」的現象：現代主義文學的「前衛性」，或是「先鋒力量」，本身攜帶兩種矛盾動力：以文字實驗來翻轉文字的傳統，或是以文字力量來翻轉社會的體制。⑪在現代中國與台灣的文化場域中，尤其在外來軍事侵略之下，理性化改革社會、消除傳統之非理性、建立新國家秩序，成爲現代性的第一訴求。在此時空脈絡之下，「前衛文學」中所聚集的軍事化的動員力與集結慾望的能量，傾向於立即尋求組織化的管道，以便疏導其強大的集體慾望。因此，顛覆傳統、改造社會的先鋒力量，便有效的在中國三〇年代的文字場域中展現。這種波瀾壯闊的集體驅力，使得個人在文字中顯露的延宕、逸離、停頓、變態的負面意識都無法被容許。正由於中國與台灣的文化場域中「前衛」所具有的曖昧性，我決定放棄談論現代主義文學時常會使用的「前衛」一詞，因爲我要探討的，不是具有軍事性格的「前衛」，而是相對於「集體」的「個人變異」。

當我們回到三〇年代的歷史與文化語境，特別是從一九三一年到一九三七年，從九一八事變日本正式入侵東三省到蘆溝橋事變中日戰爭爆發，我們注意到這是一個「國家主體」受到具體威脅的時刻。⑫一九三七年中日戰爭正式開始而左翼與右翼共同發表

「統一戰線」之後，我們自然更無法再討論「個人變異」的問題。正是在一九三一年到一九三七年這期間之前後，政治局勢緊繃，隨著日本對中國的軍事侵略逐漸擴大，隨著國防文學、民族革命大衆文學、反殖民文學等言論的明確建立，我們也看到中國的文學場域迅速展開濃厚的民族主義與反殖民意識。中國左翼作家聯盟於一九三〇年成立，其機關刊物《文學月報》於一九三二年創刊。中國國民黨的文藝工作刊物《前鋒週報》亦於一九三〇年發表〈民族主義文藝運動宣言〉，以致後來繼而起之的「新生活運動」、「國防文學」、「統一戰線」等宣言。

同樣的，從一九三一年日本進攻東三省開始，日本也同時對台灣島內加強控制，並且開始肅清逮捕台灣的左翼政治組織，台共因而瓦解並轉入地下，並且以刊物以及協會的方式出現。原本在日本發行的台灣新文學的基地《台灣民報》於一九三一年以中文在台灣發行，更名爲《台灣新民報》，是集結反殖民論述的聚集處之一。一九三二年，左翼作家在台北成立「台灣文化協會」，並且發行《福爾摩沙》與《先發部隊》兩份刊物。一九三四年，台灣藝文界在台中成立「台灣文藝聯盟」，一九三四年楊逵脫離文聯另立《台灣新文學》，直到一九三七年中文刊物被禁而停刊。這期間，台灣發行的刊物多以社會寫實與本土意識爲標幟。

「現代」與「風車詩社」便在這種高度組織化的論述環境之中產生。

一九三二年，施蟄存、穆時英與杜衡在上海創立的「現代」，與楊熾昌於一九三三年在台南創立的超現實主義「風車詩社」，都是三〇年代現代文學中具有變異精神的異數。在左翼與右翼國族論述高度組織化運作（organization）之下，「現代」與「風車詩社」以變態的方式，抗拒政治性的組織化，在文字中進行各種慾望泛轉與逃逸的策略，同時也在文字投注的替代模式中流露出其所抗拒的殖民處境的痕跡。克莉絲特娃談論波特萊爾（Charles Baudelaire）時曾說：「我」為了害怕進入這個強大的「單一」的體系，便以「變異」的姿態，自願成為「the abject」，成為被推離者、放逐者，成為腐敗惡臭之物，成為惡魔，遊蕩於家國之外。寫作便是演出「變異」、處理「變異」的過程。詩人以分子化的自我，透過文字對抗母親，處理腐屍，以便清理腐屍（母親）（"Baudelaire, or Infinity, Perfume, and Punk." *Tales of Love*, 318-40）。我們看到施蟄存、穆時英、劉吶鷗以及楊熾昌的書寫，都呈現這種「演出腐屍、惡魔」的變異姿態。

中國三〇年代現代主義文學的「脆弱」地位！

在我們進入中國與台灣三〇年代的文化場域之前，回顧一下學界對於三〇年代中國現代主義文學的研究，可以提供我們相當有參考價值的思考軸。

近十多年來，由於八〇年代新時期的現代派潮流出現，中國大陸掀起一股重探三〇年代中國現代派文學以及新感覺派小說文學地位的風潮，企圖揭開「五四以來我們只有現實主義這一股單一的文學潮流」的謬誤（唐正序與陳厚誠，頁六一六）。⑬在重新整理文學史、挖掘被遺忘與被忽視的現代主義經驗的工作背後，我們注意到，這些學者除了意識到歷史的湮沒與遺忘的力量之外，也提出了三〇年代現代主義文學曇花一現而後中止的命運是「歷史的選擇」的說法（唐正序與陳厚誠，頁三五七）。在一九八九年一篇討論新感覺派作家穆時英的文章中，周毅曾指出，五四新文學運動「並沒有走到它的高峰便迅速陷入幾乎停滯的大沼中，並且在文革期間完全異化爲一種空泛、抽象的政治激情的產物」（頁一四七）。一般論者認爲這種朝向集體與社會寫實主義的發展，是受到救亡圖存的國家論述所致。⑭然而，周毅認爲，新文學的衰落問題倒不見得在於「救亡」，而在於以「文化選擇代替了文化的實踐生成」，以致在思想方式上造成了「絕對」與「單一」的模式，與歷史單線發展的進化論結合，而否定了人性的豐富（頁一四八）。陳厚誠在《二十世紀中國文學與西方現代主義思潮》一書中亦指出，當時「中國文化正在開始創造一種新的秩序，新的世界，它需要一元化的中心和對世界的完整有序的解釋，它需要一種理性化的秩序和規則，而新感覺派的叙事方式與這一文化趨向之間存在著巨大的矛盾」（頁三五七）。

歷史進程中這種對於「一元化」的選擇，在現代中國論述場域中，是一種重複出現的「伊底帕斯症候群」，或是德勒茲與瓜達里所謂的「伊底帕斯神經症」，以集體強迫性的行為，甚至以近乎法西斯式的嚴格，執行對於超我的絕對忠誠，對於秩序與一致性的順從慾望，對於自我壓抑的渴求，以及對於異質與不潔元素的不能容忍。⑮唐正序與陳厚誠主編的《二十世紀中國文學與西方現代主義思潮》結合二十一位作者，自一九八七年到一九九一年，歷經五年的過程完成，編者指出其間經過「衆所周知的微妙變化」，其他人開始對此議題抱持「敬而遠之」的態度，而此書的作者群則「不爲一時的風雲變化所左右，仍然以一種嚴肅認眞、實事求是的態度來繼續做好這件已經開始的工作」(頁六三七)。從這些文字，以及其他跡象，我們看得出中國大陸八〇年代風起雲湧的追尋現代主義與迫切要求開放的動力，到了九〇年代初期，已經有了集體的組織化對於內部檢討以及整肅的壓力，以致作者群需要刻意說明他們「仍然」要「繼續」這件「已經開始」的工作。言下之意有雙重的不得已。也是因爲這種困窘的處境，使得陳厚誠在該書的緒論中指出，「號稱具有『先鋒性』的現代主義文學」，無論是二、三〇年代，或是新時期十年的後半期，「在中國的地位是脆弱的」(頁一六)。

現代主義文學這種「脆弱」的地位，在現代中國的文化場域中，其實似乎從來就不曾被穩固過。除了九〇年代再度興起左翼陣營對於個人主義與資本社會聯盟的抨擊之外，縱使是八〇年代對於現代主義文學重新評估的風潮中，研究者也顯露其一貫畏懼「變異」的態度。論者一方面鋪陳五四以來西方與日本現代主義思潮對於中國現代文學之影響，例如弗洛依德的精神分析理論、西方現代文學、現代藝術、現代主義理論、日本廚川白村「苦悶的象徵」、日本新感覺派小說等等，肯定現代派文學的藝術價值，另一方面則仍舊對於弗洛依德精神分析理論，以及二、三〇年代現代主義文學的個人化風格與頹廢心態或變態心理，保留嚴厲批判懷疑的姿態。

嚴家炎在一九八五年出版的《新感覺派小說選》一書所撰寫的〈前言〉（一九八三），便呈現此對現代主義文學既接受又排斥的典型立場。嚴家炎盛讚新感覺派小說的形式成就，但是他「反對」新感覺派小說家對於二重人格以及人性自私的描寫。他認為「人人為己，天誅地滅」是「階級社會中特別是資本主義社會中的一種道德觀」，不能符合「無產階級革命的時代」、「數以萬計、十萬計」、「為了崇高理想而英勇獻身的革命志士」（頁三一—二）。對於施蟄存的〈石秀〉，嚴家炎則批評書中角色石秀「幾乎完全成了一個現代資產階級的色情狂和變態心理者」（頁三二）。對於施蟄存重寫歷史小說的處理方式，嚴家炎則責備其受了「弗洛依德的唯心史觀的影響，對一些事件和人物做了不正確的解釋」，例如針對施蟄存呈現石秀欣賞「鮮紅的血」的奇麗而感到「滿足的愉悅」的「變態心理」，嚴家炎就嚴厲的指責：「這種學說會將文藝創作引到思想傾向多麼惡劣的地步。用這種指導思想塑造出來的石秀，哪裡還有多少宋代人的氣息，分明打著現代超級色情狂者的印記！」（頁三三）嚴家炎繼續質問：「像唐朝將軍英勇作戰，掉了腦袋仍不倒下，能否用他喜歡一個姑娘來解釋？像南宋時尼姑黃心跳進熔爐裡去，能否用潛在的性因素來解釋？有點頭腦、有點文化歷史知識的人都不難做出回答。」（頁三五）

嚴家炎對於弗洛依德精神分析的防範心態，認為「自私」或是「變態」是資產階級的產物，不屬於無產階級的大衆，以及精神分析違反文化歷史知識的批判立場等等說法，在中國大陸的學術評論中是普遍存在的。施建偉討論心理分析小說派的創作傾向時，亦批評心理分析派小說「完全按照弗洛依德的原理描寫了一群在『唯樂原則』支配下的青年男女，社會道德和人的理智幾乎對他們不發生絲毫作用。弗洛依德學說中的所謂『性能量』成了一切心理活動的『基因』，所有的人物都在無所顧忌地追求本能慾望的滿足」（頁五一）。施建偉要求文學作品應該要把「個人命運與當時轟轟烈烈的革命潮流有機地結合起來」，一則「揭示社會的本質矛盾」，再則「展示未來的理想」（頁五六）。⑯

嚴家炎與施建偉的說法，一方面充分反應出五四以來中國學者對於弗洛依德理論的誤解，同時也承襲了三〇年代社會主義評論的路線。左聯的機關刊物《文學月報》在一九三二年創刊號所發表蘇聯文藝理論家弗里契的長篇論文〈弗洛伊特主義與藝術〉中，嚴厲地批判弗洛依德精神分析學派對於性的過度重視，使得文學成爲「性愛的包裹」。此文對於左翼作家有深遠的影響（余鳳高，頁七四）。至於社會主義路線，則是更爲顯而易見。三○年代巴爾指出，「我覺得穆君若能把文學的工作與實際生活連接起來時，自然很容易的克服了他的小說的弱點，而走向光明的前途。不然，穆君是踏入了一條死路。」（〈一條生路與一條死路〉，《文藝新聞》四三期，一九三二年一月八日；引自施建偉，頁四九）而錢杏村亦指出，「作者的前途，是完全基於他此後能否改變他的觀點和態度，向正確的一方面開拓。橫在他的前面的，是資產階級的代言人與無產階級代言人的兩條路，走進任何一方面，他都有可能。」（〈一九三一年中國文壇的回顧〉，《北斗》二卷一期，一九三二年一月二十日；引自施建偉，頁四九）。八○年代寫作的施建偉引用巴爾與錢杏村的話時，完全沒有距離地重複了三○年代的批判路線。

綜上所述，我們看到三○年代中國現代文學論述場域中浮現的文化選擇，或是論述驅力，是朝向新世界、新秩序、進步、健康的要求，是中國現代化的內在動力。配合此動力所要求的組織化與正常狀態，便是採取光明、寫實、正面傾向、改善現實社會黑暗面、與社會有機的連結、朝向未來的烏托邦等等社會寫實主義立場。相對於社會主義寫實文學的，則是具有負面傾向、頹廢、耽美、逃避現實、自我放逐、形式實驗、反傳統秩序、反組織運作的個人化現代主義文學。中國三〇年代的現代主義文學便因此負面傾向與個人化風格而備受質疑詆毀。

張英進在討論三〇年代都市文學的文章〈都市的線條：三十年代中國現代派筆下的上海〉中，曾利用卡里內斯古(Matei Calinescu)對於現代性的兩種區分方式，指出「二十世紀初一種特殊的中國的『現代性』經驗」：張英進認爲，中國三〇年代新感覺派作家應屬於第二類的城市作家，以「個人的、主觀的、想像的時間，展現自我所產生的個人時間，而體驗到的一種現代性」(Calinescu, 5)，張英進也同意中國三〇年代新感覺派作家的作品具有卡里內斯古所討論與「藝術的現代性有關的自覺的價值觀」，例如「變異、新奇、無法預測、冒險、獨特等」(Calinescu, 265)，但是，張英進指出，三〇年代作家卻「從來不是徹底反資產階級的」(頁一〇四)。

三〇年代新感覺派作家自然「從來不是徹底反資產階級的」，因爲反資產階級的作家早已一律被左聯所吸收。一九二八年陸續創立的幾個現代派刊物，例如《無軌列車》與「水沫書店」等，開始時都具有明顯的前衛與左傾色彩。但是，一九三一年日本侵華行動具體展開，中國的「主體」受到實質威脅，因應而起的便是強烈的國族意識。無論是左翼或是右翼的文藝陣營，都各自發展出以軍事敎條般的嚴格宣言來規律組織化的寫作行爲；伴隨著民族主義，理性、健康、光明、國家主義、進步論的整體論神話也同時展開。因此，三〇年代現代派作家所抗拒或是逃避的，不是資產階級，而是整體組織化運作下的全面民族主義。

在此環境之下，我們看到三〇年代左翼陣營以「左聯」爲中心，對抗國民黨逮捕屠殺左翼作家、禁行刊物、封閉書店等「圍剿」攻勢，並發展出對於「自由人」、「第三種人」、「國防文學」、「民族革命戰爭的大衆文學」等論戰。⑰一九三一年的「九一八事變」事變之後，全國民族意識與愛國主義情緒高昂，上海文化界更是掀起了一股「民族氣節」、「民族意識」與「愛國主義」的文宣運動。左翼作家聯盟正式指出「反對帝國主義」、「反對豪紳地主資產階級軍閥國民黨的政權」等鬥爭之必要性，一九三五年「一二・九」運動之後，左翼更積極推動「國防文學」、「民族革命戰爭的大衆文學」等口號。同樣的，右翼除了「圍剿」左翼作家之外，也相對應地推動「民族主義文學」、「新生活運動」、「文化復興運動」等口號。

中國新感覺派作家主要創作時期約在一九二八年到一九三七年之間。⑱黃嘉謨、劉吶鷗與穆時英參與「軟性電影」與「硬性電影」的論爭，此三人堅持藝術快感的重要。他們聲稱電影的社會價值「決定於藝術價值」，反對電影的政治傾向性，提出電影批評走向藝術批評的路子，並且批評左翼電影存在嚴重的「僞現實主義」與「意識檢討中心主義」，而因此遭到左翼影壇的強烈抨擊。⑲諷刺的是，這些中間路線的現代派作家也並不見容於右翼陣營。對不屬於左翼也不屬於右翼而處中間狀態的「第三種人」，左翼與右翼則都口誅筆伐，大加批判：左翼指責這些不涉政治，處中間狀態、強調創作自由的第三種人爲國民黨的「鷹犬」、「走狗」、「幫閑文學」等等，右翼則批評這些作品「消沈民族意識」（包忠文，頁六一三—九）。這些批評最時常採取的共同立場，便是如同嚴家炎所指出對這些文學的畸形與病態：⑳「在快速的節奏中表現現代大都市的生活，尤其表現半殖民地都市的畸形和病態」（嚴家炎，頁一六）。㉑

其實，如果我們仔細閱讀這些現代派的文本，會發現嚴家炎所描述的「半殖民地都市的畸形與病態」，正好指出這些現代派作家逃逸的起點。上海自十九世紀便處於租界地，「國中有國，權上有權」，糅雜多種外來文化，主權曖昧。三〇年代的左翼、右翼之間相互傾壓，處於「中間狀態」的文人一則堅持文學不涉政治，再則面對租界地的多重文化，隱逸迂迴的文字中更鑲嵌著深刻體驗到的複雜「現實」，以及多種族群之間的矛盾關係。

就以被嚴家炎評爲作品中人物「幾乎完全成了一個現代資產階級的色情狂和變態心理者」以及不顧「歷史現實」的施蟄存爲例，我們在他的作品中，例如〈鳩摩羅什〉、〈將軍的頭〉、〈阿襤公主〉等，屢屢看到不同族群之間的種族融合、忠誠問題以及國境跨越或是疆界模糊的重複演出：西域來的僧人鳩摩羅什如何與在地的僧人較量德行，吐魯番商人與漢族女子的後裔後來成爲大唐武官的花將軍如何以法折服大唐士兵，來自蠻荒的大理國背負亡國之恨的段平章與富裕的元朝善闡城阿褴公主結婚而面對的矛盾。李歐梵在〈中國現代小說的先驅者〉一文中，曾經指出施蟄存的歷史小說背景多半是「異族文化交融的唐朝」，而這種「古代的異國情調」與「現代心理知識」結合，使得其有別於古本傳奇（頁一六六）。但是，我們需要注意到，這種「異族文化交融」的處境，正是上海租界區的處境。施蟄存小說中的族群相對，例如「漢族」相對於「胡人」，或是「大理國」相對於「元朝」，以及故事中屢屢透露的歷史累積的模糊族群認同問題，都使得這些錯綜族群關係充分呈現上海租界區所面對的半殖民尷尬處境。

劉吶鷗的複雜國籍與文化認同，㉒穆時英的曖昧政治立場，尤其是他們深刻接觸法國文學、日本文學的現代主義文學，更使得他們對於「現實」有不同的認知。他們的都市文學作品以及電影蒙太奇式的影像快速剪接中，亦隨處可見華洋雜處、文化交錯或是以異國人物爲主述者所呈現的文化立場交換的半殖民處境之尷尬。

現代主義作家強調的「非政治」，就是對組織化運作的抗拒，並進而在文字中實踐此抗拒。施蟄存、劉吶鷗與穆時英，參與了類似於波特萊爾在西方現代文學脈絡中的逃逸路徑，以對抗組織化的個人風格，作各種方式的泛轉，帶出了中國現代文學轉型的契機。就從他們蒙太奇剪接式文字中「字」或是「句子」在篇章之中分解脫離而獨立，已

可看出這種個人化感受的模式。㉓

「他們爲什麼以如此堅決的意志力欲求他們自身的壓抑？」

針對上述中國現代文化場域如此排斥個人化負面書寫的傾向，或許我們要問的問題不僅是：「爲什麼他們這麼厭惡變態或是多元的慾望？」而更應該問：「他們爲什麼以如此堅決的意志力欲求他們自身的壓抑？」弗洛依德曾經問過這個問題，賴希（Wilhelm Reich）也問過這個問題，㉔德勒茲與瓜達里則更進一步接續他們的問題，而提出「精神分裂式分析」的論述立場，要藉檢視與分析社會場域中原欲的流動與壓抑，思索在經濟政治的場域中，主體爲何欲求自身之壓抑？(105)

波特萊爾在當年對於現代性的詮釋中，他強調現代性的短暫瞬間、逃逸、偶然的特性，以區別於藝術另一朝向永恆而穩定的衝動。此處，我們觸及了「整體」與「個體」的對立。有機整體的崩解與個體的獨立，是現代主義文學的內在衝動之一。波哲（Paul Bourget）在〈頹廢的風格〉("le style de decadence")中，對於現代主義頹廢性格的描述便指出這種特色：語言中的有機體同時展現進步與頹廢的法則。頹廢的風格便是書的整體性之瓦解，而次第由頁、句子、單字的獨立而取代。尼采後來在討論華格納時，也借用波哲此觀點，指出整體不再能夠支撐，單字跳出了句子，句子躍出了頁面等等，這也是「頹廢」的風格：分子的無政府狀態，意志的解體（*The Birth of Tragedy*，引自Calinescu, 186–7）。

波哲與尼采強調語言體系「組織」（organism）的崩毀與字之獨立，都與德勒茲與瓜達里在《反伊底帕斯》（*Anti-Oedipus*）一書中所提出的分子化情慾，有相似之處。德勒茲與瓜達里的「精神分裂過程」或是「精神分裂式分析」（schizo-analysis），重點在於提出整體化與分子化的差異，從而來理解與詮釋社會場域中政治與經濟結構下集體性與個體化的行爲意義。根據他們的說法，「整體機器」（molar machine）是社會、技術與生理器官的組織化與整合化，「整體型構」（morlar formation）或是「集結群居本能」（herd instinct）是集體性的組織化過程，以一致而極權的方式集結分子力量，凝聚慾望，共同指向一致的匱乏與目標，並依此目標將社會場域區分畛域，從而毀滅個性。

> 他們達成一種統一，透過服從多數決的法律，而將個別分子力量有效的累積與統合。這種統一性可以是物種的生物性統一，也可以是社會場域的結構性統一：無論是社會的或是生命的有機組織體，如今被構成一種整體，成為完整的對象。面對這個新的秩序，任何一個分子秩序所追尋的部分對象（partial

objects）都呈顯為一種匱乏，而同時此整體本身亦是部分對象所欠缺的對象。（342）

種族與國家所匯聚的統一整體，以及其所強調的新秩序、進步、正確與一致性，便成爲絕對的陽具，是吸引所有分子個體強烈投注的對象。正因如此，個體才會欲求其自身的壓抑，而將所有慾望昇華而轉移到此新的部分對象、新的陽具。

相對於「整體機器」，「分子化機器」(molecular machine)則是慾望機器，不斷製造慾望對象，製造眞實，以分離、斷裂、無連結的分子狀態方式存在。個體以分子狀態逃逸於整體的組織，解消被畛域化的慾望結構，以便產生新的流動主體驅力(286, 367)。德勒茲與瓜達里在《反伊底帕斯》一書中，將這種分子化的「逃逸」名之爲「精神分裂的過程」。「逃逸」必須具有勇氣，因爲逃逸同時是在兩端之間作一抉擇；社會欲力投注的兩端，是指一端爲妄想式的集體法西斯反動力量，另一端則是逃離、逃逸、革命。「逃逸」具有革命力量，因爲它也執行了一種社會欲力的投注（投資）選擇(341)。此外，德勒茲與瓜達里所說的逃逸的勇氣與逃逸的選擇，都是針對既定象徵系統之整體性(totality)而展開的抗拒。相對於超我所架構於茲的象徵系統，個體是「脆弱」而不穩固的。象徵系統內無論是倫常、道德、社會秩序、黨派理念、國家概念，都是層層相互鞏固的「父親」之律法的替換，浸染歷史與時代的意義。個體企圖依附於此超我的秩序而建立自我的定位；也因此，要拒絕或是逃離此系統是需要絕大的勇氣的。

德勒茲與瓜達里指出，家庭、政府、黨派、國家，雖然沒有身體器官，其慾望之發動卻是依照「歷史之名」被畛域化，其原欲之投注與壓抑是被有機之整體化工程所組織、導引或規範（36）。當我們將文學場域視為「沒有器官的身體」，我們清楚看到：現代化與國家意識如何有效地結合並組織了三〇年代的中國作者的慾望與自我認同，以致當時之文學場域依照社會場域論述中的陽具而強勢規範文學場域內部的動力，制約慾望投注的對象，並使其朝向公衆的秩序。

至於現代主義文學中的頹廢與變異，則如同德勒茲與瓜達里所說的「分裂者」（Schizo）（36–40），或是如同克莉絲特娃所說的「變態者」（pervert），「脆弱」而不穩固，不屬於社會既有秩序，無父無母，自成系譜，與社會符碼不同。但是，如德勒茲與瓜達里所言，分裂者或變態者與文學常態斷裂脫離的能量具有革命性的潛力。「變異」作家以分子化的變異與此整體組織採取對立的姿態，在文字秩序與規範的極限處不斷逃逸，以創造新的文字慾望，或是符號慾望。

以下，我便要進入對於三〇年代超現實作家楊熾昌的討論。重探台灣文學史中的負面意識，我們將發現，三〇年代的楊熾昌借西歐與日本的現代主義與超現實來實踐文學革命，四〇年代的林亨泰同樣朝向西歐與日本的超現實以翻轉本地的現實，五〇年代的紀弦借重林亨泰，而八〇年代後現代詩人林燿德努力挖掘出林亨泰的歷史地位，爲其編寫年表，出版作品全集，其背後的政治目的皆是如出一轍。表面上這些現代主義詩人藉著西方與現代來批判本地的抒情與寫實傳統，實質上是借現代主義而展現種種對抗意識形態的政治抗拒。在一次與林亨泰和簡政珍會談的時候，林燿德強調「對所謂合法化的語言傳統的叛逆，本身就是一種反體制的訊息」，而現代詩的基本精神便是「從語言本身開始反體制的意識歷程」（〈詩人與語言的三角對話〉，頁一七六）。台灣現代詩人與理論家依附於「超現實」的論述，是藉著切割與壓縮現實元素，將現實作非邏輯的拼貼與置換，反身批判現實。語言革命的顚覆力絕不僅在於形式，而必然延展深入語言背面的意識形態以及社會體制。

此外，以楊熾昌與銀鈴會、現代派、笠詩刊等的現代主義性相較，我們會發現楊熾昌極爲個人甚至是酒神式的放浪思維深入意識層次繁複之境，而發展出台灣現代文學中首次以「精神症的異常爲」以及殘酷醜惡之美爲元素的作品，翻轉寫實主義伊底帕斯症的系統結構，而得以遊戲於多元形貌的文學慾望流動。個人化的偏離系統，正是抗拒與翻轉既定語言系統內僵化意識形態的激進做法。

正如同尤金・賀蘭（Eugene W. Holland）在討論波特萊爾的現代性意義時指出，波特萊爾以精神分裂式的抗拒，反叛象徵秩序正常化的組織運作，使其內在符號衝動得以流動，而帶來法國文學從浪漫到現代的轉型契機。中國與台灣三〇年代現代主義文學作家亦以分裂式的抗拒，開啓了中國與台灣現代文學中不同的意識層次，並在面對租界文化以及殖民文化時，以符號之轉折，帶出了新的符號慾望。我們可以看到，施蟄存、劉吶鷗與穆時英的新感覺派小說時常藉由複雜的族群關係，呈現出上海租界區所面對的半殖民處境以及文化認同的尷尬。同樣的，台灣第一位現代主義詩人與理論家楊熾昌從一九三三年到一九三九年的「負面書寫」，也側面地呈現了台灣人在殖民地的經驗，從無法抗拒的沈默、蒼白、虛無，到進入戰爭場域更爲無可逃遁的死亡、暴力與血腥的創傷歷史。

因此，透過對照三〇年代的中國所發展的現代主義文學所面對的組織化動力之下，我們將能夠更爲清楚地檢驗，同樣是三〇年代的台灣文學場域中類似的動力，如何牽引了背後的強大慾望導向，也更能夠思索台灣三〇年代的現代主義文學所企圖逃離的召喚是什麼。探討二十世紀初期上海的新感覺派與台灣的楊熾昌所發展出的變異文字策略，我們會發現，所謂與現實無涉的現代主義文學，實際上在文本中重重鑲嵌了當時的租界與殖民地的心理現實，或是寫實之外的意識層次。

註釋

①陳明台所用「跨越語言的一代」一詞，最初是由林亨泰在六〇年代提出，是指接受日文教育、以日文創作，而光復後必須改以中文創作的作家（〈跨越語言一代的詩人們——從「銀鈴會」談起〉，頁七九）。一九九七年五月，陳明台在彰化師範大學舉辦的現代詩學會議發表此文；本人於同年幾乎同時亦在韓國漢城的《東亞細亞比較文學國際學術大會」，發表〈台灣現代運動中超現實脈絡的日本淵源：談林亨泰的知性美學與歷史批判〉一文，該文指出因文風晦澀而備受批評的林亨泰，其實因受日本主知美學之影響，而在其前衛詩中具有清楚的歷史批判精神。

②呂興昌在〈林亨泰四〇年代新詩研究——跨越語言一代的詩人研究之二〉一文中，指出林亨泰「戰後的四〇年代後期，因參加『銀鈴會』而開始公開發表詩作，繼承了台灣新文學自賴和以降，如楊逵等人所特別正視的現實批判之文學傳統」（頁二七三）；朱實在一九九五年爲了「台灣詩史『銀鈴會』專題研討會」而撰寫的〈潮流澎湃銀鈴響——銀鈴會的誕生及其歷史意義〉一文中亦附和林亨泰所言，強調「銀鈴會」承繼「戰前『反帝反封建』的台灣文學傳統」（頁一九）。

③在與一九三六年發表的〈土人的嘴唇〉同名但發表日期不詳的文章〈土人的嘴唇〉中，楊熾昌列出現代詩最佳的特質：「詩持有的一種表現就是感性的纖細和迫力，聯想的飛躍成爲思考的

音樂，而該擁有燃燒了文化傳統的技法的巧妙性。」（《水蔭萍作品集》，頁一四二）楊熾昌曾以同樣文字描述日本女詩人中村千尾的詩集《薔薇夫人》與考克多（〈洋燈的思維〉，頁一四—二四）。

④此作品集中收錄了《燃燒的臉頰》、《紙魚》、《風車詩誌》第三輯中的作品以及散刊於《台南新報》、《文藝汎論》、《媽祖》、《台灣日日新報》、《華麗島詩刊》等報紙的詩作、小說與評論，雖仍有大量戰後作品未得收錄，但已經可以看出楊熾昌的現代詩人輪廓。

⑤言曦的〈辨去從——新詩閒話之四〉、唐文標的〈詩的沒落——台港新詩的歷史批判〉、陳鼓應的〈評余光中的頹廢意識與色情主義〉與〈評余光中的流亡心態〉，以及尉天驄的〈對現代主義的考察——幔幕掩飾不了污垢：兼評歐陽子的《秋葉》〉與〈對個人主義的考察——站在什麼立場說什麼話：兼評王文興的《家變》〉，可作為此類文字之代表。相關討論可參見蕭蕭的〈五〇年代新詩論戰述評〉、李瑞騰的〈六十年代台灣現代詩評略述〉、李歐梵的〈中國現代文學的現代主義——文學史的研究兼比較〉。重新檢討台灣五、六〇年代現代主義中超現實運動的討論，則可參見奚密的〈邊緣，前衛，超現實：對台灣五、六十年代現代主義的反思〉一文。

⑥可參考趙知悌（尉天驄）編《現代文學的考察》以及《鄉土文學討論集》。

⑦對於台灣七〇年代以鄉土文學為由引發論戰的討論，可參考李豐楙的〈民國六十年（一九七一）前後新詩社的興起及其意義——兼論相關的一些現代詩評論〉、向陽的〈七〇年代現代詩風潮試論〉。

⑧布荷東的三次超現實主義宣言，對於超現實現象的研究其實有相當嚴重的誤導作用，布荷東幾

次宣稱超現實主義陣營的左派立場，並宣判立場不同的詩人與藝術家不屬於其陣營。達利(Dali)、布紐爾(Buñuel)、馬格利特(Margritte)、米羅(Miro)、德爾沃(Delvaux)的非左翼社會主義立場是衆所周知的，更不用說其他女性超現實主義藝術家如薩姬(Kay Sage)、卡靈頓(Carrington)、芬妮(Fini)等，而這些超現實主義藝術家的社會批判與激進革命意圖在作品中都清楚可見。

⑨可以參考亞單(Peter Adam)在《第三帝國藝術》(*Art of the Third Reich*)的討論，卡洛塞莉(Susan Caroselli)編的《退化藝術：德國納粹政權下前衛藝術的命運》(*"Degenerate Art": The Fate of the Avant-Garde in Nazi Germany*) 亦可做參考。

⑩本人於一九九九年七月到十二月之間，透過「中央研究院獎勵國內學人短期來院訪問研究」之獎勵辦法，在中研院文哲所進行研究，完成〈三十年代中國文化論述中的法西斯妄想以及壓抑：從幾個文本徵狀談起〉之論文，便在討論此「爲何」的問題。此文發表於《中國文哲研究集刊》，二〇〇〇年三月。

⑪有關現代主義中「前衛」的雙向矛盾，可以參考卡里內斯古(Calinescu)在《現代性之五種面向》(*Five Faces of Modernity*)中"The Idea of the Avant-garde"(95-148)一文的討論。

⑫一般學者將中國三〇年代文學界定爲一九二八年到一九三七年。然而，我認爲一九三一年是個重要的轉折，李何林在《近二十年中國文藝思潮論》中，也將一九三一年到一九三七年（從九一八到八一三）納入第三編，是共產階級文藝思想發展的時代。這期間，從「文藝創作自由問題」、「語文改革運動」、「救國統一戰線」、「國防文學」等議題標示出了左翼文藝路線的主導勢力。王德威在〈文學的上海——一九三一〉一文中，亦敏感的以上海爲例，指出一九三一此

年份的關鍵轉折：「五四以來的新文學運動，多以北方爲根據地，十年以後，重心則由北而南。此時的舞台不是別處，正是號稱『國中之國』的上海。……來年一月二十八日淞滬戰爭爆發，上海出版業龍頭商務印書館炸毀，《小說月報》停刊，《現代》創刊，『京派』與『海派』、『第三種人』的論爭蓄勢待發……。三〇年代文學的連台好戲，正要上場。」（頁二六九、二七八）

⑬嚴家炎於一九八五年結集出版的《新感覺派小說選》是較早的選集，此書的〈前言〉提供了對於中國新感覺派相當完整的溯源。後來許多現代主義文學史也先後出現，例如趙凌河的《中國現代派文學引論》（一九九〇），嚴家炎的《中國現代主義小說流派》（一九九五），唐正序、陳厚誠主編的《二十世紀中國文學與西方現代主義思潮》（一九九二），譚楚良、羅田、王國棟合編的《中國現代主義文學》（一九九二），劉長鼎、陳秀華合編的《中國現代文學運動史料編年》（一九九三）。除此之外，一九七八年以後陸續復刊或是創刊的文學評論刊物，例如《中國現代文學研究叢刊》、《文學評論》、《文藝理論研究》等，也都出現大量研究現代派文學的文章。

⑭對於中國文學與現代性的討論，可參考李歐梵、王德威、周蕾、奚密、張誦聖、劉禾等學者的論著。

⑮可參考德勒茲在《卡夫卡》與《反伊底帕斯》二書中的討論（*Kafka*, 10; *Anti-Oedipus*, 342-367）。

⑯有關現代中國文學中這種浪漫個人主義，可以參考李歐梵在〈現代中國文學中的浪漫個人主義〉所言：「個人因此充滿熾熱的決心，為這個目標而奮鬥，為與歷史與人民合而為一而努力。」（頁九二）

⑰可參考李何林在《近二十年中國文藝思潮論》一書中所收錄的資料。

⑱嚴家炎指出，中國新感覺派小說受到日本的影響而展開，可以從一九二八年九月劉吶鷗創辦的《無軌列車》開始算起。《無軌列車》共出八期，撰稿人包括劉吶鷗、戴望舒、徐霞村、施蟄存、杜衡、林徽音等。《無軌列車》被國民黨封閉後，劉吶鷗、施蟄存、徐霞村與戴望舒又於一九二九年創辦了《新文藝》，一九三〇年初夏又被國民黨停刊。一九三二年，《現代》雜誌創刊，正式集結現代派作家。《現代》出刊兩年，之後其餘刊物陸續跟進。一九三二年水沫書店被一二八戰火焚毀之後，劉吶鷗便離開上海轉往日本。一九三七年蘆溝橋事變爆發，抗日戰爭開始；一九三八年日本在上海成立僞政府，建立上海特別市政府，與英、法租界共同形成「孤島」。一九三九年，劉吶鷗回到上海，該年秋天被暗殺。穆時英亦於一九四〇年被暗殺。

⑲劉吶鷗指出當時國產片最大的問題就是內容偏重主義與教條：國產片「現在一走便上了這可喜（？）的有內容的正路了。這或者是一部分批評家——尤其是帶有一點馬化風味的——賞賜。可是在技巧未完熟之前的內容過多症卻是極其危險的。……並非藝術即是功效……別把藝術拿做『問題』或是『議論』這種易卜生時代的不時髦的工具。」（《現代電影》一卷三期，一九三三年；收錄於《中國電影理論文選 1920-1989》上册，頁二五九、二六一）黃嘉謨也提出「電影是給眼睛吃的冰淇淋，是給心靈坐的沙發椅。……然而我們的製片家卻要自作聰明，硬要在銀幕上鬧意識，使軟片上充滿著乾燥而生硬的說教的使命。」（〈硬性影片與軟性影片〉，《現代電影》一卷六期，一九三三年；收錄於《中國電影理論文選 1920-1989》上册，頁二六六—七）唐納的〈清算軟性電影論〉是左翼影壇對軟性電影論抨擊的代表：「軟性論者在帝國主義瓜分中國，半

殖民的中國經濟破產政治動亂的局勢中，對於他們的悠閒的現實生活感到了欣欣向榮，對於他們的寧靜的人生感到了豐美，不妨對於中國電影要求著趣味，要求著催眠藥。」唐納認爲這種「軟綿綿的糖衣下」的「毒素」是不容忽視的。（《晨報》一九三四年六月十五—二十七日；收錄於《中國電影理論文選 1920-1989》上册，頁二七三、二七六）

⑳三○年代新感覺派作家便在此政治局勢之中尋求文字的出路，尤其是劉吶鷗與穆時英的實驗性風格更爲明顯。論者多半指出中國新感覺派作品最爲顯著的特色，是這些作家傾向於精神分析的人性剖析、交感式的感覺描寫，如同電影剪接的蒙太奇手法，以及都市生活的節奏與病態，甚至直指新感覺派是「中國現代都市文學開拓者中重要的一支」。

㉑蘇雪林曾於一九四八年指出「穆時英……是都市文學的先驅作家，在這一點上他可以和保爾・穆杭、辛克萊・路易士以及日本作家橫光利一、崛口大學相比」，見《二、三十年代作家印象》，北京懷仁學會出版。《新文藝》二卷一號介紹劉吶鷗《都市風景線》一文亦指出：「劉吶鷗先生是一位敏感的都市人，操著他的特殊的手腕，他把這飛機、電影、Jazz、摩天樓、色情、長型汽車的高速度大量生產的現代生活，下著銳利的解剖刀。在他的作品中，我們顯然地看出了這不健全的、糜爛的、罪惡的資產階級的生活的剪影和那即將要抬起頭來的力量的暗示。」（引自嚴家炎，頁一七）

㉒劉吶鷗是台灣台南人，中學時代離家赴日本求學，後來進入上海復旦大學法文系，與戴望舒等人同班。有關劉吶鷗的複雜身世，可參考彭小妍的〈浪蕩天涯：劉吶鷗一九二七年日記〉。

㉓金絲燕曾經指出，現代主義文學在二、三○年代萌芽後中斷，要等到七○年代末期的朦朧詩派

才復甦。

㉔賴希(Reich)在〈作爲一種物質力量的意識形態〉一章中討論「歷史的主觀因素」以及能動力的基礎，曾經反覆質問：「爲什麼人允許自己被剝削，在道德上被凌辱，一句話，爲什麼人幾千年來都屈服於奴役？」賴希最有意思的論點，是他指出：種族意識形態中具有虐待變態性格，也在其對於宗教的態度中顯露出來。也就是說，一般人或許會認爲法西斯主義者對於宗教具有敵意。其實，法西斯主義正是宗教神祕主義的極致表現。法西斯主義證明宗教是性泛轉的表達，而法西斯主義將古老父系宗教要求受難的被虐性格轉化爲虐待式的宗教，由「另一世界」的受難哲學轉移到「這個世界」的虐待式謀殺。(xv)

6 變異之惡的必要
楊熾昌的「異常爲」書寫

討論中國三〇年代的文學場域如何「以有機之整體化工程」，組織、導引與規範慾望的投注與壓抑之後，我要將討論的重點轉移到台灣三〇年代文學場域中的整體化工程，此工程之下的妄想秩序以及對照之下楊熾昌的「異常爲」書寫所呈現的「本土意義」。

台灣三〇年代文學場域的整體化工程與妄想秩序

我們已經注意到，中國三〇年代的文學場域呈現高度組織化，與依附國家論述象徵系統的伊底帕斯症候群。反觀台灣，在日本軍事企圖日益明顯之際，三〇年代的台灣文學場域亦面對同樣的組織化壓力。如同中國現代主義文學在文學史中的「脆弱」地位，台灣現代主義文學歷經三○年代、七○年代與九○年代鄉土文學論戰以及本土化運動，亦是短暫而脆弱的。①周毅曾經指出，中國新文學進入了三○年代，「跳過了作為先鋒力量的個體意志，進入了歷史的『合理性』發展」，而穆時英作品中的「頹廢」則是對歷史「合理進化」的懷疑（頁一四三）。本文雖同意此說法，卻要進一步指出，不只是「頹廢」，而更因為「變態」，現代主義作家才得以逃逸於組織化的運作。

楊熾昌的詩與小說被當時鹽分地帶寫實主義陣營批評為「耽美」、「頹廢美」、「醜惡之美」、「殘酷之美」、「惡魔的作品」（楊熾昌，〈殘燭的火焰〉，頁二四○－二二）。②楊熾昌之所以不見容於當時的文壇，是因為當時台灣文學場域正發起第二波的新文學運動。新文學運動陣營激烈反對作家在形式上的遊戲：「盲目的發洩一些藝術的製作慾，而始終於身邊雜記，甚至墮落於挑情的，感傷的、遊戲的、低調的文學行動」（《先發部隊》一九三四年卷頭言）。楊熾昌的寫作，正是新文學陣營批判的這種「挑情的，感傷的、遊戲的、低調的」，甚至變態的負面創作。因此，我們看到同樣是三○年代的台灣文化場域，楊熾昌所代表的現代主義文學所面對的，也是因政治局勢與組織化運作，而導引台灣作家的欲力一致投向於以民族主義為關注的新文學運動。③如同施淑所指出，三○年代的台灣文學運動所朝向的是「本格化」（眞正的，正式的）的發展，先後以《伍人報》、《明日》、《洪水》、《赤道》、《先發部隊》、《南音》、

《台灣文藝》、《台灣新文學》、《福爾摩沙》等社會主義立場明顯的刊物爲發言機關，強調大衆、鄉土以及反殖民立場。④

根據《先發部隊》的文字，新文學運動的「再出發」正是由於台灣新文學的發展行程「碰壁」了。第二波台灣新文學便是一九三二年成立於台北的台灣文藝協會所推動的。台灣文藝協會於一九三二年發行《先發部隊》，第一期的主題是「台灣新文學出路的探討」。《先發部隊》在一九三四年七月十五日發表的宣言，更是清楚呈現前衛與先鋒(the Avant-Garde)的軍事性格以及其組織化的企圖：「從散漫而集約，由自然發生期的行動而之本格的（正式的）建設的一步前進，必是自然演進的行程。」（收錄於《日據下台灣新文學明集5：文獻資料選集》，頁一四一）一九三四年《先發部隊》宣言中指出，先發部隊的出發與約束新的發展，原因是「台灣新文學所碰壁以教給我們轉向的示唆」（《日據下台灣新文學明集5：文獻資料選集》，頁一四一）；同期的卷頭言也明指，他們所不滿的，是例如《南音》與《曉鐘》等「後退於自己完成期」，流於「人工的、遊戲的，而多消失了文學其物的情熱」；這些著重於形式實驗的作品「盲目的發洩一些藝術的製作慾，而始終於身邊雜記，甚至墮落於挑情的，感傷的、遊戲的、低調的文學行動」，正是「台灣新文學的自掘墓穴」（《日據下台灣新文學明集5：文獻資料選集》，頁一五〇—一）。

我們可以清楚看到，當台灣新文學發展到了文字與形式較爲成熟的階段，立即面臨內部的自我檢討與約束。張深切於一九三五年在《台灣文藝》發表的〈對台灣新文學路線的一提案〉，提醒作家不要流於「偏袒的、機械的、觀念的、狹義的」階級道德主義，以免文學「陷於千篇一律」的格式，成爲「制服的藝術家」，也是因爲當時台灣新文學作家普遍受到日本普羅文學影響，而過分強調階級的道德主義所致（《日據下台灣新文學明集5：文獻資料選集》，頁一八三）。

由此可見，建設新世界的進步態度以及擁抱廣大民衆的階級意識，已經成爲當時台灣新文學創作的衡量標準。這種發展，自然有其歷史脈絡。台灣新文學的崛起，從最初便經五四運動的啓發而包含改造台灣社會、啓發民智、追上中國或是世界文壇的步調等等目的。一九二〇年在東京發行《台灣青年》的創刊號的卷頭辭，強調要藉此刊物喚醒台灣的青年，面對世界各地的文化運動：「國際聯盟」、「民族自決」、「男女同權」、「勞資協調」等等（收錄於《日據下台灣新文學明集5：文獻資料選集》，頁一—二）。⑤推動台灣新文學最力的早期健將張我軍也在一九二四年前後連續幾篇文章中，反覆提醒台灣青年應抱持「改造社會的念頭」（〈致台灣青年的一封信〉，收錄於《日據下台灣新文學明集5：文獻資料選集》，頁五七）；提醒台灣文學界人士世界文學的現代化與一致化，而台灣的文學不能持續「打鼾酣睡」而「永被棄於世界的文壇之外」

（〈糟糕的台灣文學界〉，收錄於《日據下台灣新文學明集5：文獻資料選集》，頁六四）。

一九二〇年《台灣青年》創刊號的卷頭辭寫道：爲了台灣「文化的落伍」，必須要有「自新自強」的志氣。因此，「我敬愛的青年同胞！一同起來，一同進行罷！」（《日據下台灣新文學明集5：文獻資料選集》，頁一—二）致力於台灣新文學運動的張我軍於一九二四年致台灣青年的信中，也寫道：「要坐而待斃，不若死於改造運動的戰場……出來奮鬥，不斷地勇進，才有達到目的的一日！」（《日據下台灣新文學明集5：文獻資料選集》，頁五六）同樣的，一九三四年《先發部隊》的幾首序詩，也流露出強大的戰鬥意志與建設的決心：

出發了，先發部隊！
在這樣緊張與光明的雰圍裡出發了。
沖天的意氣，
不撓的精神，
一貫的步驟，
前進！

前進！

……

為躍進而躍進的先發部隊，

為開發新世界而蹶起的先發部隊，越發的血肉奔騰，而等待著大家的後隊

出動了。

莫遲疑，

別徬徨，

來！

趕快齊集於同一戰線，

把海洋凝固，

把大山遷移，

動起手來！

直待！

實現我們待望的新世界。（《文獻資料選集》，頁一四六—七）

我們清楚看到，文字背後浮現策動此強大慾望的機關，以及此邁進不容任何遲疑停頓的

嚴厲。對於新世界的渴求有效地組織了眾人的強大慾望，鞏固團結的意志，甚至以身體血肉的奔騰，驅動前進的動力，朝向新世界而邁進。集體慾望透過身體的歇斯底里症狀，以肉身化的「血肉奔騰」，呈顯個人對於「新世界」與「新秩序」的妄想式的服膺。

楊熾昌的現代主義與新精神

在這種集體妄想式的驅力之下，能夠產生什麼樣的文學呢？上海三〇年代所處的「半殖民」文化場域，與台灣所處的殖民文化場域，是相似卻截然不同的。上海的「半殖民」多元文化場域雖然不同陣營之論戰處處交鋒，卻沒有強制的沈默。反觀台灣三〇年代的文壇，同樣在三〇年代日本攻佔東三省而牽連台灣局勢緊張的政治情勢，以及隨之而起強烈的台灣人民族自覺意識之下，有雙重的檢查制度，以及雙重的沈默壓力。楊熾昌於一九三三年創立了台灣第一個現代主義文學的詩社「風車詩社」，也開展了中國與台灣早期現代文學中罕見的壓抑與沈默之下血腥與虐待狂式的美感衝動。這種壓抑之下流露的暴力美感與隱藏的恐懼，要在五、六〇年代台灣現代主義文學、八〇年代大陸新時期文學，或是台灣後現代暴力書寫中，才見到相似的文本痕跡。

楊熾昌一九〇八年出生於台南州。一九三〇年到一九三一年間在東京大學文化學院攻讀日本文學，並於一九三一年出版具有超現實風格的日文詩集《熱帶魚》。一九三三年，楊熾昌在台南集合李張瑞、林永修、張良典等七人組成「風車詩社」，推動超現實主義詩風。楊熾昌之所以創立非寫實主義路線的「風車詩社」，據他所言，就是因爲「台灣詩壇已經走投無路」，而要爲台灣詩壇「吹送一種新的風氣」。⑥楊熾昌連續發表一系列的前衛詩論，討論「新精神」(esprit nouveau)，「介紹世界詩壇的新的動向以及現代詩的革新之道」，⑦造成台灣文壇「甚大的震撼力」，而使得他自己「一時之間，似乎成爲衆矢之的」(楊熾昌，〈回溯〉，頁二二五—六)。一九三三年到一九三八年間，楊熾昌主要發表的作品包括詩作、小說、文學評論以及介紹日本現代文學、世界現代文學，展開了台灣第一波現代主義文學。⑧

楊熾昌雖然以日文創作，但是他的文字中充滿台灣的風土色彩與自覺：例如〈海島詩集〉(一九三四)中的「椰子國」、「古老的森林」、「划獨木舟的島民嚼著檳榔」、「海峽的潮流」的南國景象；〈毀壞的城市〉(一九三六)所描寫的沈睡中的台南古城；〈福爾摩沙島影〉(一九三三)中所呈現的台灣島上女人的處境。此外，他的詩論也一再凸顯台灣的南國特性：「我們產生的文學是香蕉的色彩，水牛的音樂，也是番女的戀歌。……福爾摩沙南方熱帶的色彩和風不斷地給我蒼白之額、眼球、嘴唇以熱氣。」

（〈燃燒的頭髮〉，頁一二七—八）「我聽見檳榔子之中有音樂。從燃燒的頭髮，詩人對著藍天出神而聽見詩的音樂。」（〈檳榔子的音樂〉，頁一二三）。因此，若要將他排除於台灣文學之外，是不可思議的。

楊熾昌自稱「詩人走在懷疑和不服之中……用功到死的瞬間」（〈土人的嘴唇〉，頁一三八），而他的現代主義性格與至死方休的「懷疑和不服」就在他對於台灣新文學運動中寫實陣營的批評，尤其他是與所謂「台灣新文學」的台灣鹽分地帶寫實主義之主流詩人的對立。他直接質疑：「《台灣新文學》雜誌上出現的作品有值得上這個新文學的存在嗎？」他認爲在三〇年代的台灣，「新文學這個詞是不能使用的」，因爲一九三五年脫離台灣文藝聯盟而另外成立「台灣新文學社」的楊逵，以及其出版的《台灣新文學》，「思考毫無新意」，完全沒有企圖破壞「直到現在的通俗性思考」，沒有「創造修正它的思考」，反而都是「陳腐的」、「無聊的、迎合的討人厭之味」的作品（〈土人的嘴唇〉，頁一三六—七）。他清楚指出「新文學運動」陣營以寫實主義、反帝以及階級對抗爲標榜的「殖民地文學」，其實是一種形式的「制服化」思考。他並指楊逵等人是「意氣用事之徒」，「文人相輕」，因爲「無法容納他人批評」，才離開「台灣文學」（〈回溯〉，頁二二三）。《台灣新文學》除楊逵外，編輯委員尚包括賴和、楊守愚、吳新榮、郭水潭、王登山、賴明弘、賴慶、葉榮鐘等，主要採現實主義原則，有濃厚的左翼社會主義傾向。對於這些主流作家，楊熾昌直言，他們的問題便是迎合時人的口味與意識形態，以致思考毫無新意。

他反對「新文學運動」的另一理由則是他反對台灣新文學社建設「所謂殖民地文學」的運動目的。楊熾昌清楚知道在台灣以寫實主義「建設殖民地文學」是有問題的，而殖民地文學中的政治立場則更是不可企求的「嚴重的大問題」（〈台灣的文學喲，要拋棄政治的立場〉，頁一一八）。「殖民地文學」是楊逵離開台灣文藝聯盟，另組台灣新文學社的基本立場。楊逵一生投入工農運動，反對議會運動，一九二七年文化協會的分裂，亦是基於此立場的對立。觀楊逵主要作品，莫不都是強調資產階級對於無產階級的剝削，主張同時採取工農運動以及殖民地的民族運動。⑨楊熾昌卻認爲台灣的文學要「拋棄政治的立場」。他質問堅持必須宣布明確政治立場的人是否要和「實生活訣別」，或者要持續「再分裂和被迫清算和調整」（〈台灣的文學喲，要拋棄政治的立場〉，頁一一八）？至於當時《台灣新文學》所謂的立場，楊熾昌認爲只是「在那種模稜兩可之中，讓人信以爲是政治的，其實卻不是政治的，也不是什麼的立場」，他甚至進一步責問：「如你以爲《新文學》有立場，河崎君，你就看《新文學》三月號吧。如說有立場，其立場就是再分裂和被迫清算和調整的立場。」（〈台灣的文學喲，要拋棄政治的立場〉，頁一一八）事後回溯，楊熾昌也指出，「以文字來正面表達抗日情緒，雖是民族意識的發揚，可是在日帝『治安維持法』，新聞紙法，言論、出版、集會，結社等臨時取締法，不穩文書臨時取締法等等十餘法令之拘束下……假設要在不牴觸法令下從事寫實主義的作品，便成爲一種不著邊際的產品，與現實的生活意識相去甚遠」，而成爲「樣板作品」(〈回溯〉，頁二二四—七)。

楊熾昌在一九三六年〈新精神和詩精神〉一文中，便曾舉日本有關白樺派的論爭爲例，指出社會寫實主義或是自然主義者的藝術表現「停滯在強烈的主觀表現而缺乏表現技巧」，在文學史上是有其極限的（頁一六七—八）。在該文中，楊熾昌介紹西方現代主義運動自未來派宣言、達達主義、超現實主義、新即物主義等在日本引起的現代主義運動與現代詩運動，以說明他所期待的「新精神」與「詩精神」。從此文可以看出楊熾昌深受西歐以及日本現代主義運動與超現實主義的影響，尤其是法國的阿波里奈爾(Guillaume Apollinaire)、考克多(Jean Cocteau)，與日本的春山行夫與西脇順三郎更是受到楊熾昌的熱愛。⑩

楊熾昌非常推崇春山行夫與西脇順三郎在《詩與詩論》中所發展的詩論，以及他們所介紹的西歐文學，他認爲人們如果要接受新的文學，必須要「把至今成爲先入爲主觀念在萌芽的東西收起來」，並參考西脇順三郎撰寫《歐洲文學》與春山行夫撰寫《喬伊斯中心的文學運動》之例，學習這兩位作者除了使用「歐洲精神」之外，並且「離開日本人的立場」，才有可能理解並尊重外國文學的「獨創性」(〈《喬伊斯中心的文學運動》讀後〉，頁一五五)。使用「歐洲精神」與「離開日本人的立場」是離開固定身分政治的一個前提，唯有解開寫實身分，才有可能在文學傳統之中突破，而開啓此文化的新精神。

有關詩的「新精神」以及詩與寫實之間的差異，楊熾昌在他的詩論中反覆討論。在他介紹日本自由詩革命者百田宗治《自由詩之後》一文中，楊熾昌便藉由法國梵樂希(Paul Valéry)的理論說明近代詩的「精神的新秩序」：

> 從文學上除去一切種類的偶像和現實的幻影，並將「真實」的語言與「創造」的語言之間可能產生的疑義等除掉的就是詩(梵樂希)。……詩是從現實分離得越遠，越能獲得其純粹的位置的一種形式(百田宗治，〈詩作法〉；引自楊熾昌，〈詩的化妝法〉，頁一九〇—一)

楊熾昌強調詩必須與現實分離得越遠，越能得其純粹的形式，這便是春山行夫、西脇順三郎、安西冬衛、北川冬彥、北園克衛、村野四郎等現代主義詩人在《詩與詩論》展開的新詩精神運動所強調的，也是楊熾昌以超現實主義爲基礎創立的「風車詩社」的基本態度。

楊熾昌的詩論在在呈現他認爲現實必須經過處理才能夠成爲詩的堅持：「一個對象不能就那樣成爲詩，這就像青豆就是青豆」（〈燃燒的頭髮——爲了詩的祭典〉，頁一三八—九）。而對於超現實主義與寫實主義的差異，他指出：寫實主義的作品立足於現實，「落入作者的告白文學的樸素性的浪漫主義」，是由於「作品和現實混雜在一起」的緣故，而此類作品的「火焰」極爲「劣勢」；至於超現實主義的文學，例如考克多與拉吉訶(Raymond Radiguet)等的作品，「從現實完全被切開的」，而使我們「在超現實中透視現實，捕住比現實還要現實的東西」（頁一三〇）。

「燃燒的頭髮」一詞，便可以說明楊熾昌之超現實主義與現代主義性的核心精神。在〈檳榔子的音樂〉一文中，他寫道：「我非常喜歡在燃燒的頭腦中，跑向詩的祭禮，摸索野蠻人似的嗅覺和感覺。在詩的這一範疇裡會召喚危險的暴風雨這件事，也是作爲詩人血淋淋的喜悅。……從燃燒的頭髮，詩人對著藍天出神而聽見詩的音樂。」（頁一二二—三）。而在〈燃燒的頭髮——爲了詩的祭典〉一文中，他繼續發展：

> 牧童的笑和蕃女的情慾會使詩的世界快樂的。原野的火災也會成為詩人的火災。新鮮的文學祭典總是年輕的頭髮的火災。新的思考也是精神的波西米亞

式的放浪。我們把在現實的傾斜上摩擦的極光叫做詩。（頁一二七—八）

透過「燃燒的頭髮」，楊熾昌將原始的感覺、波西米亞式的放浪、透明的思考與詩的世界銜接：「我思索透明的思考，……文字的意義上變得不透明。……這種思考的世界就在『燃燒的頭髮』中，這個思考的世界終於成爲文學的。文學作品只是要創造頭腦中思考的世界而已。」（頁一二八）

楊熾昌燃燒式的思考與跳躍的意象在他的詩作中俯拾即是：例如寫於一九三六年的〈毀壞的城市——Tainan Qui Dort〉：

祭祀的樂器
衆星的素描加上花之舞的歌
灰色腦漿夢著癡呆國度的空地
濡溼於彩虹般的光脈
……

或是一九三四年的〈demi rever〉：

黎明從強烈的暴風雪吸取七月的天光
音樂和繪畫和詩的潮音有天使的跫音

音樂裡的我的理想是畢卡索的吉他之音樂

黃昏和貝殼的夕暮
畢卡索，十字架的畫家。肉體的思維。肉體的夢想
肉體的芭蕾舞

頹廢的白色液體
第三回的煙斗之後升起的思念 進入一個黑手套裡——
西北風敲打窗户
從煙斗洩露的戀走向海邊去

2

留在蒼白額上的夢的花粉。風的白色緞帶
孤獨的空氣不穩
陽光掉落的夢
在枯木天使的音樂裡，綠色意象開始飄浪。鳥類。魚介。獸。樹、水、砂
也成雨。……

〈毀壞的城市〉中的驚駭與吶喊會令人想起孟克的畫，而台南的古城的沈睡與癡呆，亦如孟克畫中的封閉世界。〈demi rever〉中流動跳躍的意象更令人想起克利（Paul Klee）或是米羅畫中飛揚的物體。具體呈現飛舞的意念。楊熾昌詩作中的意象便是「肉體的思維。肉體的夢想／肉體的芭蕾舞」！

楊熾昌曾以「感性的纖細和迫力」、「聯想的飛躍」、「思考的音樂」、「燃燒了文化傳統的技法」、「意識的構成」幾個辭彙呈現他對考克多、中村千尾的稱讚；於一九八七年間與中村義一的通信，楊熾昌亦以類似的文字描述自己三〇年代的詩作與詩論：「我所主張的聯想飛躍、意識的構圖、思考的音樂性、技法巧妙的運用和微細的迫

力性等，對當時的我來說，追求藝術的意欲非常激烈，認爲超現實是詩飛翔的異彩花苑。」（中村義一，〈台灣的超現實主義〉，頁二九二）。從以上列舉幾首詩例來看，楊熾昌的詩作的確具有除了上述超現實詩風的特質；除此之外，我們也看到他的詩作還兼有他用以描繪日本超現實畫家福井敬一的畫的特質——「鬼氣逼人」、「淒厲之氣」與「戰慄」（〈洋燈的思維〉，頁一六一）。楊熾昌指出福井敬一的特殊技巧是一種Nagative 的處理，「能表現出意識的背部」以及「魔性之美」（〈紙魚後記〉，頁二五一—二）。楊熾昌於一九三三年請福井敬一替他的處女詩集《熱帶魚》作揷畫，一九八五年又請他替《紙魚》作揷畫，可見楊熾昌對福井敬一的畫的高度評價，以及他的詩風與福井敬一畫風的相近之處。

殖民處境的負面書寫：平靜愉悅麻木之下的屍骸、腐敗與血腥

從楊熾昌的詩與小說中，我們看到，對於楊熾昌而言，殖民處境其實是不能迴避的，但是，現實卻是不能正面注視、正面描寫的。因此，楊熾昌不直接寫被殖民者的政治抗拒，而以負面書寫來寫其「創傷經驗」，並以文字來實踐其抗拒。他不能也不願意如同《先發部隊》所號召而朝向衆人一致的目標邁進。他只能「散步」，像是一個懶散

的「浪遊者」（flâneur），甚至是閉上眼睛散步。〈日曜日式的散步者〉一詩似乎是他的詩學自白。他會爲了「看靜物」而「閉上眼睛」，讓風景隨著「破碎的記憶」如夢一般展現。散步在夢中的風景，他看到：

愉快的人呵呵笑著煞像愉快似的
他們在哄笑所造成的虹形空間裡拖著罪惡經過
……
不會畫畫的我走著，聆聽空間的聲音……
我把我的耳朵貼上去
我在我身體內聽著像什麼惡魔似的東西
……〈日曜日式的散步者〉，一九三三）

這個體內的「惡魔」，讓他在、「灰色腦漿」、「痴呆國度」、「愉快的人」與「哄笑」的輕鬆之中看到「罪惡」，看到「兇惡的幻象」。

擊破被密封的我的窗户

侵入的灰色的摩菲斯特
哄笑的節奏在我的頭腦裡塗抹音符
……
墜落下來的可怕的夜的氣息
被忽視的殖民地的天空下暴風雪何時會起……
是消失於冷笑中兇惡的幻象……〈幻影〉，一九三三）

在日常生活的進行中，詩人所看到的，是「殖民地的天空下」隨時會起的暴風雪與兇惡幻象，是眾人不自覺而愉快地犯下的罪惡，是「灰色腦漿夢著痴呆國度的空地」（〈毀壞的城市〉，一九三六）。行走在台南市的街道中，詩人會在「鐘聲青色的音波」、「清脆發紫的音波」與「無蓬的卡車的爆音」不同聲響中，看到「賣春婦因寒冷死去」（〈青白色鐘樓〉，一九三三）。在後期〈自畫像〉（一九七九）中，詩人也以「毀壞」、「風化的城市」、「和平的早晨」、「幽冥世界」、「生命的閃爍」來描寫台南市，而詩人自己則被「埋身破爛裡」。

我們很清楚的看到，楊熾昌對於「新」文學或是「新精神」的理解，是深受日本超現實詩人與詩學理論家西脇順三郎在《詩學》中所討論的「新的關係」的影響。無論是馬拉美所謂的「謎」(enigma)，或是布荷東(André Breton)所說的「驚愕之美」(beauty of wonder)，或是西脇順三郎所說的「腦髓中合理的中樞遭到掠奪」的興奮(《詩學》，頁七)，都含有相反元素在詩中結合而產生的「新的關係」，足以向既定概念提出顛覆性的挑戰。楊熾昌的「新的關係」最明顯的呈現方式，自然是藉由不相關連的意象之非理性並置。在這些分子化而斷裂的意象並陳之間，我們看到理性的撤退，以及文本控制的鬆綁。他在〈demi rever〉一詩中便呈現出這種意識與理性的撤退狀態：

黎明從強烈的暴風雪吸取七月的天光
音樂和繪畫和詩的潮音有天使的跫音

音樂裡的我的理想是畢卡索的吉他之音樂

黃昏和貝殼的夕暮
畢卡索，十字架的畫家。肉體的思維。肉體的夢想
肉體的芭蕾舞
……

2

留在蒼白額上的夢的花粉。風的白色緞帶
孤獨的空氣不穩

陽光掉落的夢
在枯木天使的音樂裡，綠色意象開始飄浪。鳥類。魚介。獸。樹、水、
砂也成雨。……

這種以暴力而非理性的方式結合相異的經驗意識，在楊熾昌的詩中最常出現的方式，是腐敗與妖美結合。或者我們可以說，平靜愉悅與腐敗挫折的並置，美麗之下的凋萎與死亡，靜止生活之下的創傷，是楊熾昌詩中的基調，也是他所感受到的處境——身處殖民地的「台南市」。在寫沈睡中的台南市一詩〈毀壞的城市〉中，楊熾昌清楚地呈現這種創傷錯愕的心境：

為蒼白的驚駭
緋紅的嘴唇發出可怕的叫喊
風裝死而靜下來的清晨
我肉體上滿是血的創傷在發燒

因此，我們在楊熾昌的詩作中，時常看到死亡圖像的固執重現。而這種創傷之後的沈默，在一九三九年所寫的有關死亡的詩中，更爲明顯：

淫靡的薔薇花
有髮香的花之化石
有髮香的雪花石膏

燭台的窗裡看得見的
夜底祕密是
花、果實、寶石、爬蟲類……
啊飄落在死相上的甲蟲翅膀的聲音

敗北的風裡
屍骸舞踴的祭典正酣
……（〈月的死相——女碑銘第二章〉，一九三九）

當殖民地處境進入了不可抗拒的戰爭場景，我們更時常看到楊熾昌詩作中對於死亡的耽溺。於是，〈月的死相〉一詩凸顯死亡與生命無情地並置，甚至是死亡與妖美的並置：我們不僅看到沈寂安靜的死亡圖像，也看到墓園中「淫靡的薔薇花」；不僅看到石膏與化石，也聞到石膏化石中的髮香；不僅看到風中枝葉枯萎的屍骸飛舞，也看到死亡之中花、果實、寶石與爬蟲的生命跡象。

「蝴蝶」，這凝聚美麗與驚駭死亡對立效果的環節，便時常在楊熾昌詩中出現。早在一九三五年的〈靜脈與蝴蝶〉中，我們看到蝴蝶飛舞在以古老的方式自殺的少女屍體上：

夕暮中少女舉起浮著靜脈的手
療養院後的林子裡有古式縊死體

蝴蝶刺繡著青裳的褶襞在飛……

蝴蝶也飛舞在台南這敗北而毀壞的城市的夕陽之中，而衆人的生存銘刻在「敗北的地表」，只能如同沒有生命而空洞的貝殼，吹著口哨：

簽名在敗北的地表的人們
吹著口哨，空洞的貝殼
唱著古老的歷史、土地、住家和
樹木，都愛馨香的瞑想
秋蝶飛揚的夕暮喲！
對於唱船歌的芝姬〔私娼〕
故鄉的哀嘆是蒼白的（〈毀壞的城市——Tainan Qui Dort〉，一九三六）

一九三九年的蝴蝶也飄揚在自殺者的死亡意念中：

懼怖於自殺者的白眼而飄散的病葉的

音樂之中（〈蒼白的歌〉，一九三九）

同年發表的〈蝴蝶的思考〉（女碑銘第一章）一詩中，我們更看到蝴蝶飛舞在墓穴中桃燈晃動的陰影下，而蝴蝶的紫色觸角似乎已然探知死亡的祕密以及生的虛飾。

……
「桃燈」的陰翳裡展開紫色的觸角
蝴蝶發白地噴湧而上
祕密的夢

透過深邃的光層
探索故事的虛飾
匍匐的蝴蝶們

妖變之夜
是血彩的思考嗎

變成背叛季節的女人之碑文
像翅粉一樣數不盡——

身處殖民地，面對整體化的強制規範，面對表面化的平靜與愉悅，面對戰爭，卻無力改變，剩下的只有挫敗感，沈默與壓抑下的暴力與死亡腐敗的固執想像，以及這種固執想像之下所隱藏的恐懼。

因此，我們必須指出，在楊熾昌的作品中的「新的關係」，或是如同波哲與尼采所強調的語言體系的崩毀與字的獨立而開展的斷裂處，絕對不僅是「驚愕之美」的展現，而是一種「負面的意識」，是殖民處境的負面呈現。

楊熾昌指出為他作插畫的福井敬一的特殊技巧是一種負面處理。他自己也說，當他寫〈花粉與口唇〉這篇小說時，他所嘗試的是「對酒與女人心理潛在意識的一種試探，著重於心理的變化與唯美印象的結合」（〈回溯〉，頁二三六）。其實，從楊熾昌的作品來看，除了「意識的背部」與「心理的變化」之外，我們也發現他文字中發展出傾向殘酷、血腥、死亡、異常、魔性、妖美等字彙。在〈殘燭的火焰〉一文中，我們可以清楚看到楊熾昌如何談論「意識的背部」。

楊熾昌提及西元一九三七年發表的〈薔薇的皮膚〉一文時，他認為自己在描寫肺病患者所咳出的血流在女護士雪白的和服與皮膚上，呈現了「血腥中男女間的性的歡悅」：

我嘗試把男人自己所吐出的血流在女人身上，以自己的手指撫摸著，以及女人閉著眼睛把臉埋在男人的胸懷裡，像赤裸裸的皮膚上染滿血的怪獸一樣陶醉在愛的美。（〈殘燭的火焰〉，頁二四三）

這種「焦點對準女人的皮膚」的作品所流露的「奇異之戀」與「殘酷性」，是楊熾昌所說的追求男女之間愛的「妖異之光」，被人評爲「頹廢之美」與「惡魔的作品」的「現代人神經症的異常爲作品」（〈殘燭的火焰〉，頁二四一—二）。

從一九三三年〈青白色的鐘樓〉、〈毀壞的城市〉，到一九三七年大戰開始後寫的〈薔薇的皮膚〉，到一九三九年的〈月之死相〉，我們注意到，這種負面書寫從書寫殖民地無法抗拒的沈默、蒼白、灰色腦漿，逐漸轉變爲書寫殖民處境進入戰爭場域更爲無可逃遁的死亡、暴力與血腥的現實。

文化監禁場域下恐懼的發洩□

楊熾昌以抗拒「系統化」與「組織化」的「變異」姿態寫作，使台灣現代文學中首次呈現以「精神症的異常爲」以及殘酷醜惡之美爲元素的作品（〈殘燭的火焰〉，頁二四二）。

若不是他堅持以分子化的變異，拒絕進入新文學陣營的組織化機器，拒絕身分認同被固定化，他便不可能拓展出早期台灣文學中罕見的深入意識「異常爲」之境，也無法透過文字正視醜陋殘酷之美，而進入象徵系統的邊緣地帶。

楊熾昌指出，「清艷、餘情、枯淡、妖美」幾個理念所貫穿的軸線轉向「微暗、陰翳」，便會直接連上「醜惡的美」，而這種「微暗」的轉向是基於「殘酷的冷酷之眼」所造成（〈殘燭的火焰〉，頁二三九）。這種「冷酷之眼」是「體會到深有所感者」對待死亡與對待人生的觀看：「無情地暴露它，要直逼人性本質的冷酷無情」（〈殘燭的火焰〉，頁二四二）。

注視著流淌著鮮血的肌膚而感受到的快感，耽戀於死亡之中的腐敗與妖美，聆聽體內惡魔的訊息，都是以變異泛轉的方式，逃離伊底帕斯組織化的生命慾望。進入了伊底帕斯的組織化，便會隨著慾望的路徑，追求系統內的絕對標準與一致化的對象。性別身分、國族認同、黨派立場、抽象道德標準都成爲架構慾望的基礎。在此穩固的基礎之上，明確的「主體」隨之產生，朝向超我的認同機制也隨之產生。超我要求「我」拋棄所有原初母體的殘渣，如同將體內不潔之雜質嘔吐排除，以便完成淨化與系統化的運作。

楊熾昌筆下的負面的、否定的、惡魔式的殘酷快感與醜陋之美，在中國與台灣早期現代文學史中是個罕見的異端。而楊熾昌書寫的意義，便在於他以變異之姿，脫離單一化的新文學論述，而開展了新的意識層次與書寫層次。由此脈絡觀之，他作品中從一九三三年到一九三九年持續出現的「妓女」主題，例如〈園丁手册——海港的筆記〉（一九三五），則是側面地呈現了台灣的被殖民處境與「妓女」意識。

> 森林的巴克斯酒神載著年輕人的靈魂，油布床上奏著港色的輪巴，少女做著朱色的呼吸賣愛。年輕人求著桃紅的彩色於一杯酒裡。
>
> ……
>
> 旗後的山在暗黑中把女人吸起又吐出而叫著。渡海港的駁船上少女總是

> 以紅色長衫招著海港的春天。水手和色慾……酒色的冒險，以年輕人的熱情迎接了年輕人的體力……
>
> 貨船和女人使海港像波浪一樣浮動。她的愛就是貨船。她就是貨船的情人。海港們在夜的風貌中擴展觸手緊擁著時代的波濤。

在楊熾昌其他的詩作中，例如〈青白色的鐘樓〉（一九三三）、〈花粉和嘴唇〉（一九三四）、〈毀壞的城市〉（一九三六）、〈悲調的月夜——給霓虹之女T・T〉（一九三八）、〈薔薇〉（一九三九）、〈花海〉（一九三八）、〈不歸的夢〉（一九三九）等，妓女與性愛的主題頻繁地浮現於字裡行間。而他從一九三三年到一九三七年，戰爭逐步進入殘酷的眞實之境，楊熾昌的書寫也一步一步走入變異與血腥的美感之中。我們可以理解，一九三七年〈薔薇的皮膚〉中的血腥與虐待狂式的美感衝動，正是身處殖民地的台灣人面對強固而不可迴避的戰爭局勢時，唯一可以採取的變異文字策略。

楊熾昌以「肉體的思維。肉體的夢想／肉體的芭蕾舞」以及「燃燒的頭髮」將我們帶到符號的物質性以及精神的邊緣。從楊熾昌對於轉換文化身分、跳出民族立場的建議，以及要求詩必須遠離現實，詩必須是經過處理的現實，字義的不透明性，拓展意識底層的呈現，再加上他超現實風格的跳躍燃燒意象、鬼魅染血而妖美的氣氛，我們自然了解爲何他會一再被鹽分地帶寫實主義陣營批評爲「耽美」、「頹廢美」、「醜惡之美」、「殘酷之美」、「惡魔的作品」（楊熾昌，〈殘燭的火焰〉，頁二四〇—一）；我們也了解楊熾昌的現代主義詩論與「神經症的異常爲作品」（〈殘燭的火焰〉，頁二四二）與他對「傳統」提出的挑戰，爲何會給予台灣文壇「甚大的震撼力」，而使得他自己「一時之間，似乎成爲衆矢之的」（〈回溯〉，頁二二六），使得《風車詩誌》僅維持四輯便被迫中止；我們更了解爲何他不被明潭出版社與前衛出版社列爲「台灣」新文學。

巴岱爾（Georges Bataille）曾經在《情慾之淚水》（*The Tears of Eroticism*）一書中指出：色情與暴力帶來同等的快感，也都正是內在隱藏的恐懼的發洩口，因此，對於極端痛苦的強迫性幻想以及痙攣式的暴力與色情的書寫，都是爲了要對抗內在壓抑的面對死亡的恐怖（132–3）。⑪巴岱爾所討論的是薩德（Marquis de Sade）與戈雅（Goya）經歷法國革命以及西班牙內亂的殘暴，而被囚禁後的藝術創作特質。我認爲，這種對於被囚禁而帶來的沈默與壓抑，無論是監獄，或是身體，或是制度、意識形態與文化監禁場域，正可以說明楊熾昌的變態書寫中隱藏的面對死亡的恐懼。這種文化場域的監禁，比起薩德的三十年囚禁，也是五十步與百步之別。許多其他類似的沈默暴力的書寫，例如台灣五、六〇年代的現代主義文學，或是中國八〇年代的先鋒派文學，亦可以從同樣的角度來理解。

註釋

①三〇年代黃石輝在《伍人報》展開的鄉土文學論戰，七〇年代關傑明、言曦、尉天驄等人先後對現代派的抨擊以及日後發展出來的鄉土文學論戰，九〇年代解嚴後本土勢力興起而再度引發的建國論述，皆可以見到在此鄉土文學與本土化運動之下，台灣現代主義所處的「脆弱」地位。

②有關當時其他與西川滿相從甚近的作家筆下的頹廢與耽美傾向，可以參考施淑的兩篇文章：〈感覺世界——三〇年代台灣另類小說〉、〈日據時代台灣小說中頹廢意識的起源〉。

③一九二〇年在東京創刊的《台灣青年》以及後來的《台灣》、《台灣民報》，都是台灣新文學紮根的刊物。一九二五年台灣文化協會成立，一九二七年《台灣民報》獲准在台灣發行。一九三一年《台灣民報》改爲《台灣新民報》，台灣新文學進入葉石濤所謂的「成熟期」。一九三二年，中文雜誌《南音》、《福爾摩沙》創刊，同年台北的文學愛好者組織台灣文藝協會，並發行《先發部隊》。一九三四年五月，在台中市召開全台文藝大會，決定組織台灣文藝聯盟，並編印《台灣文藝》月刊。一九三五年十二月，楊逵與葉陶另外發行《台灣新文學》，出刊十五期，直到一九三七年六月被禁載中文才停刊。

④可以參考施淑在〈文協分裂與三〇年代初台灣文藝思想的分化〉、〈書齋、城市與鄉村——日據

時代的左翼文學運動及小說中的左翼知識份子〉中，對於當時文協以及左翼陣營等背景的討論；也可以參考陳芳明的〈台灣左翼文學的發展背景〉。

⑤原載於《台灣青年》創刊號，一九二〇年七月十六日；中譯文原載於《台灣民報》六七號，一九二五年八月二十六日；收錄於《日據下台灣新文學明集5：文獻資料選集》，台北：明潭出版社，一—二頁。

⑥根據林佩芬一九八四年在《文訊》刊登的訪談稿，楊熾昌說明自己素來嚮往荷蘭風光，而台南七股、北門地區的鹽田架設的風車亦讓他神往，而將詩社取名「風車詩社」，想「對台灣詩壇鼓吹新風」（〈永不停息的風車——訪楊熾昌先生〉，頁二七五）。

⑦楊熾昌早年對於現代文學的興趣，起自於芥川龍之介的作品；留日期間，曾經與日本新感覺派作家岩藤雪夫與龍膽寺雄相識，暢談文學。留日時，楊熾昌原本打算報考法國現代文學，後來失敗，才轉讀日本現代文學。一九三一年出版日文詩集《熱帶魚》v，一九三三年創立「風車詩社」，推動超現實主義詩風，成員有李張瑞、林永修、張良典、戶田房子、岸麗子、島元鐵平（尚桅鐵平）等人。

⑧楊熾昌主要的詩集有《熱帶魚》、《樹蘭》、《燃燒的臉頰》，小說集《貿易風》、《薔薇的皮膚》，詩評〈燃燒的頭髮：爲了詩的祭典〉（一九三四）、〈西脇順三郎的世界〉（一九三四）、〈檳榔子的音樂〉（一九三四）、〈土人的嘴唇〉（一九三六）、〈《喬伊斯中心的文學運動》讀後〉（一九三六）、〈台灣的文學喲，要拋棄政治的立場〉（一九三六）、〈洋燈的思維〉（一九三六）、〈新精神與詩精神〉（一九三六）、〈詩的化妝法：百田宗治氏著《自由詩之後》讀後〉（一九

三七），〈孤獨的詩人吉安・科克多〉（一九三七），後收錄於《紙魚》；上述詩文皆收錄於呂興昌編訂的《水蔭萍作品集》（一九九五），是楊熾昌半個世紀以來的作品首次以較為完整的面貌見世。此文所引用文字皆出自此作品集。

⑨有關楊逵的政治立場、反對運動生涯與文學創作，可以參考陳芳明的〈楊逵的反殖民精神〉。

⑩《詩與詩論》以春山行夫、西脇順三郎、安西冬衛、北川冬彥、北園克衛、村野四郎等人為代表，以超現實主義為旗幟，企圖銜接後來被超現實主義者納入陣營的法國梵樂希的詩論，以及阿波里奈爾與考克多等前衛詩人。《詩與詩論》的活躍期間約為昭和三年到六年（一九二八—一九三一），但是影響延續整個昭和十年的階段，直到大戰開始方止。

⑪巴岱爾曾經在《情慾之淚水》一書中討論薩德與戈雅對於暴力與色情的處理中指出：薩德親眼見到法國革命暴徒的殘暴殺戮，薩德被監禁三十年之間，便以書寫色情與暴力來對抗內在壓抑的恐懼。戈雅也經歷西班牙內亂的殘酷過程，而戈雅被毆打成聾，他所被囚禁三十六年的是沒有聽覺的囚籠。對於極端痛苦的強迫性幻想，以及痙攣式的暴力近乎色情所帶來的衝動與快感，色情與暴力正是恐懼的發洩口。（132-3）

7 銀鈴會與林亨泰的日本超現實淵源與知性美學

五〇年代隨著紀弦倡導的現代派與「橫的移植」開始了台灣新詩的現代派，而帶起了所謂的「超現實風潮」。當我們正視五、六〇年代的超現實風潮時會發現：台灣現代派超現實風潮，實際上受日本超現實運動中西脇順三郎以及《詩與詩論》的主知美學與批判精神影響甚深，致使台灣的超現實風潮以一種論述形態呈現，像是磁石一般，吸引論者以及詩人朝向此異己的極端出發。我認為，台灣的「超現實風潮」，其實是一個以「超現實」之名作轉化各種政治論述的結點，我們應該稱此銜接超現實語彙的脈絡為「台灣的超現實論述」。

台灣的超現實論述與東亞背景

「台灣的超現實論述」的緣起，要算是三〇年代楊熾昌所創始的超現實主義之「風車詩社」，而直接影響紀弦的現代派六大信條，則是屬於四〇年代「銀鈴會」同人的林亨泰。「銀鈴會」的林亨泰與詹冰兩位「跨越語言的一代」的詩人，是將光復前的現代主義實驗帶到光復後現代運動的主要銜接者。林亨泰因為其持續現代派的理論著述，而被林燿德譽為與覃子豪、紀弦三足鼎立、共同造勢、匯融兩岸詩脈（〈林亨泰註〉，頁一五一）。桓夫曾於「兩個球根」的說法中，指出中國大陸與日本俱為台灣詩壇現代化運動的根源：紀弦從中國帶來戴望舒、李金髮等現代派詩人傳統，而三〇年代的楊熾昌、李張瑞、林修二，以及接受日本教育、進入中文創作的林亨泰、吳瀛濤與錦連等，則是台灣本有的一支現代運動根源（頁三九—四一）。桓夫該文中並未具體指出此「球根」之實質意義。但是，當我們掌握更多「銀鈴會」的資料，以及「銀鈴會」成員如何進入《現代詩》、《創世紀》和而後的《笠》詩刊，我們便可以清楚理解此「球根」的關連。

韓國詩人具常曾指出「台灣、日本與韓國三國的現代詩確實對於西歐詩的象徵主義、超現實主義、意象主義、即物主義等技法，對潛在意識與精神分析法的吸收，以及對夢與現實的關注，發展出詩人冷靜客觀表達而具有批判性的知性詩風」（具常，陳千武譯，頁一〇四）。但是，中國大陸與台灣的超現實風潮受到西歐的影響，主要是間接透過鄰國日本的東洋影響。①二、三〇年代正是日本現代主義思潮發展之階段，畫界的抽象藝術與超現實主義亦於此時出現。一九三〇年前衛畫派成立，「獨立美術協會」②會員之一福澤一郎，便是超現實繪畫的代表性畫家。福澤一郎更於一九三九年結合「創紀美術協會」的寺田政明等超現實主義作家與「二科會」部分作家，成立了一個純粹超現實主義傾向的「美術文化協會」。參加者有靉光、北昇、小牧源太郎、麻生三郎等四十一名會員（李欽賢，頁二〇）。文學界的超現實主義，則是在一九二五年（大正十四年）由上田敏雄、上田保、北園克衛等人辦的雜誌《文藝耽美》中被介紹的，該期介紹了阿拉貢（Louis Aragon）、布荷東、艾呂亞（Paul Éluard）等超現實主義詩人，並刊登了他們詩作的翻譯。一九二七年，西脇順三郎、三浦孝之助、中村喜久夫、佐藤朔、瀧口修造等人出版的《馥郁的火夫啊》，是日本第一本超現實主義詩集。曾與布荷東及艾呂亞在巴黎會面的三中散生，於一九二九年出版雜誌 CIN。西脇順三郎、上田敏雄、春山行夫、北川冬彥、北園克衛與村野四郎等編輯的《詩與詩論》，則最具代表性與影響力（葉笛，頁二五—六）。

西脇順三郎、上田敏雄與春山行夫等人在《詩與詩論》發表的文字中，呈現的「主知」批判美學與東方哲學「無」的概念，可以讓我們看到日本超現實主義本土化的發展：他們特意放棄早期超現實主義著重的自動技法所帶來的混亂，而選取西方超現實主義後期的知性批判，以調節當時日本現代詩傳統的耽美與抒情主流，並批判他們所面對的混亂社會。村野四郎曾經在〈鑑賞現代詩〉一文中說明主知而反感傷的詩觀：「排除一切抒情性的想像，好像以冷靜的攝影機鏡頭那樣，捕捉物體本身。」（引自唐谷青〈日本現代詩鑑賞四〉，頁七四）這種冷靜的注視物體，揭露現實表面之下荒謬冷酷的實情，乍看之下是如一般論者所說受到里爾克（Rainer Maria Rilke）或是德國新即物主義的影響，③其底層的精神卻更近於建構超現實主義理論的達利所言，透過物體的非理性拼貼達到辯證式的批判。達利強調幻想中的辯證本質，也強調幻想中的偏執與非理性特性具有批判力，能將混亂的現象以系統化的方式呈現。④一九三四年，布荷東在布魯賽爾透過比利時超現實藝術家舉辦的演講「何謂超現實主義」中，亦清楚指出第一次世界大戰後超現實主義發展的第一階段偏重直覺與自動寫作，而三〇年代以降的第二階段則轉向「知性」（"Reasoning phase"），並結合「純粹唯心與唯物辯證」的差距（116），而當代超現實藝術家對於「物體」的反覆翻轉檢視，更是對現實物體最為徹底激進的質疑（138）。

第二次世界大戰之後的五〇年代期間，日本文藝界被四〇年代聖戰召喚而中止的各種前衛藝術再度興起，抽象、達達與超現實亦相繼而起，超現實繪畫以鳴剛與白髮一雄⑤為代表（李欽賢，頁三二五）；超現實詩人有大岡信、清岡卓行、飯島耕一等人；超現實小說家則有結合超現實主義與存在主義的安部公房。從這一批超現實畫家與作家的風格來看，第二次世界大戰後的超現實風格趨向結合存在主義，而強調其作品中詭異、怪誕、荒謬、夢魘般的情境，以批判文明社會的種種理性制度之下的不合理狀況。⑥

台灣除了三〇年代楊熾昌所創設的「風車詩社」出現過超現實風格之外，四〇年代的《緣草》也出現過介紹現代主義以及實驗性格明顯的作品。林亨泰曾指出，銀鈴會對於世界現代文學的開放與接納，波特萊爾、梵樂希、象徵主義、超現實主義、新現實主義等文學思潮一再在詩集中被提起。綠炎（詹冰）在《潮流》第三冊的「沙龍」專欄中發表的〈所謂新詩〉中，討論詩人的創作不應像是小鳥唱歌那般「自然發生」而沒有「歷史努力」；他亦強調詩人應該研究近代以來一連串的詩的實驗，例如象徵主義、超現實主義、達達派、立體派、未來派，以及梵樂希的方法論，而詩人的每一篇詩都必須是「一支支小實驗管」（林亨泰，〈銀鈴會文學觀點的探討〉，頁二〇一—二）。⑦由此可見，四〇年代「銀鈴會」的詩刊《潮流》，已經延續了三〇年代「風車詩社」的現代詩運動，持續介紹包含達達與西方超現實主義等種種現代文學的思潮。這股現代化脈絡與由大陸來台的李仲生和紀弦在五〇年代連續所作的文字介紹工作結合，便在整個文化氛圍中播散出超現實主義翻轉視野、質疑理性、揭露現實假相的思維方式。「銀鈴會」中跨越語言的詩人，以及李仲生與紀弦的日本淵源，都使得台灣五〇年代的現代化運動沾上日本超現實詩風的主知與批判色彩。

林亨泰與紀弦「現代派」的關係

林亨泰生於一九二四年（大正十三年）台中北斗，一九三九年進入私立台北中學後，便對二十世紀的西方文學以及日本現代文學十分熟悉。春山行夫編的《詩與詩論》就是他中學時期在台北的舊書店找到的（周文旺，頁七〇）。透過春山行夫等所編的《詩與詩論》接觸到了三好達治、北園克衛、西脇順三郎、村野四郎等倡導超現實主義的日本現代詩人（〈台灣的「前現代派」與「現代派」：林燿德訪林亨泰〉，頁七〇）。林亨泰原本以日文創作，並於一九四九年出版日語詩集《靈魂的產生》。一九四七年，他加入由張彥勳、朱實與許清世所創辦的「銀鈴會」，並於同年與張彥勳、朱實、詹冰（綠炎）、蕭翔文等人將「銀鈴會」停刊一年的日文刊物《緣草》（一九四二—一九四五）更名為《潮流》（一九四五—一九四九）復刊，以日文與中文並行。國民政府來台之後，林亨泰於一九四六年進入台灣師範學院就讀，並接受正規中文教育，慢慢練習以中文創作。據聞他練習寫作之初，由於中文還未純熟，「都利用一套日文文法公式來轉換」，被評為「有獨特風格」，而他自己說「別人是弄巧成拙，我是弄拙成巧」（邱婷，頁二九）。一九四九年的「四六學運」中，「銀鈴會」因牽連而被迫驅散，林亨泰黯然停筆，他說：作家當時所面對的「不僅是政治歸屬問題，或者如何由日文跨越到中文的創作語言問題」，而更是必須思考如何在「複雜的政治局面下，進行不違背良心的寫作」（林亨泰，〈銀鈴會與四六學運〉，頁二二四）。此外，加上戒嚴期間政府推動的「戰鬥文藝」，更使林亨泰的創作意願低落：「一時之間報紙雜誌幾乎都充斥著那一類的文章。戰鬥文藝的隆盛，使我對文學創作的意欲，如同在太平洋戰爭時期般極為低落。」（三木大直，〈悲情之歌〉，頁九二）

林亨泰指出，一九五三年他看到紀弦主編的《現代詩》以及其中刊登的幾位法國詩人，例如阿波里奈爾、考克多等人，他十分興奮：「就好像發現了另一種『可能性』的心情」（三木大直，頁九三）。他認為，在當時的環境來說，這本詩刊的創辦，等於是「為了那些不願跟著喊口號或是歌功頌德的人」所開闢的發表園地（三木大直，頁九三）。林亨泰說，當時他寄給現代詩的都是些「會令版面翻覆過來的『怪詩』」（三木大直，頁九三）。一九五三年，紀弦開始看到林亨泰日本詩集《靈魂的產生》中的詩作後，便與葉泥四處打聽他。紀弦與林亨泰相遇後，暢談現代主義，立即邀請林亨泰擔任現代詩的編輯委員，林亨泰收到的聘書編號是第一號（〈林燿德訪林亨泰〉，頁七二）。

今日回顧，我們發現：紀弦為林亨泰提供了一個延續「銀鈴會」現代運動的管道，而林亨泰也為紀弦提供了一根發展現代派的支柱。

日本超現實詩人的詩論與其強調「主知」的美學，是台灣五、六〇年代現代派持之以反浪漫、抨擊抒情而引發現代詩論戰的主要動力。紀弦的現代派信條第四條便是「知性的強調」；紀弦在「現代派信條釋義」中特別說明：「現代主義之一大特色是：反浪漫主義的。重知性，而排斥情緒之告白。」（《現代詩》一三期）在〈新現代主義之全貌〉一文中，紀弦更充分的說明他所謂的現代詩的知性層面：現代詩以「詩想」爲本質，重知性、放逐情緒，是主動的表現，否定邏輯而代之以秩序，逆流而上，絕不反映現實，也不再現自然，無實際目的，是變動不居、無可捉摸、多元而無限的（頁二八－九）。雖然紀弦本人的詩作中也不乏抒情色彩，但是從他的理論中，我們看到他實際上要強調的是以「詩」抵制成規的批判力。我們發現，對紀弦來說，超現實主義是爲了配合他自己的理念而借用的；他策略性地在現代派中凸顯超現實主義，主要是作爲他批判左派的浪漫主義、共產黨文藝路線，以及國民政府的戰鬥文藝強調的寫實與教條主義的工具。紀弦極力推崇林亨泰，亦是因爲林亨泰作品中違反常規的超現實文字邏輯。

林亨泰說，紀弦成立「現代派」並發動詩的「再革命」時，林亨泰其實是背後軍師；現代派創立後，林亨泰便陸續發表文章，「補紀弦理論之不足」，而他許多寫給紀弦的信便被以「代社論」刊登在《現代詩》上（〈林燿德訪林亨泰〉，頁七四）。現代派的六大信條發表之後，林亨泰一再爲文說明台灣當時現代派運動是對於歐美與日本現代文藝思潮「批判性的攝取」（〈新詩的再革命（二）〉，頁一三八）。林亨泰在〈新詩的再革命〉中甚至清楚地指出：「現代派的信條」的第四條「知性的強調」是源自於春山行夫透過《詩與詩論》引介的主知主義；主知主義的代表人物是法國梵樂希、普魯斯特、艾略特（T. S. Eliot）等人，強調反對主觀浪漫抒情的傾向，提倡以「知性之光」，像「探照燈一樣照射世界」，而「賦予秩序」（林亨泰，〈新詩的再革命（二）〉，頁一四〇）。在〈抒情變革的軌跡——由「現代派的信條」中的第一條說起〉一文中，林亨泰指出梵樂希所謂的「新的戰慄」，是來自波特萊爾詩作中的「批判知性」：詩人把詩中「穩定而熟悉的關係予以隔絕，然後讓詩精神的諸特質個別而『高度自覺』地在作品本身的結構體中重新發明乃至組合」（頁二六二）。紀弦針對林亨泰個人詩中「很少是情緒的」這一特質強調：「這便是林亨泰的詩法，也是我們共同的詩法，跟那些浪漫派的殘渣所僅能使用的原始的刺激反應公式迥異。」（紀弦，〈談林亨泰的詩〉，頁六六—七）林燿德也直言林亨泰深受日本新體詩的影響，而春山行夫主編的《詩與詩論》等文學雜誌則「提供林亨泰初期的認知模式，反抒情、主知的語言傾向在當時已見端倪」（頁一五三）。由此可見，紀弦取林亨泰源自於日本《詩與詩論》派的知性美學，是用以對抗新文學傳統中的浪漫派餘緒，而此導致五〇年代現代運動中傳承了日本超現實運動中的主知精神。

林亨泰本人的理論更強調詩語言實驗的種種邊緣地帶，以及詩語言以跨越疆界的動作，挑戰語言的形式與形式背後的認知模式與意識形態。他的詩論中重形式實驗的符號論、略帶不快感覺的「鹹味的詩」，以及具有知性批判力的「新的戰慄」，都是現代派運動中最具有代表性的幾個概念。⑧林亨泰在〈現代詩的基本精神〉（原名〈优里西斯的弓〉）中指出：詩必須有個性，有張力，像是拉開优里西斯的弓弦一般（頁三二），而瘂弦與商禽就是「把對於語言的嘗試如此地推展到一失足及失其立足點的最極限的地步」（頁三七）。林亨泰曾強調「超現實主義」是「一種更細的事實」，因爲它「存在於意識中，不是肉眼可以眞確體會，是內部深層的現實」（〈詩人與語言的三角對話〉，頁一八六）。

此外，我們從介紹與實驗超現實技巧最力的《創世紀》詩人洛夫的詩論中，也可看出洛夫的超現實論述與日本現代派超現實主義的關連，特別是他在〈超現實主義與中國現代詩〉一文中所楬櫫的「知性超現實主義」，以及他所強調的詩的批判功能，「對知的熱切要求」，加上他援用禪宗公案式的頓悟與詩的奇趣，修正法國布荷東的超現實主義，以發展中國現代詩中的超現實特色（頁一七七—八）。至於五、六〇年代《現代詩》、《創世紀》、《笠》幾種詩刊積極引介歐美與日本的現代詩派，尤其是詩人如紀弦、方思、葉泥、馬朗、林亨泰、洛夫、葉笛、陳千武、白萩、趙天儀等，介紹或練習超現實主義的理論與詩風。⑨由這些翻譯行爲中，我們也發現只有少數詩作是直接從法文或德文翻譯爲中文的，其餘多數透過日文或是英文的翻譯而轉譯。⑩

六〇年代期間，對於日本超現實主義的主知批判功能的承接，其實要算是《笠》詩刊在一九六四年到一九七〇年間的階段參與得最爲積極。《笠》詩刊部分成員來自於《現代詩》。《現代詩》於一九五九年停刊後，原班人馬便轉移陣地，在《創世紀》發表作品，接續現代派運動引介超現實主義的工作。自一九六四年林亨泰創辦《笠》詩刊後，受日本教育成長的台省籍詩人如陳千武、葉泥與葉笛等人便隨之加入，並且有計畫地譯介日本現代詩人，尤其是當代日本超現實主義詩人，例如陳千武（桓夫）譯介的三好達治、北園克衛（第二期）、西脇順三郎（第三期）、上田敏雄（第四期）、三中散生（第五期）、春山行夫（第六期）、三好豐一郎、田春隆一，林亨泰譯介村野四郎的詩論，桓夫與錦連譯介村野四郎的詩作，以及葉泥翻譯布荷東的「超現實主義宣言」。其餘日本現代派詩人亦被《笠》詩刊譯介，例如田村隆一、黑田三郎、三好豐一郎、吉本隆明、北村太郎、木原孝一、中村千尾、中桐雅夫。而從《笠》詩刊每期固定翻譯一系列日本詩人，以及第十期到二十八期重點翻譯艾略特（杜國清譯）與里爾克（李魁賢譯），我們可以看得出來《笠》詩刊對於現代詩的注重。

針對桓夫「兩個球根」的看法，林亨泰曾補充說明：「誰能掌握到《創世紀》詩刊與《笠》詩刊之間的差異，誰也就能夠眞正地分析出大陸與台灣之間的不同文學意識形態」（〈談現代派的影響〉，頁一八），而林亨泰具體指出此差異除了《笠》詩刊的社會意識之外，便在於語言使用的特性：「笠詩社同仁中有不少是處於『二言語使用狀態』（Bilingualism）」（頁一八）。林亨泰雖然並沒有進一步討論這些「能自由出入於兩種語言之間的詩人」（頁一八）所呈現差異的意義，但是，「能自由出入於兩種語言之間」的確提供了多於單一語言系統的思考管道，以及了解林亨泰與桓夫等自日語銜接中文、跨越語言與歷史，或是被歷史與語言所跨越的雙語詩人。⑪林亨泰曾說，「我們這一代的命運走上跨越了最艱難的兩個時期，……在日本人最黑暗的時候當了日本人，中國人最絕望的時候當了中國人」（〈銀鈴會與四六學運〉，頁二二五）。我們必須思考的是：從日文到中文，從日本人到中國人，林亨泰所跨越的是什麼樣的語言系統與歷史階段，以及他是如何利用語言來跨越的。

林亨泰詩作中的主知美學與歷史批判

林亨泰對於政治制度內含的權力鬥爭與意識形態暴力看得非常清楚。他在回憶「銀鈴會」被驅散以及一九四九年的「四六學運」時，⑫曾指出：「任何制度莫不是權力的展現，批評一個制度也等於觸犯到權力本身，所以爲了維持他本身的權力，並且利用他掌握權力的方便，面對於異議者任意地扣上罪名加以排擠迫害，這個時候掌權者將自己『絕對化』，以爲除了自己是『眞理』之外，其他就是『叛亂』」（〈銀鈴會與四六學運〉，頁二三八）。⑬

林亨泰的詩作中便一直存在著對現實的批判，他也一再強調「現實觀」的重要性。他在一九五五年以中文出版《長的咽喉》（新光書店），其中包含三部分：「鄉土組曲」、「心的習癖」、「渴」。這本早期詩集中已經呈現林亨泰對語言以及現實觀點的質疑與翻轉。「鄉土組曲」寫作期間約在一九四八年前後，同時期他也在進行日文作品〈終焉〉的寫作。「鄉土組曲」是用林亨泰故鄉彰化童年的經驗和風景作爲題材，三木大直認爲這是林亨泰藉著以中文書寫來「確保自己成長的時空，進而以中文表記來確認身分認同的作爲」，而這種將被強制賦予的語言轉化爲自己的語言／詩的語言，則具備了「本質的抵抗」的意義（頁九二）。我們細讀「鄉土組曲」中的詩作，便可看到林亨泰透過語言實驗而展露的特殊觀物方式。在〈心臟〉這首詩中，詩人以「鍋」來量度春天的容量（頁二二）；在〈鄉村〉中，詩人鼻子吸的氣味是「粗的憂鬱」（頁一一二）；而在〈亞熱帶〉中，詩人以「胖」來形容景物：「胖的軌跡」、「胖的太陽」、「唱著胖的歌」、「肥豬睡在胖胖的空氣中」、「有香蕉有鳳梨更有胖胖的水田」。在〈日入而息〉中，更可見到此種主觀經驗滲透客觀環境的描寫手法：

與工作等長的
太陽的時間
收拾在牛車上

杓柄與杓柄
在水肥桶裡
交叉著手

咯登 嘩啦嘩啦
嘩啦 咯登咯登
穿過 黃昏
回來
了

詩人以工作的時間經驗來計算抽象的「時間」長度，時間的概念亦被具象化爲杓柄，被收拾在牛車上，在黃昏中以像是穿著木屐般的「咯登」聲配合著水肥桶的「嘩啦嘩啦」聲音，伴著詩人回家。

林亨泰詩中這種具象化的思維與語言革命在「心的習癖」與「渴」二輯中發揮得更爲大膽，更具有達利式的超現實風格。

例如〈黎明〉（頁四五）中的超現實意象：

窗與門口等，
自胸前背後聳起
心臟的周圍
升起了鹹味的霧
屋頂的四角
漂浮在白色海上
口與鼻子等
縷縷冒出了紫煙

這種以具象化的思維任意拼貼物體掰切割壓縮現實，目的是要翻轉觀點，以新的觀點切入。當這種新的觀點聚焦在對於歷史記憶的處理時，則更見其批判力。[14]另一首詩〈春〉（頁三六）中春天是尚未到臨，必須被擠壓才可能獲得的不確知的時刻：

長的咽喉
鳴著圓舞曲
而告知
從軟管裡
將被擠出的
就是春

或是在〈回憶No.2〉中，記憶是夜間氾濫蔓延的液體，無法抗拒，無法整理，無從壓抑：

記憶

在夜裡
是沒有腳的
液體……

〈春〉與〈回憶No.2〉兩首詩中，林亨泰藉著達利的構圖意象與非理性拼貼邏輯，透露出他在二二八事件之後、白色恐怖時期，目睹歷史轉移的困頓與艱苦。因此，我們看到，林亨泰早年以超現實視角切入而寫成的〈春〉與〈回憶No.2〉，是於一九四九年「四六事件」之後停筆前完成的。表面上讀來是達利式的構圖意象與非理性拼貼，實際上卻透露出他在二二八事件之後的白色恐怖時期，以不寫的方式寫出歷史記憶的現實。

一九五七年前後，林亨泰以極限主義(minimalism)方式實驗出的符號詩，例如〈二倍距離〉與〈風景No.1〉和〈風景No.2〉，是一九六〇年代初期《非情之歌》(一九六二)的前奏。《非情之歌》五十篇短詩中一系列「白」與「黑」反覆變奏，揭露了林亨泰在語言實驗之外隱藏的歷史經驗與政治批判。這一系列就「白」與「黑」反覆實驗各種變奏，以重複的單音或是視覺元素貫穿持續整個作品，配合一些簡單的音節或是色調的變化起伏，十分類似現代繪畫與現代音樂中的極限主義。這種極限主義的語言實驗，在日本超現實主義代表詩人春山行夫所編的《詩與詩論》亦可見到；《詩與詩論》中除了強調詩的知性批判，亦實踐詩的繪畫性，而春山行夫的繪畫性詩風，可在他著名的〈ALBUM〉詩行中見到：

老實的狗是不吠的
薔薇的花叢裡的

村

人們經過時
門乍起乍闔

是白的遊步場
是白的椅子
是白的香水
是白的貓
是白的襪子
是白的頸

是白的天
是白的雲
而倒立著的
是白的姑娘
是我的

此詩中以「白」這個音素與色彩構成特殊的韻律與節奏，貫穿全詩。林亨泰在討論自己兩篇〈風景〉詩作時，曾經說過他這種符號詩的實驗在〈風景No.1〉和〈風景No.2〉中已經到了極限，他在詩作中「從根本揚棄了修辭學上的運用，而走向結構性、方法論上的策略」，也就是說，他將詩作「對字義的依賴降至最低，讓每一個字成為一個存在」（〈台灣現代派運動的實質及影響〉，頁二八九）。而這種符號的處理與春山行夫式的極限主義，便以各種變形的方式，成為林亨泰在《非情之歌》中處理歷史經驗的模式。《非情之歌》一系列作品除語言實驗之外，皆有其隱藏的歷史經驗與政治批判。例如〈作品第七〉：

我仍不要

溼了的　白
我仍不要
軟了的　白

我仍不要
滑過的　白
我仍不要
烤過的　白

我仍不要
枯了的　白
我仍不要
皺了的　白

我仍不要
濾過的　白

我仍不要
刷過的　白

〈作品第七〉中呈現的是詩人對「白」或是各種性質的現實的檢查，與他對於原則的執著。「白」這個色彩符號在此處透過各種形容詞的結合，似乎被取用以替代漂白過的歷史事實或是歷史資料，可能會因歷史記錄浸水淹沒而被遺忘輕忽、被洗刷過濾、被折皺枯萎！若我們拿〈作品第七〉與〈作品第八〉對照閱讀，更見詩人對於現實的批判：

我仍不要
埋了的　黑
我仍不要
銹了的　黑
我仍不要
塗過的　黑

我仍不要
鍍過的　黑

我仍不要
淹了的　黑

我仍不要
銹了的　黑

我仍不要
洗過的　黑

我仍不要
燙過的　黑

黑色的歷史是更爲沈重可怖的，因爲黑色直接帶出被埋葬或被淹死而腫脹的屍體，或是被抹黑的、不可言說的腐蝕生銹的歷史事件！「白」與「黑」也是兩派各自堅持陣營、彼此仇視殺戮的不同立場，例如〈作品第三十四〉：

為的什麼呀?
白的你
恨

為的什麼呀?
黑的你
恨

在可愛的清晨裡
你們對立著
在莊嚴的黃昏裡
你們對立著

清晨流出的淚滴
溼遍了山河

黃昏流出的血液
染紅了海空

林亨泰走過歷史中的日據時期、銀鈴會事件、二二八事件、白色恐怖，而歷史中重複的對立，各自有各自的現實與立場，使得殺戮仇視循環不已。這種對白與黑的翻轉實驗發展到〈作品第四十〉，更見其內在的批判：

欲睡　但仍未睡
欲閉　但仍未閉
仍在試探
仍在懷疑
白黑混淆不清的
可怖

欲醒　但仍未醒
欲開　但仍未開

仍在禁忌
仍在拒絶
白黑混淆不清的
可怖

黑的眼睛

林亨泰沈痛地指出，現實社會中黑白是非不分，充滿禁忌，彼此疑懼而拒絕眞理，使得人們停留在蒙昧、渾沌無知的半睡半醒狀態。〈作品第四十九〉更讓我們看到詩人這種面對歷史的巨大不安，以及詩人爲了未來而輾轉反側無法入眠。

黑膝頭
站穩世界
於是　巨大過去
踉蹌躲避

黑眼睛
對準世界
於是 巨大現在
伏地屏息
黑筆尖
貫穿世界
於是 巨大未來
輾轉反側

過去、現在與未來都看在詩人的眼中，詩人堅定立場，目擊一切，而要拾起詩人之筆，穿透世界的表象。

因此，我們了解，林亨泰所強調的「現實觀」與寫實作品中的「現實感」截然不同：寫實作品中的「現實感」可能會使得運用白話與散文書寫的過程中「喪失了轉移於『詩的現實』進而成爲詩」的契機（〈我們時代裡的中國詩（五）〉，頁二九）；而林亨泰的「現實觀」是指一種觀看現實以及呈現內在現實的特殊觀點，是「對現實的積極觀點，而這份現實觀如非具有嚴肅批判精神者必定是無法作得到的」（〈我們時代裡的中國詩（四）〉，頁三五）。對林亨泰而言，洛夫所標榜的「超現實主義」與他自己自稱杜撰的「大乘的寫法」，有異曲同工之作用：他認爲要達到詩人精神這種獨自活動「出神入化」之自如境界，並不一定侷限於潛意識的領域，當意識受到激情所驅使也會有此情形出現（〈我們時代裡的中國詩（一）〉，頁九七）。而桓夫的〈咀嚼〉，則被林亨泰舉爲具有大乘寫法而「以現實觀迫近民族性」的例子：

> 下顎骨接觸上顎骨，就離開。把這種動作悠然不停地反復。反復。牙齒和牙齒之間挾著糜爛的食物。（這叫做咀嚼）。
> ——就是他，會很巧妙地咀嚼。不但好咀嚼，而味覺神經也很敏銳。
>
> 剛誕生不久且未沾有鼠嗅的小耗子。
> 或滲有鹼味的蚯蚓。
> 或特地把蛆蟲聚在爛豬肉，再把吸收了豬肉的營養的蛆蟲用油炸……。
> 或用斧頭敲開頭蓋骨，把活生生的猴子的腦汁……
> ——喜歡吃那些怪東西的他。

顎骨接觸上顎骨，就離開。——不停地反復著這種似乎優雅的動作的他。
喜歡吃臭豆腐，自誇有銳利的味覺和敏捷的咀嚼運動的他。
坐吃了五千年歷史和遺產的精華。
坐吃了世界所有的動物，猶覺饕然的他。
在近代史上
竟吃起自己的散漫來了。

林亨泰指出此詩具有如同蒙太奇跳接的手法，「使吃的意義擴大到最大極限」，而具有對於中國文化「濃厚的批判精神」（〈我們時代裡的中國詩（六）〉，頁六四）。

林亨泰對於商禽、瘂弦、洛夫與桓夫的評論，很淸楚地指向了他自己的詩觀：那便是以語言實驗的危險地帶，將文字的意義擴大到最大的極限，但同時以濃厚的批判精神觀看現實，批判現實。我們可以說，這便是林亨泰要擁日本知性超現實美學而行其具有現實觀的語言實驗的背後政治原因了。

銀鈴會的本土化收編

從林亨泰在一九四九年後的〈春〉與〈回憶No.2〉等作品，我們可以看出「銀鈴會」原本具有的現代主義性格；林亨泰於五〇年代加入《現代詩》後「會令版面翻覆過來的怪詩」與強調符號實驗、「新的戰慄」與不快的「鹹味」的詩等論調，也都極具現代主義的實驗性。

但是，七、八〇年代《笠》詩刊的本土化傾向卻全面撲蓋此詩社的發展，致使《笠》詩刊早期的「世界文學」視野逐漸淡去。林亨泰早期因《非情之歌》的實驗風格晦澀難懂而備受批評，而在八〇年代他的詩風亦轉向白描直言的寫法。⑮這就是爲什麼陳明台會指出：「銀鈴會」詩人在「銀鈴會」解散後「個」的狀態透過加入「笠」詩社而回到「群」的狀態，雖然部分呈現「銀鈴會」的延伸，但是由於八〇年代「笠」詩社發展出的現實主義、強烈的批判與抵抗的精神，與早期銀鈴會發展相左，甚而因「笠」的各個世代同人「相互激盪」，而造成「影響他們其後創作走向的結果」（〈清音依舊繚繞——解散後銀鈴會同人的走向〉，頁一〇七）。八〇年代《笠》詩刊回顧「銀鈴會」時，寫實主義文學的脈絡，如朱實、張彥勳、埔金、微醺、紅夢等被強烈凸顯。⑯《笠》

詩刊吸收轉變現代與前衛的痕跡，將之化於無形，正是台灣文學回歸以賴和與楊逵等寫實主義陣營爲本宗的本土化，以及壓抑淨化現代主義文學的效果。

正如林亨泰在〈爪痕集第一首〉所呈現的歷史扭曲與遺忘：

像乾裂的河床
留在時間裡
隱約可見的爪痕
無指向的方位
緊扣著空間
歷史縮成拋物線
不回首的記憶
將山脈烙印
於多皺紋的谷中

台灣文學史中的非寫實或是超現實等負面書寫，被埋藏在山脈的皺褶之間，若不翻轉表層，是無法看到的。台灣島嶼上經歷的歷史緊扣著這個島嶼的空間，而形成沒有進程、沒有發展方向的曲度。過去的歷史事件無法留存記錄，如同飛鴻飄離而無留下爪痕，我們閱讀文學史者只能隱隱約約在時間洪流乾涸之後的河床間，從河床乾裂的痕跡，度想河水流過時的深度與質量，以及其所引發的反向壓力。然而，被排斥與遮蓋的負面書寫歷史呈現了什麼問題呢？

三〇年代的楊熾昌借西歐與日本的前衛與超現實來實踐文學革命，四〇年代的林亨泰同樣朝向西歐與日本的超現實以翻轉本地的現實，五〇年代的紀弦借重林亨泰，而八〇年代後現代詩人林燿德努力挖掘出林亨泰的歷史地位，爲他編寫年表，出版作品全集，其背後的政治目的皆是如出一轍：表面上這些前衛詩人藉著西方與現代來批判本地的抒情與寫實傳統，實質上是借用現代主義來展現種種對抗意識形態的政治抗拒。在一次與林亨泰和簡政珍會談的時候，林燿德強調「對所謂合法化的語言傳統的叛逆，本身就是一種反體制的訊息」，而現代詩的基本精神便是「從語言本身開始反體制的意識歷程」（〈詩人與語言的三角對話〉，頁一七六）。台灣現代詩人與理論家依附於「超現實」的論述，藉著切割與壓縮現實元素，將現實做非邏輯的拼貼與置換，反身批判現實。語言革命的顚覆力絕不僅止於形式，而必然延展深入語言背面的意識形態及社會體制。

雖然從「銀鈴會」到《現代詩》、《創世紀》、《笠》詩刊，林亨泰採取的現代主義姿態十分明顯，不過，若與三〇年代的楊熾昌相比，林亨泰的現代主義性格中的知性成分與批判性格強烈，仍舊屬於理性與系統的產物。陳明台在〈楊熾昌・風車詩社・日本詩潮〉一文的結論處，比較風車詩社的現代主義精神與銀鈴會的現代主義精神時，指出風車詩社的創作實驗有其界限：風車詩社「無法全盤地吸收西方新興詩潮的精義……偏向於超現實主義和象徵主義，對於理論和創作的引介，也極其片斷，難以系統化，更不能匯集成為雄厚的文學遺產……難以形成文學運動」（頁三三三），而在〈論戰後台灣現代詩所受日本前衛詩潮的影響——以跨越語言一代的詩人為中心來探討〉一文中，陳明台則指出「銀鈴會」跨越語言的一代在戰後具有「連續性、進化的特質」，「規模超出戰前（風車詩社），而且其內容也更加系統化、幅度極廣」（頁一〇七）。然而，以楊熾昌與銀鈴會、現代派、《笠》詩刊等團體的前衛性相較，我們發現楊熾昌正是因為其不具有「連續性、進化」或是「系統化」的特質，才得以採取酒神式的放浪思維深入負面意識層次，而翻轉寫實主義伊底帕斯症的系統結構。我們再度發現，個人化的偏離系統正是抗拒與翻轉既定語言系統內僵化意識形態的激進做法。《笠》詩刊以「群」的策略，系統化地組織集結「本土」精神，使得此詩刊於七、八〇年代開始全面採取社會寫實路線，而無法再呈現早期之個人化抵制及語言實驗。

註釋

①有不少學者指出中國現代文學受到日本現代文學的影響始自十九世紀末，較具代表性者可參考鄭清茂的〈取徑於東洋〉。此文指出清末張之洞、康有爲、梁啓超先後發起的洋務運動（遊學東洋）與變法維新便開始。中國新文學運動中的魯迅、周作人、郁達夫等人都與日本現代文學有深厚淵源，而從梁啓超到魯迅，這些中國現代文人積極引介日本文藝理論的目的，莫不都是藉日本的維新運動與文藝批評力量來推動中國的社會改革（頁六七—九二）。

②「獨立美術協會」前身爲「一九三〇年協會」，由旅法的小島善太郎、木下孝則、里見勝藏、前田寬治、佐伯佑三五人組成，後來相繼加入的會員有林武、古賀春江、野口彌太郎、川口軌外等畫家。前田寬治與佐伯佑三去世之後，「一九三〇年協會」原有會員另邀請三岸好太郎、幅則一郎、兒島善三郎與海老原喜之助等人成立「獨立美術協會」。「獨立美術協會」的立場一爲脫離法國的支配，二爲以純藝術反映時代，否定普羅美術（李欽賢，頁一七—八）。

③村野四郎本人承認他對德國新即物主義詩很有感應，而日本評論者多持此見，例如安藤一郎便是。可參見唐谷青在〈日本現代詩鑑賞四〉中的討論（頁七三—五）。

④有關達利的妄想式批判與辯證性，請參閱納朵（Maurice Nadeau）在《超現實主義歷史》（*The History of Surrealism*）有關〈達利的妄想式批判〉的章節（頁一八三—九〇）。與村野四郎同爲*GALA*詩誌同仁的安藤一郎詩作"Position"更看得出達利式透過物體思考存在的模式：「——斷面——燃燒的地平線／有巨眼的山／透明的都市／被分解的服裝模特兒／立起的蛋／紅蝶／塑膠的匙子／彎曲的針／床鋪的手槍／思索的貓／以及／像一根線那麼細的陰影」（引自唐谷青〈日本現代詩鑑

賞十〉，頁一四二)。

⑤一九六四年，白髮一雄發表的〈赤蟻王〉與波拉克(Jackson Pollock)的行動繪畫原理如出一轍，波拉克的行動繪畫被歸類於超現實繪畫，強調否定思考、自動作畫、反理性、解放潛意識的創作衝動。

⑥台灣六〇年代作家亦同樣有卡夫卡或是安部公房式反理性、非常理、詭異而如夢魘般的處境，以及存在主義式的荒謬情節，例如超現實小說家七等生、李昂、施叔青等人。李昂早年第一部短篇小說集《花季》中的小說，多半都有超現實式夢魘般的荒謬情境。出版時，她曾說明在高中時代她看的書都是當代西方作品，再加上存在主義、心理分析、意識流等文字，使得常有人指出她此時期寫的小說與卡夫卡的作品有許多相似之處(〈寫在第一本書後〉，頁一九八—九)。洪範版序言中，李昂也坦承她當時大量閱讀的卡夫卡、弗洛依德與現代小說，提供了她的表達形式的基礎」(〈洪範版序〉，頁二一—三)。施叔青也說，白先勇曾指出她所表現的世界「就是一種夢魘似患了精神分裂症的世界，像一些超現實主義的畫家(如達利)的畫一般，有一種奇異、瘋狂、醜怪的美」(〈後記〉，頁二〇五)。

⑦林亨泰並整理出銀鈴會後期活動發展出的詩評活動，例如埔金討論文章中的黑暗面以及「史的現實」(〈文學隨感〉，第五册)，淡星區分「小乘的犧牲」與「大乘的犧牲」(〈新的生活方式——關於死的問題〉，第四册)等，可看得出銀鈴會所強調的批判精神(林亨泰，〈銀鈴會文學觀點的探討〉，頁二〇一—二三)。

⑧林亨泰的主要詩論有〈現代詩的基本精神(优里西斯的弓)〉、〈中國詩的傳統〉、〈談主知與抒

情〉、〈鹹味的詩〉、〈符號詩〉等。有關林亨泰詩論的評論，可參考旅人〈林亨泰的出現〉以及《林亨泰研究資料彙編》中的文章。

⑨當時最常被翻譯的作家是歐美現代派詩人，如超現實詩人保爾・福爾(Paul Fort)、阿保里奈爾、保羅・艾呂亞、羅特阿孟(Lautreamont)、許拜維艾爾(Jules Superville)、考克多、比艾・勒爾維底(Pierre Reverdy)與象徵意象派詩人，尤其是里爾克、艾略特、奧登、威廉士(William Carlos Williams)等。

⑩葉笛於一九六六年在《笠》詩刊發表布荷東「超現實主義宣言」的節譯，他坦承無法閱讀法文，當時是透過日文的譯本翻譯成中文。而有意研究並介紹超現實主義理論與詩的洛夫，也說明他無法閱讀德文與法文，都是藉由日文或是英文的翻譯版本來了解超現實主義的（〈我與西洋文學〉，頁五四）。

⑪對於林亨泰所稱「跨越語言的一代」，日本詩人高橋喜久晴曾說「他們並不是跨越語言的一代，而是被語言所跨越的一代。」（〈台灣的詩人們〉，《詩學》，一九六七年六月；引自林亨泰，〈跨越語言一代的詩人們——從「銀鈴會」談起〉，頁二三五）

⑫一九四九年四月六日，台大校園因一學生腳踏車違規事件引起連鎖抗議活動，政府全面鎮壓，教師學生多人被捕處死，作家亦被牽連，楊逵、張彥勳、林亨泰被捕，埔金被逮捕後處死，朱實流亡，這就是所謂的「四六事件」。

⑬林亨泰撰寫此文的時間是一九八九年七月，全文結束時，林亨泰補充說明：「這是我在看到『六四天安門事件』而想起來的一段往事，存在記憶中的一切，我盡量詳實而忠實地寫下來。」

(〈銀鈴會與四六事件〉,頁二三八)

⑭三木大直於〈悲情之歌〉中指出林亨泰詩中力圖壓制的表現中,仍有「極欲噴出的激情」,而認爲林亨泰同時之人認定林氏爲主知詩人的觀點「未免有不能看清其作品本質,或未能指出其作品本質,而硬性規定的疏漏」(頁九七)。

⑮例如林亨泰在《跨不過的歷史》中,刊載一九八五年到一九八九年所寫的詩作便是如此。僅舉一例:「力量來自哪裡?/不是咬牙　不是搥胸/不是埋怨　不是流淚/力量來自哪裡?/不必發誓　不必焚身/不必廝殺　不必流血……」(〈力量〉)

⑯「銀鈴會」本身的成員雖包含傾向法國現代主義、介紹象徵主義和超現實主義的綠炎(詹冰),但亦有銜接俄國普羅文學論點、強調寫實文學與反應社會黑暗面的埔金、朱實、微醺、紅夢。如林亨泰〈銀鈴會文學觀點的探討〉一文所示,現存五册《潮流》(一九四八—一九四九)中的評論文字,以綠炎(詹冰)一人的篇數最多,共七篇;但是也只有他一人較有法國現代派的論述方式。其餘微醺(六篇)、紅夢(五篇)、埔金(五篇)、朱實(四篇)、淡星(四篇)等,多傾向俄國高爾基、普希金以及中國魯迅等的普羅文學寫實主義。

8 超現實的視覺翻譯
重探台灣五〇年代現代詩「橫的移植」

談論到台灣文學的現代文學或是現代主義，多數人都會忽略日據時代楊熾昌與林亨泰等人提倡現代文學的努力，而將注意力集中於五〇年代創辦現代詩社的紀弦，以及當時引起超現實風潮的「橫的移植」之說。討論進行至此，我覺得必須重新探討此現代詩運動中「橫的移植」的內在模式。

「橫的移植」之斷代問題

有關超現實主義橫的移植之斷代問題，是張漢良提出來的。一九八一年，張漢良以超現實主義爲例來討論影響研究的問題：他認爲，一九五六年到一九六五年是「超現實主義風潮」公案的編年始末。紀弦在一九五六年《現代詩》十三期的宣言中，楬櫫其發揚光大自波特萊爾以降包括達達與超現實主義的現代詩派的宗旨，並強調新詩是「橫的移植」，而不是「縱的繼承」。張漢良指出，《現代詩》「從此以後」譯介多位超現實主義詩人與超現實主義理論，而展開台灣的超現實主義風潮，此風潮至一九六五年瘂弦離台赴越南時結束（頁一六五）。但張漢良指出，由於我們無法得到足夠的信札、日記、訪談等資料，判斷最具有超現實風格的商禽、瘂弦、洛夫等人是透過何種媒介、何項譯作、讀過何人作品而接受影響；同時，張漢良認爲，每件作品都是自生的，因此，站在「創作自主的立場上……影響是不存在的」（頁一五八）。張漢良的結論是：「影響研究的實證難以確定，影響無法在作品上發現，因此影響研究是沒有意義的」（頁一五八）；也因此，張漢良自命此文的標題爲「影響研究的仿作」，並在文中作了如此的判斷：「一九二〇、三〇年代的法國超現實主義運動，與一九五〇、一九六〇年代台灣的超現實主義風潮，是中法文學史上，有事實聯繫的類似（parallel），而不斷言他們是文學影響。」（頁一四九）

研究比較文學的人都知道，影響研究是傳統比較文學研究的必要法則，尤其是以歐洲研究爲中心的法國學派，更是認爲只有以實證方式進行的影響研究才是合法的比較文學研究。所謂「影響研究」，是指研究不同文化國家的文學，如何因一方（接受者）接觸、翻譯、介紹另一方（發送者）的文學，而影響到接受者本人或其所處文化中的文學現象；而其目的是要藉此建立文學關係史，也就是像文化交流史一般的多國文學關係網絡史。所謂「實證方式」，是指此類比較文學研究者強調必須有具體可循的痕跡，如作者的自傳、書信、遊記或訪談中記錄的閱讀經驗，才能開始研究。

張漢良的〈中國現代詩的「超現實主義風潮」：影響研究的仿作〉，是第一篇以嚴謹的學術討論方式處理台灣的超現實主義風潮的文章，他以一貫的清晰思路與批判態度，同時檢視傳統比較文學實證派影響研究的缺失。張漢良指出了傳統影響研究的兩層問題：第一、要談實證的影響溯源，我們似乎有意忽視創作者靈感來源的多樣性與非具體性；第二、我們似乎否定了翻譯作品本身的創作性與文化選擇發展的自主性。我們可以根據此兩層問題，繼續思考文化交流塑形的過程。

影響來源的多樣性與非具體性的問題，會引導我們面對人類思維的柔軟彈性。一部外國長篇小說中的一句話，或是小說改編成電影時的一個廣告詞或看板畫面，或是友人談話中的轉述，或是畫展中的一幅畫，都可能是不經意的一瞥之下貯存的印象與意象。可能不存在於作者的意識中，或是作者也忘了是何時何地接收到了此訊息。更重要的是，作者自己不會忠實地一一記下他的閱讀材料，他也不會有個左右拾遺，將他的言行記錄下來。如此，要追溯影響源頭可說是緣木求魚，徒然無功。縱使研究者發憤立志，施展地毯式蒐尋的功夫，整理出一系列接觸關係史的編年表，這對於作家創作的動機、作品內在包涵的問題、外來影響源與本地文化接觸時產生的張力，以及當時本地文化內在錯綜複雜的多重勢力運作，都無法提出適當的詮釋與討論。

其次，翻譯作品本身的創作性與文化選擇發展的自主性，則使我們思考翻譯者在進行文字重寫的過程時，有多少遣詞造句的原則是受到在地文化、文學傳統與當時語言習性所決定？有多少是自己創作意圖導向的字詞鍛鍊？甚至在選擇原作作品時，有多少是基於本地文學要求變革而特意挑選的。此處，我們談到的便是翻譯與接受影響一方的主動性。而每一個翻譯者在著手翻譯時，都免不了隱隱有一些模仿的焦慮與採取諷刺距離的衝動。也就是說，雖然譯者時常不自覺地將翻譯的對象視爲一座教堂，而譯者身處聖殿中卻有同時抽身而出嘲弄這位神祇的慾望。當譯者將此原著視爲神聖而不可侵犯的對象時，他便只是靈媒、乩童，重複原作者的聲音，而無法發揮自己創作的聲音。然而，在譯者企圖脫離原著的控制，而以戲耍的方式玩弄一些出入的伎倆時，創意式的翻譯便發生了，此種翻譯對在地文化的變形影響也隨之產生。

傳統影響研究仍有的第三層問題，卻是張文中未曾提及的，亦即是傳統影響研究受限於「文學研究」中對文字媒體的執著，而忽視了文化運作中多重符號系統互動的問題。因此，文化運作的多重符號系統互動，更會攤開不同符號系統之間如何互動的討論。文化的構成、轉型與流變，是由多重符號系統交相運作互動所引發。不同文化發生相互滲透的現象時，除了文字的對譯之外，眞正發生的亦有視覺經驗的翻譯或是聽覺經驗的翻譯。①

也就是說，在文化交流互動時，文學轉譯的不只是文字符號與符碼，亦包含視覺、聽覺或影像的符號與符碼，並利用這些異質文本的意象來豐富文字文本的語彙，或是利用其遵循的異質文法來鬆動文字文本的傳統。

但是，若因為傳統實證影響研究之弊端，而斷言「影響研究沒有意義」，並放棄研究文化交流滲透之種種現象，則是因噎廢食。我們若注意到「影響來源的多樣性與非具體性」、「翻譯作品本身的創作性與文化選擇發展的自主性」，以及「文化運作的多重符號系統互動」的三層考慮方向，便有可能拓展出較為廣義的影響研究。我要以文化交流互動時，多重符號系統交織運作的現象，重新檢視台灣五、六〇年代現代詩壇移植西方超現實風潮的問題。也就是說，我要以一種廣義的影響研究，打破狹隘的編年史觀點與單一符號系統運作的認知態度，處理包含視覺藝術的間接影響源。我希望指出，在二十世紀上半期文學與畫風皆採保守寫實路數的中國與台灣藝文界中，畫界的李仲生與詩壇的紀弦借用西方的超現實風格，皆是以此文化／藝術「他者」為棧道，暗渡當時政治高壓時期被社會潛藏壓抑的革新企圖。而台灣現代詩「橫的移植」超現實詩風，一則是側面借自日本的超現實流派，再則是橫向挪用視覺藝術之超現實構圖，同時也延續了超現實文學與藝術中隱藏的政治抵制。

超現實主義「橫」的移植

要討論影響的發生，首先不是需要回到編年的問題。超現實主義在台灣引發的風潮絕對不是一九五六與一九六五兩個年份能夠界定的。文化轉型的構成因素十分複雜，在台灣文壇五、六〇年代宣稱要藉「橫的移植」來促進文學現代化，並有意以文字大量翻譯介紹法國超現實主義的宣言與詩作之前，②超現實主義早已藉由日文與視覺藝術的管道橫向輸入台灣文學的不同地層。三〇年代由楊熾昌所倡導的風車詩社（le Moulin）所引介的超現實詩風，四〇年代深受日本超現實主義風格之《詩與詩論》的林亨泰，與三、四〇年代的大陸藝壇的現代派移轉到五〇年代台灣藝壇的現代派中的超現實畫風，其實都是台灣超現實運動的前驅。而且，無論是文字或是視覺藝術，輸入的管道都不是直接銜接法國的文藝界，而是透過日本的文藝界而側面輾轉傳入。

透過日本的管道

楊熾昌的超現實主義是受到他留日期間在日本盛行的超現實主義，與當時大量翻譯為日文的法國超現實主義詩集的影響。二、三〇年代正是日本現代主義思潮發展之階段，超現實主義是在一九二五年（大正十四年）由上田敏雄、上田保、北園克衛等人辦的雜誌《文藝耽美》中被介紹的，該期介紹了阿拉貢、布荷東、艾呂亞等超現實主義詩人，並刊登了他們詩作的翻譯。一九二七年出版的《馥郁的火夫啊》，是日本第一本超現實主義詩集（葉笛，頁五）。楊熾昌於一九三〇年由日本Bon書店以日文出版的《熱帶魚》，則是日本自二〇年代開始的現代派超現實風潮所影響的結果。一九三五年楊熾昌與林永修、張良典、李張瑞和日本人戶田房子、岸麗子、尙樟鐵平等人於台灣組成的風車詩社○是超現實主義在台灣正式結社的行動（葉笛，頁七）。但是，當時的超現實詩作是以日文寫作發表，而且僅是曇花一現，未能維持太久。不過，由此可得知，當時超現實風格已存在於某些台籍詩人的日文意識層中，而讀者多少也已透過日本本島上的日文詩刊或是台灣島上的日文詩刊接觸到了超現實詩派的風格。四〇年代「銀鈴會」之林亨泰與詹冰便屬於此一脈絡中。

台灣文壇第二次有意識地以文字翻譯介紹超現實主義，就是在台灣五、六〇年代的現代派運動中發生。《創世紀》、《現代詩》、《笠》等幾種詩刊積極引介歐美現代詩派，尤其是《現代詩》與《創世紀》有意的介紹並練習超現實主義的理論與詩風。③除了歐美的詩作之外，當時這幾種詩刊亦大量譯介日本二、三〇年代的超現實主義詩人的作品與翻譯，如佐藤朔、春山行夫、岩佐東一郎等。事實上，我們可以由這些翻譯行爲中發現，只有少數詩作是直接從法文或德文翻譯爲中文的，多數都是透過日文或是英文的翻譯而轉譯。葉笛於一九六六年在《笠》詩刊發表布荷東「超現實主義宣言」的節譯，他坦承無法閱讀法文，當時是透過日文的譯本翻譯成中文。④有意研究並介紹超現實主義理論與詩的洛夫，也說明他無法閱讀德文與法文，都是藉由日文或是英文的翻譯版本來了解超現實主義的（〈我與西洋文學〉，頁五四）。葉笛指出，日本的超現實主義與西方的超現實主義不同的地方在於日本「以主知的力量來建築自我的美學」，並加入東洋的「無」的思維（頁五）。而洛夫在〈超現實主義與中國現代詩〉一文中，強調中國現代詩中的超現實特色主要建立在「對知的熱切要求」以及「禪」的精神（頁一七七—八），這似乎與日本現代派超現實主義的發展有很直接的關連。⑤

透過視覺藝術的管道

除了日本詩壇的影響之外，中國三、四〇年代與台灣五〇年代視覺藝術的現代化運動，也是導致台灣詩壇現代化的主要動力之一，但是其過程是扭曲的。因爲當時藝壇普遍以寫實保守畫風爲主流，而超現實畫風僅是少數藝術家的前衛革命。但是，這少數藝術家的前衛革命，尤其是李仲生，卻刺激了文字工作者如紀弦的前衛革命。

起源自清末民初的中國美術現代化運動，由出國留學接觸到西方繪畫的畫家推動「學習新法」，如徐悲鴻、劉海粟、林風眠等；而自一九二七年北伐結束，到一九三七年中日戰爭爆發之間，留學生紛紛返國，帶動現代化普及的盛況。但是，在討論二十世紀初期中國旅法藝術家之時，多數藝術史學者皆指出這些畫家無法接受法國當時較屬前衛的畫派。李鑄晉認為這些留學生多半以比較保守的學院派寫實傳統為學習對象，因此他們回國後亦帶回寫實主義畫風，使其成為中國西畫的主流（李鑄晉，頁八）。張元茜認為中國早期留法畫家，無法接受二十世紀初期流行於巴黎的達達、自動主義、即興觀念、現成物體等「反藝術」潮流的原因，是中國畫壇甚至沒有經過文藝復興的階段，因此反藝術對於急於學習西方的中國西畫家來說是沒有意義的（張元茜，頁四六）。就連引發文學界象徵詩派風潮並在詩文中流露超現實風格的李金髮，他的雕塑路線仍然秉持一貫的寫實保守的肖像雕塑（李鑄晉，頁八；張元茜，頁四六）。

至於同時期台籍留日畫家亦有類似的保守傾向。王秀雄指出，台灣第一代西畫家留日習畫，如顏水龍、廖繼春、郭柏川、李梅樹、李石樵等，所接受的都止於寫實、印象派至野獸派的畫風，而毫無接受當時前衛畫風的痕跡。其中顏水龍、楊三郎與劉啓祥留日後繼續遠赴巴黎學習，留法期間正為一九二〇年到一九三五年間超現實主義與抽象繪畫盛行之時，但是他們依舊以留日時的藝術觀點為主，而對巴黎當時的前衛藝術毫無感應（頁一四四）。王秀雄指出了一個現象：「台灣籍的第一代畫家，不知是殖民教育使然，總比日本的西畫家來得保守，所吸收的也較狹窄。」（頁一四三）其實，這正是被殖民者心態所導致的文化認同與內化。在日本「內地延長」、「皇民化運動」、「國語運動」等文化殖民政策之下，台籍畫家皆以「台展」（一九二七—一九三六）與「府展」（一九三八—一九四三）反映出的日本內地主流畫風為學習目標，亦以留日習畫為最高的自我要求。日本戰前主導藝壇寫實、泛印象派與野獸派畫風的「文展」是日本畫家成名之管道，人人皆以入選「文展」為志。尤其是就讀於東京美術學校的學生，全年之畫作以文展之主流為習作範圍，也就是所謂「外光派」與「白馬派」的泛印象派。雖然，當時日本亦出現具有達達、超現實、抽象派之前衛風格的「二科展」、「春陽會」等在野流派，但是，台灣留日的第一代西畫家，卻自然以日本畫界與學院的主流為認同的目標，⑥也因此台灣西畫一直以寫實派為主流，頂多夾雜一些泛印象派與野獸派的風格。

在大陸與台灣的畫壇和學院以寫實風氣為主流的保守沈悶環境之下，留日（一九三三—一九三七）的李仲生引介超現實畫風，創辦現代派大本營的「決瀾社」，而離開大陸來到台灣後更積極介紹超現實與潛意識等觀念，並促成東方畫會的成立，這是一個值得注意的現象。蕭瓊瑞所指出李仲生不循正統學院管道習畫與授課的特色，⑦或許正是他傾向具有顛覆與革命性格的超現實畫風的原因。李仲生二十歲時與龐薰琴、關良等人組成決瀾社（一九三〇—一九三四），決瀾社的宣言中寫道：

> 我們厭惡一切舊的形式、舊的色彩、厭惡一切平凡的低級的技巧，我們要用新的技法來表現新時代的精神。
>
> 二十世紀以來，歐洲的藝壇實現新興的氣象：野獸群的叫喊，立體派的變形，Dadaism的猛烈，超現實主義的憧憬……。
>
> 二十世紀的中國藝壇，也應當出現一種新興的氣象了。
>
> 讓我們起來吧！用狂飆一般的激情、鐵一般的理智，來創造我們色、線、形交錯的世界吧！
>
> （《藝術旬刊》一卷五期，一九三二年十月；引自郎紹君，頁六五）

我們可以看到，在決瀾社呼籲的吶喊聲中，仍然流露出浪漫派「狂飆一般的激情」，這是五四以來尚未抒發盡淨的激情。可見，現代派是當時年輕畫家在保守畫風與社會環境之下，抗拒舊有的傳統、求新求變的方式，尤其是達達的不按牌理出牌與超現實帶來的翻轉現實的視角，對他們來說，都具有絕對的吸引力。留日學生梁錫鴻與李東平等人於一九三五年成立「中華獨立美術協會」，提倡超現實主義藝術，在上海展出抽象畫與超現實畫，同時也展出日本超現實畫家靉光的畫。他們還在十月份的《藝風》專輯刊登布荷東一九二四的超現實主義宣言，並著文介紹超現實主義與其代表性畫家達利（《藝風》一九三五年十月號「超現實主義專號」）（朗紹君，頁六四；Sullivan, 104）。一九四五年重慶的「現代繪畫展覽」包括李仲生、林風眠、龐薰琴、關良、趙無極等十三位畫家。其中以李仲生的畫風最爲前衛。趙無極日後亦承認，一九四六年重慶的「獨立美展」時，他自己的畫風仍「僅是野獸作風」，而李仲生則爲康丁斯基式的抽象繪畫與超現實作風（趙無極，頁三〇）。

一九四九年，李仲生離開大陸來到台灣時，台灣藝壇仍普遍瀰漫保守謹慎的氣氛。李仲生一九五〇年到一九五五年間在《聯合報》、《中華日報》、《新生報》、《新藝術》、《文藝月報》、《技與藝》、《文藝春秋》等刊物發表了許多介紹西方現代畫派的文字，例如《聯合報》一種刊物便前後兩次刊載李仲生介紹超現實主義繪畫的文章（一九五三年六月十日、一九五五年八月五日），以及多篇介紹日本前衛畫派的文章（蕭瓊瑞，頁九八—一〇〇）。從李仲生本人對超現實主義的解釋，我們可以看出他已脫離法國布荷東等人以自動技法來定義超現實主義的說法。他認爲超現實主義把不同時間、不同空間的事物表現在同一畫面上的作法，應該是如德國佛蘭茲•洛（Franz Roh）所謂「魔術的寫實主義」（"Magischer Realismes"）的說法更爲恰當（〈超現實派繪畫〉，頁二五）。李仲生認爲超現實文學中的自動主義在講究技巧的繪畫中是難以實行的。他認爲超現實主義繪畫以「悖乎普通的畫理，而採用了自然悟得的方法。不依靠寫實，而用一種特意的表現，以期暴露人理性的斷面」。因此，由自發主義與偶然性所產生的物與物之間不可思議的對立關係，在繪畫中便成爲轉換動與靜、大與小、高下、縱橫等處理，而「排斥那從來的固定底觀念與習慣，或者形式等等的革新性和發展性」，便是超現實主義的核心意義了（〈超現實主義繪畫〉，頁二四）。

李仲生選擇放棄超現實主義中的自動技法，⑧而強調其理性的技法，流露出他企圖顚覆傳統固定觀念與習慣的革命潛力。這在他一九三四年參加日本二科會二十一屆畫展的作品中亦可看出端倪。具有奇利哥（Giogio de Chirico）扭曲視角風格的畫面上，一個由嚴謹透視強制規範的封閉空間與不合透視原則的瓶子，造成兩種空間擠壓而產生了突兀的視覺經驗。遠景有輪船的海景暗示一個遙遠而廣闊的天地，前景釘在地面紙片上放置的鐮刀與榔頭則強烈暗示文藝革命的必要。但是，在當時政治氣氛緊張的時刻，文藝革命隨時可被套上思想問題的帽子而招致生命危險。與李仲生一起合辦美術班、與台籍文人呂赫若、楊逵、王白淵、雷石榆、周青等人相從甚近的黃榮燦，便被以匪諜之名逮捕槍決。此事或許是成爲李仲生日後緘默的原因之一。⑨

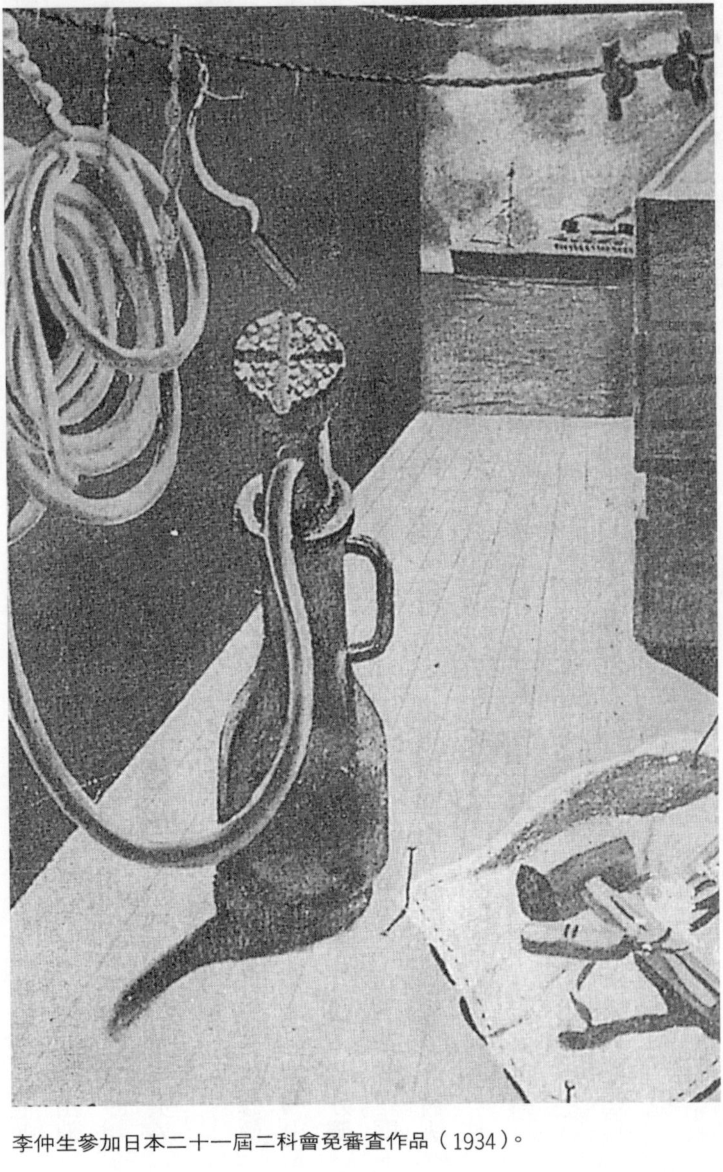

李仲生參加日本二十一屆二科會免審查作品（1934）。

詩人羅門在談李仲生的畫以及其偏向於超現實畫派的畫風時，他的詮釋透露出他個人向來追求無限的浪漫情調，而忽略了李仲生畫作中隱藏的顛覆革命衝動。羅門指出超現實畫派的特色在於其「溶化一切在潛在意識與經驗中，使思想與精神活動的原型，透過心象，以無形之形，自由自如的呈現於畫面上，產生純然屬於內心無限的追索與看見」（頁五七）。

羅門認爲，「在李教授的心眼中，任何外在單一或數量性的『形』，都有其可想像得到的極限性，無法成爲李教授傳達『心視世界』的最理想的『出口』；最理想的『出口』，是讓『心視世界』，直接以心像的無形之『形』來充當，更能彼此配合，充分發揮：更能達到心態與藝術活動高度自由性與純粹性的效果。」（頁五七―八）雖然羅門也指出了李仲生內在視覺世界在畫布上轉化的自由，但很明顯的，我們可以看到，詩人如何以他個人的視角與理想來改寫超現實主義，並且重新定義。

激進的李仲生弟子於一九五六年成立「東方畫會」，⑩成員如蕭勤、夏陽、吳昊、歐陽文苑、霍剛等人的畫作，更是台灣現代畫發展的重要里程碑。

由一九五七年十一月東方畫展展出畫家風格的簡介中，我們可看出此次畫展的超現實成分：

金藩：最初研究立體主義與新古典主義，後復融入超現實主義之表現法，作風富濃烈稚拙之趣味，並具有一種神祕的幻想和澀的感覺，個性顯著。

夏陽：最初從事新古典主義的製作，然後受機械主義、表現主義及超現實主義的影響和啓示，並同時研究中國的線底結構原理和民間藝術之特質……

歐陽文苑：早期研究立體主義底構造原理，並受齊里柯(Chirico)的造型的象徵主義，及表現主義的影響……

霍剛：最初為超現實主義研究者，後通過後期立體派的抽象的構成原理，並溶入了潛意識作用，表現著具有濃烈的象徵意味底抽象性底超現實主義繪畫，富有童話般底趣味，個性至為顯著。

蕭勤：……使用自動性技巧而形成一種具有夢幻般底詩意的表現樣式，個性至為明顯，觀其畫如入夢境，富有神祕意味。（蕭瓊瑞，《五月與東方》，頁一二一—二）

而由一九五七年此次「中國、西班牙現代畫家聯合展出」的畫作標題，我們也可以看到許多具有超現實想像的意味，例如〈另一個宇宙〉（黃博鏞）、〈幽靈〉、〈流浪者的哀鳴〉（陳明道）、〈死之馬〉（歐陽文苑）、〈孩提的話〉（霍剛）。此次展出對當時台北的觀衆與現代詩人都有相當大的影響。現代詩人紀弦、商禽、辛鬱、楚戈等人都在東方畫展開幕當日到場，紀弦還即興朗誦一首詩（吳昊，頁八一；引自蕭瓊瑞，頁一一九）。辛鬱、羅馬、楚戈、秦松、向明等人還每天在畫廊助陣，晚上並在夏陽、吳昊、歐陽文苑等人所借的空總防空洞附設的洞中畫室內飲酒談詩畫（楚戈，頁一〇一一；引自蕭瓊瑞，頁一二〇）。一九五六年「東方畫會」的成立，一九五七年東方畫展的展出，和一九五六年一月現代派詩人集團成立，與洛夫和瘂弦在一九五九年先後刊登於《創世紀》的《石室的死亡》與〈深淵〉，都可說是當時整個社會保守高壓氣氛中必須發展出來的文學與藝術的革命。

視覺翻譯與挪用

現在回頭檢視台灣五〇年代的文學現象，我們發現那時代是處於一種沒有語言與沒有形式的尷尬狀態，前衛詩人與藝術家只能積極的尋找新的語言與文法，而五〇年代的現代派則是當時台灣前衛藝術家與文人不得不發展的語言革命。當時那種情況是有其歷史背景的。台籍作家在二十世紀前半葉，幾度面對語言被迫廢棄轉用的困難環境：首先，日本佔據台灣五十年（一八九五—一九四五），台灣人民全面接受日式教育，越是知識份子，越被納入日式教育系統之內。其次，由於時代所趨，傳統漢文已不合時宜，二、三〇年代作家便嘗試以胡適所倡的白話文寫作，但是，他們缺乏語彙、缺乏形式，所寫出的文字今日看來多半顯得十分生澀幼稚。巫永福〈遺忘語言的鳥〉中清楚描述「遺忘語言的鳥呀／也遺忘了啼鳴／……遙遠的拋棄祖宗……／甚麼也不能歌唱了／被太陽燒焦了舌尖」這種失去語言的困境與悲哀。日據時代後期的皇民化國語運動（一九三七—一九四五），禁用漢語，更造成台籍作家必須放棄漢文創作。以日文創作的龍瑛宗便犀利地指出台籍作家失去語言的窘境：台灣人「極端拙於口舌，是語彙的貧窮者，……他們的作品，世界觀淺顯，談不上技巧，連必要的言語也找不到」（〈熱帶的椅子〉，引自羅成純，頁二六二）。國民政府接收台灣後，又於一九四七年開始全面禁用日文，台籍作家再度面臨被迫剝奪語言的處境。同時，一九四七年二二八事件引發的白色恐怖時期，牽連無數，無論是台籍或是外省籍的作家，都面臨了有話不能盡說的政治壓力。傳統語言無法提供當時文藝創作者有效的抒發管道，他們需要用更曲折隱晦的語言，連結表面上無意義的意象，才能使底層的意義一層又一層的轉化。超現實風格正是此管道。

由五〇年代當時畫壇與詩壇互動的關係來看，我們可以發現，在超現實主義的詩與宣言被正式翻譯爲中文介紹到台灣詩壇之前，視覺藝術已然先以另一種方式——視覺的方式——展開中國文人的視角。台灣現代派詩人如紀弦、商禽、辛鬱、瘂弦、楚戈、秦松等人對現代視覺藝術的愛好，可讓我們窺見其詩中視覺意象之構成痕跡。超現實畫作中視覺意象的無理性拼貼，提供了詩人心靈一種超現實的層面，當他們以文字重現這種心靈空間的同時，也打破了正統文法規則，而創造出屬於現代詩的一種新的文法。更具體的說，詩人取用屬於畫布上的意象，拼貼於另一現實層面，被取用的意象保留原來的形象符號，但其意涵卻被取消。不具有指涉作用的符號拼貼在與原來出處無關的平面上，產生了縱向的意義斷裂，而幾個來自不同現實的中空符號拼貼，在詩人的文字平面上，更衝撞出橫向的意義斷裂。

關於現代詩中以視覺經驗翻譯意象而引發現代派的興起，現代派的先驅李金髮可以提供一個有趣的例子。李金髮留法主要的目的是去學習雕塑，而他返國後的正業亦是雕塑，同時，他的雕塑與素描都是以寫實爲主，甚至他具代表性的雕塑作品都是當時政壇名人如伍庭芳等人的肖像。李金髮留法期間（一九一九—一九二五）在法國盛行的達達與超現實主義，對他的視覺藝術似乎絲毫沒有影響。但是，他在那段時間閱讀的波特萊爾、魏爾蘭、保爾・福爾等象徵詩派的詩作，卻成爲日後掀起中國現代新詩象徵派熱潮的起源（陳厚誠，頁七一—九）。其實，在仔細閱讀李金髮的詩句後，我們會同意李鑄晉與張元茜所稱李金髮「詩文中流露超現實風格」（李鑄晉，頁八；張元茜，頁四六）。

例如〈夜之歌〉開頭的幾行：「我們散步在死草上，／悲憤糾纏在膝下。／粉紅色之記憶，／如道旁朽獸，發出奇臭。」很明顯的，這是幾種不同現實的意象拼貼於同一層次的文本，造成意念的頡抗，而鋪陳出如夢魘般的鬼魅氣氛。李金髮在雕塑人像時無從宣洩的悲觀、反體制、幻滅、荒謬與哀傷，卻在他視覺化的文字中流露。

紀弦是以視覺經驗翻譯超現實畫風的另一個重要例子，而他的經驗直接促成了台灣現代詩的發展。紀弦一九三三年畢業於蘇州美專，一九三六年赴日，返國後從事美術教育，一九四八年來台，在大陸期間已出版過幾部詩集（《紀弦自選集》，〈小傳〉，頁一）。留日期間，紀弦「直接間接地接觸世界詩壇與新興繪畫，……眼界大開，於是大畫特畫立體派與構成派的油畫，也寫了不少超現實派的詩」（紀弦，〈在人生的夏天〉）。他的自畫像很顯然地流露出了達利式的自負狂傲。⑪

紀弦自稱受到戴望舒自由詩的音樂性與李金髮「新奇而且古怪」的詩風影響，⑫開始向《現代》月刊投稿（紀弦，〈三十年代的路易士〉）。從他的詩作中我們可清楚看出視覺藝術對他的影響，以及他對西方現代派畫家的熟悉。⑬例如〈夢回〉這首詩：

醒來見午夜的月色窗上
剪貼著梧桐樹葉、星和壁虎的

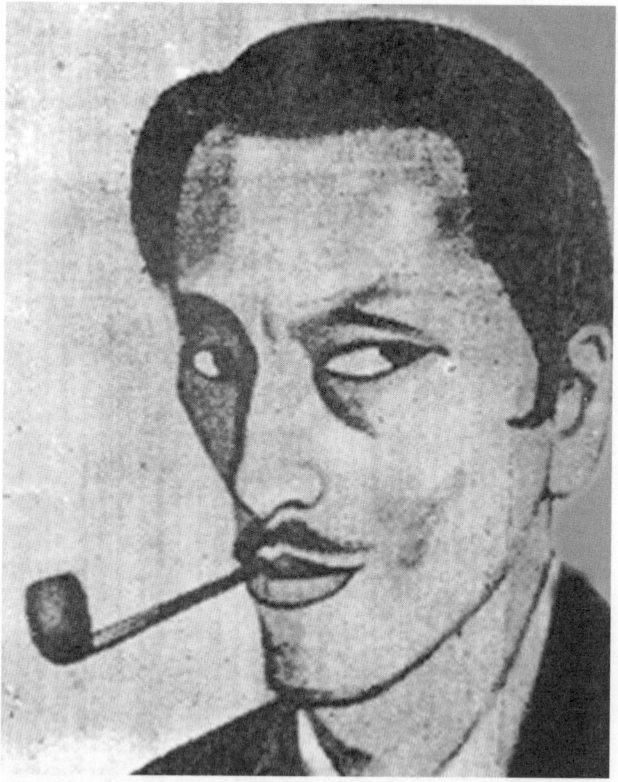
紀弦的《自畫像》。

新派圖案。

踩斷初織夢的一線，
歌著幻異下扶梯的貓，
現在和另一匹
開始談起戀愛來了。

詩中拼貼「梧桐樹葉」、「星」、「壁虎」和唱歌的「貓」等毫不相關的意象，以及呈現一種夢幻的氣氛，顯然是要呈現超現實畫派的風格。

而紀弦一九四二年的〈吠月的犬〉則是翻譯超現實繪畫最有意思的例子：

載著吠月的犬的列車滑過去消失了
鐵道嘆一口氣。
於是騎在多刺的仙人掌上的全裸的少女們的有個性的歌聲四起了：
不一致的意義，
非協和之音。

仙人掌的陰影舒適地躺在原野上。
原野是一塊浮著的圓板哪。
跌下去的列車不再從弧形地平線爬上來了。
但擊打了鍍鎳的月亮的淒厲的犬吠卻又被彈回來，
吞噬了少女們的歌。

奚密在〈邊緣，前衛，超現實：對台灣五、六十年代現代主義的反思〉一文中指出，當紀弦寫〈吠月的犬〉時，在大陸發行的《現代》月刊上並沒有超現實詩的翻譯，但卻有介紹包括超現實主義與意象派的現代藝術（頁五）。奚密之文已隱隱指出台灣五、六〇年代現代主義的前身應往中國三〇年代的現代派追尋。當時的文壇卻不如當時的藝壇般接觸過超現實主義。透過習畫背景與留日經驗接觸過超現實藝術的紀弦，借用米羅的畫，發展了一種前衛的文法與意象排列方式。若不看米羅的原畫，紀弦的詩中彼此毫不相干的意象在意義層面上簡直無從銜接。紀弦藉著米羅的畫尋找到了一個大膽陳列意象的藉口。米羅的畫《吠月之犬》中的幾個意象也被紀弦有意改寫，重新詮釋其符號，賦予其屬於紀弦個人的意義。⑭原畫中攀登天空的梯子，被改寫為嘆氣的鐵道，畫中聽不到的犬吠聲，被翻譯成「淒厲的」聲音，「擊打」月亮卻又被「彈回來」，而

米羅畫作《吠月之犬》。

「吞噬了」少女們「有個性的歌聲」。

視覺空間與符號他者

我們可以借用 Ekphrasis 的理論，來討論紀弦改寫視覺藝術文本與外來文化文本引發的一些問題。⑮ Ekphrasis 的意思是「使圖像說話」，任何描述視覺藝術的文字都可稱爲 Ekphrasis，我們可以暫時將 Ekphrasis 譯爲「讀畫詩」。克里格（Murray Krieger）(*Ekphrasis*, 1992)將 Ekphrastic principle 定義爲描述繪畫或雕塑，使文字呈現繪畫與雕塑的空間感的原則(9)，而他指出 Ekphrastic aspiration 是一種同時要求凝固與流動的衝動，語言要求將自身凝固爲一空間之形，卻又自覺本身無空間性的矛盾而求解脫此形（10）。米契爾則指出，Ekphrasis Image 像是個「不肯屈服的他者」，是個文本中的他者（textual Other），是自身的「符號他者」（Semiotic Others）(699)。文本要克服這個符號他者。但是，這個符號他者像是個「黑洞」，對抗詩人想要穿透佔有的聲音（700）。Ekphrasis Fear 與 Ekphrasis Hope，根據米契爾的說法，是作者對與「社會他者」結合的畏懼與希求（706）；而在文字的再現與視覺的再現之間的符號差距，便是文本中面對他者的場域（716-7）。⑯卡絲(Mary Ann Caws)進一步指出，在一作品中，文字與視覺意像的交集是兩種文本的相互介入、打斷，同時，這種介入會產生內在對話，A透過對話的衝動，牽引出文字文本對視覺文本的慾望以及企圖描述／包含視覺文本的焦慮。卡絲認爲，在「讀畫詩」中，文本透過評論一件藝術品來決定身爲讀者與批評家的詩人閱讀此藝術品的角度，而詩人兼批評家的閱讀是一種壓力與焦慮狀態的閱讀(Caws, 8)。

以上述之角度來觀察紀弦對待視覺藝術，以及西方超現實主義這兩層內在自我的「黑洞」——「藝術他者」與「文化他者」，可以幫助我們了解身兼讀者、批評者與詩人的紀弦，在挪用西方藝術形式時，其文字中流露的想要合而爲一的慾望與害怕被吞併的焦慮。米羅畫中這些斷裂的意象被紀弦強制拼貼，而造成了紀弦詩中文本表面極端不協調的張力。米羅的視覺文本是紀弦以文字所描述／篡改的對象。而在紀弦式「讀畫詩」的文字改寫圖像的例子中，我們面對兩個文本之間的辯證關係：紀弦的文字迫使自身塑造也同時瓦解米羅的視覺文本之形，而在文字與被解消的視覺文本之間又兼含慾望與焦慮的對話。紀弦將另一種藝術形式與外來文化，在他的文字中轉化爲文本中的「符號他者」：一個不在場卻被召喚的黑洞，控制文字的發展。在視覺符號與文字符號的斷裂處，在紀弦以文字改寫米羅的視覺文本而賦予聲音時，我們聽到了詩人的焦慮：詩人企圖揭露卻又畏懼被識破的內在社會他者，一個在政治高壓之下的異端。

「嘆一口氣」的鐵道，「淒厲的」犬吠，少女「有個性的歌聲」，「非協和之音」，對紀弦來說都是十分有意義的。在另一首詩〈回聲〉中，詩人自擬檳榔樹，並說：

他佇立著，像一棵生了根的檳榔樹。
他凝望著天邊，怪寂寞地。
……
……他已深深地厭倦於
空谷裡太多的回聲
和回聲的回聲，的回聲……
那些沒個性的，多麼可憎。（《紀弦詩選》，頁三〇一）

紀弦一輩子強調「個性」的重要，其詩中亦一再出現對此概念的發揮。對紀弦來說，爲政治宣傳的文字是沒有個性的文字。他曾在一九四八年獨資創辦的《異端》詩刊的宣言中稱：「我們主張一切文學、一切藝術的純粹化；特別要把詩從政治中解放出來，使其獨立生存，自由發展。……（赤色梵蒂崗的桂冠詩人）抹殺個性；我們崇尚個性。」（〈從一九三七年說起〉，頁八四）到台灣以後，他也對國民黨抹殺詩人個性的政治文藝路線提出類似批判：「恕我率直地指出來吧，流行在今日之詩壇上的，有一種最要不得的傾向，那就是『意識至上主義』。……凡是宣傳反共抗俄的，都是好的；……這原是共產黨的文藝政策之一要點；……想不到在今日之台灣，竟又抬起頭來，而且耀武揚威。」（《紀弦詩論》，頁三八）在文壇與政治生態中沒有個性、只有回聲的時代裡，少女們有個性的歌聲，「不一致的意義，非協和之音」，是一種變調，一種抵制。但是，在這一塊像是「浮著的圓板」的原野上，不協和而有個性的聲音是不被容許的，連要抗議的吠月之犬也不再存在。而米羅逃離地面、通往天空，童稚趣味十足的梯子，⑱被紀弦詮釋成供列車通過的鐵軌，列車的進行不容分辨，無法停止。這鐵軌是單向的，載著吠月之犬離開的列車跌落弧形的地平線後便不再爬起來了。仰頭所望到的月亮不是可供思鄉的月亮，而是被「鍍（了）鎳」的月亮，具有金屬性質的堅硬表面，是不能溝通不能接納聲音的意識形態。不被接納的淒厲的犬吠被月亮彈了回來，連僅存的少女有個性的歌聲也被淹沒了。

對紀弦來說，超現實主義是爲了配合他自己的理念而選擇接受與挪用的，他策略性地在現代派中凸顯超現實主義，主要是作爲他批判左派的浪漫主義與共產黨文藝路線強調的寫實主義的工具。他在〈從浪漫主義到現代主義〉一文中說：

要冷靜！要清醒！但同時又不可缺少一種「超現實」的精神。此乃「深入現

實」的超現實，而非「游離現實」的超現實，即「現實的最深處」之探險與發掘。（頁一六一）

這段話很明顯地是利用超現實主義來對抗浪漫主義，以強調現代精神中的冷靜、清醒與探險最深處現實的精神。紀弦也利用超現實主義反對寫實主義，他先後在《現代詩》的刊頭介紹秦松十分具有超現實風格的版畫，如第十九期的〈群像〉與〈夜〉，並特意爲文推薦秦松的版畫，而紀弦的推薦文字正顯示出他的詩觀：文中他強調此版畫中的「個性」與「超現實境界」和詩的「不表現凡散文所能表現的，剔除了一切攝影所能作到的」特色相近（十九期刊頭）。可見紀弦所以推崇超現實主義，便是因爲他認爲所謂超現實主義呈現的是「『企圖現實之最深處』，唯心眼可以看見，而攝影機無法攝下來的現實」（〈論想像〉，《紀弦詩論》，頁五四）。紀弦也說：「繪畫是主觀自然的創造，攝影是客觀自然的抄襲。無個性的再現不是藝術，藝術是有個性的表現」，而超現實主義是「使自然變貌，在畫幅上作夢幻的行動」（〈詩是詩、歌是歌、我們不說詩歌〉，頁一一）。

紀弦有選擇性的接受超現實主義，卻不願自稱爲是超現實主義者，並激烈反對超現實主義所提倡的自動寫作。他屢次強調：「我們的新現代主義」不是法國的超現實主義的同道，他並且譴責當時詩人群中「有一些人在啃著法國的超現實主義的麵包乾而自以為頗富營養價值」（〈從自由詩的現代化到現代詩的古典化〉，頁三一）。紀弦多次「大聲」否認他是超現實主義者，並強調超現實主義中的「自動的記述」是「現代派所不取」：

在我看來，所謂「潛意識」也者，固然是真實地存在於人類心靈深處的現實之一種，但是完全不受理性控制的「自動文字」則為事實上的不可能。（〈多餘的困惑及其他〉，頁九六）

紀弦同時指出超現實派所企圖表現的「潛意識」，與其所利用的「自動文字」和象徵派受高度理性控制的文字，是相對立的。他並且判定，超現實派的「自動文字」必須被揚棄，而象徵派的音樂主義也是必須被揚棄的（頁一〇〇—一）。可見，紀弦與李仲生一樣，取用超現實主義，所強調的是其中高度理性控制不同層面現實之反常理拼貼而處理的政治抵制。

超現實論述之形成

紀弦式以文字「翻譯」視覺藝術的例子，在五、六〇年代台灣現代詩人的超現實詩作中比比皆是。詩人們以文字再現視覺藝術，化形象爲文字，改寫形象符號的指涉符碼，並借用西方超現實畫派拼貼表面上無關連的形象的非理性邏輯爲文字的構成文法。例如林亨泰的「軟管擠出的春天」，洛夫的「我以目光掃過那座石壁／上面即鑿成兩道血槽／我的面容展開如一株樹，／樹在火中成長」（《石室之死亡》，頁一），瘂弦的「他們又將說這是燦爛的，馬蒂斯／雙眼焚燬整座的聖母院，自遊戲間／房中的赤裸冉冉上升去膈肢／那些天使／沒有回聲，斑豹蹲立於暗中／織造一切奇遇的你的手拆散所有的髮髻／而在電吉他粗重的撥弄下／在不知什麼夢的危險邊陲／作金色的她們是橫臥於／一條薔薇綴成的褥子上——」（〈獻給馬蒂斯〉），商禽的「一整天我在我的小屋中流浪，用髮行走。長腳蜈蚣。我用眼行走；有幾公克的燐爲此付出代價。我用腦行走。閉眼，一塊磚在腦中運行，被阻於一扇竹門：然后運轉於四壁」（〈事件〉），或是秦松的「鬱之成長，黑之成長／我探求的內部之風景遂展現／……超重的低氣壓下沈，下沈／球狀的意象爆裂於上升／成碎片，成不可名狀之新的意象／乃以心中之眼，透視開向藍天的窗／晨曦之曙光被分割地照射著」（〈黑森林〉）。

五、六〇年代視覺式拼貼意象的超現實詩風成爲台灣現代詩的發展脈絡中，雖然時隱時顯，卻是始終存在的一條支流。根據洛夫所言，六、七〇年代的葉維廉、大荒、管管、辛鬱、楚戈、周鼎、沈臨彬、張默、碧果都是具有超現實風格的詩人（〈超現實主義與中國現代詩〉，頁四），而至八〇年代的新詩人，如蘇紹連與陳黎，也都可看得到超現實的影子。游喚（游志誠）與孟樊（陳俊榮）都指出台灣新世代詩作承襲傳統最多的，是超現實手法。游喚此說之目的是替現代派詩人辯護，指其在「沈悶的政治壓制氣氛」之下，「透過託喻與象徵，微妙婉轉地超拔在現實外的另一種現實」（頁二四一）。而孟樊在討論台灣後現代詩的特徵時，指出的魔幻寫實、意符遊戲、精神分裂與拼貼等，都是超現實詩派所凸顯的風格，而林群盛之〈愕〉「在池邊散步一低頭胸前的黑色原子筆竟跳進水底而落上來的是一朵黑色的玫瑰」的魔幻寫實，實際上是承襲了六〇年代現代詩派如洛夫者的詩風（頁一九〇—二〇九）。其他如陳黎的〈驟雨〉強行拼貼孟克的畫《尖叫》與達利的畫《記憶的堅持：液化與僵硬了的時間》，〈吠月之犬〉重寫米羅的畫與紀弦的〈吠月的犬〉，〈激舞〉堆疊梵谷的畫，與楊然的〈下午：讀馬格利特的一幅畫〉都是例子。

超現實畫派的視覺平面上無理性拼貼與夢魘式的氣氛，翻轉了日常生活中習以爲常的視角，正好提供台灣五、六〇年代詩人新的語彙與文法，以及逃離現實思想箝制的管道。而且，這種新的語彙和文法，是透過跨越不同藝術形式的界線，側面瞥見而得到的靈感。瞥見的靈感有偷取的自由，而沒有系統內承傳的規範或法統。中國大陸三、四〇年代以迄台灣五、六〇年代保守的視覺藝術傳統之下，前衛藝術家透過日本文藝界的刺激而發展的超現實異端，竟是促進台灣現代詩「橫向」移植挪用視覺藝術、更新語彙及文法的直接觸媒，並造成了台灣現代詩的主流傳統。若我們進一步檢視台灣詩人及批評家對所謂「超現實」的文字詮釋，更會發現我們可以編撰出一部新的詞典。而這個外來辭彙奇妙地替每一個人執行不同的政治企圖，並揭露了各人潛藏內心的社會他者。至於超現實視角提供的外來文化他者，如何爲台灣文化工作者開闢抗拒文化認同僵化系統的裂縫，將在下章中繼續討論。

註釋

①例如Reuben Brower在《鏡中鏡：翻譯、模仿、擬諷》一書中談到不同形式的翻譯版本時，提出「想像性的重寫」(imaginative re-making, imitation)、引用(allusion)與「基進的翻譯」(radical translation)等極端翻譯版本的概念(2)。他認爲，不同語言的譯本時常受到當地歷史、當時或前期的藝術、文學、宗教傳統，以及文化與語言的決定。通常，越是自主性的翻譯改寫，對此地文化的更新再生的影響力也就越強。《鏡中鏡：翻譯、模仿、擬諷》這本書中討論幾種不同形式的翻譯，包括同一神話的視覺與文字的不同翻譯改寫版本。如Virgil的*Aeneid*, Dryden的*Aeneid*, *Rubens' Quos ego-- Neptune Calming the Tempest*。

②林亨泰在〈現代詩季刊與現代主義〉一文中，特別以《現代詩》第十三期爲例，指出紀弦爲了刻意突出移植說，將大篇幅的譯詩編排在國內創作作品之前，也就是說，該期在紀弦的「現代派信條」、「現代派信條釋義」、「社論」之後，自第七頁到第十三頁連續編排了世界各國現代詩作品的翻譯，第十四頁起才開始刊登國內作品（頁二二）。紀弦本人自該期起也連續翻譯保爾·福爾、阿波里奈爾、考克多、Pierre Reverdy、拉吉訶、Marie Laurencin、Max Jacob、Yvan Goll 等人的詩。

③比較特別的是，這些詩刊上的譯作多半是出自詩人之筆，如紀弦、方思、葉泥、馬朗、林亨泰、洛夫、葉笛、陳千武、白萩、趙天儀等。

④一九九五年，葉笛在「台灣現代詩史研討會」（一九九五年三—五月）的會議上，再度口頭說明他所參考的布荷東「超現實主義宣言」是日文版，並且是節譯本。

⑤此問題前章已經深入討論，此處便不在贅述。

⑥王秀雄認爲，此處所述台灣第一代畫家的早期背景，與戰後台灣的長期戒嚴（一九四九—一九八八）、六〇年代因外交受挫而發展的反西化與本土回歸心態，加上日文書籍被禁而受日式教育的畫家無法接受新知等因素，使得這一批元老畫家不再變更畫風，甚而他們控制二十七屆「全省美展」，主導台灣西畫的保守風氣，使得台灣西畫停留在泛印象主義或野獸派之流（頁一六九—七一）。

⑦蕭瓊瑞指出李仲生在國內與在日本都沒有能夠進入正式的藝術學院，這是他的反學院本質，也與他日後的非學院式的私人畫室收徒授藝有關係（《李仲生》，頁九）。

⑧李仲生晚期的作品中卻有自動技法的明顯痕跡，見《李仲生》一書中所收錄的畫作。

⑨蕭瓊瑞指出，當時合辦美術班的劉獅日後畫風轉爲保守、朱德群出國、林聖揚在師大藝術系保守環境中無法發揮，只有李仲生眞正對台灣畫壇的現代派產生直接的促成作用（《李仲生》，頁四）。但是，李仲生反對結社，甚至在其弟子成立東方畫會前夕，離開台北，避居彰化二十餘年，莫不是受到白色恐怖的影響。

⑩東方畫會成立前後，國畫界亦發生革命性的變化。一九五七年，提倡國畫現代化的劉國松及五月畫派脫離省展，展出極具革命性的新國畫展，並且引發正統國畫的論戰，此次論戰吸引了楚戈及余光中等現代詩人加入討論。

⑪此畫作於民國四十一年，出現於《紀弦論現代詩》封面。

⑫奚密亦曾指出紀弦詩在「語言、語氣、意象、辭彙」方面都和李金髮相近（一九九四，頁一一）。

⑬例如〈致或人〉（未來派）、〈散步的魚〉（考克多）、〈十一月的小抒情主義〉（超現實主義）、〈夢中大陸〉、〈構圖〉、〈畫室〉、〈色彩之歌〉、〈夢回〉、〈吠月的犬〉、〈等級〉、〈觀感〉等，皆有以繪畫構圖或著色之觀點來作詩的痕跡。

⑭商禽曾指出「月夜、犬吠」是紀弦詩中重要的象徵符號，是「由詩人的生活中、生命中衍生出來的」，「在不同時期有不同的意義」，例如，〈夜〉（一九三四）、〈寒夜〉（一九三七）、〈夜行〉（一九四四）、〈絕望〉（一九四五）、〈狼之獨步〉（一九六四）等（頁三三—四）。

⑮克里格在他的新書*Ekphrasis*中，將配合圖像出現的文字區分爲 epigram、ekphrasis、emblem。

epigram是銘刻在雕像或畫像旁的文字，emblem是需要圖示的文字，而ekphrasis是脫離圖畫雕像的文字（Krieger, 15）。例如John Keats的"Ode on the Grecian Urn,"、P. B. Shelley的"Ozymandias"、Wallace Stevens的"Anecdote of the Jar"、W. B. Yeats的"Leda and the Swan"、Dante. G. Rossetti的"Lady of the Rock"等。

⑯以上討論出自米契爾的文章〈讀畫詩與他者〉（"Ekphrasis and the Other," *South Atlantic Quarterly,"* 91：3），亦可參見米契爾的〈論畫詩〉（"On Poems on Pictures：Ekphrasis and the Other," *Poetics Today Speical Issue, Literature and Art*, ed. Wendy Steiner, vol. 10, 1989）；以及《圖像爲：圖像、本文、意識形態》（*Iconology：Image, Text, Ideology*. Chicago：University of Chicago Press, 1986）。

⑰卡絲此處借用了巴赫汀（Bakhtin）的對話式想像的理論。

⑱在米羅其他的畫作中亦有梯子的母題，例如*The Escape Ladder*（1940）。然而，米羅畫作中的梯子是幫助畫家逃離地面、通往天空的管道。

9 故宮博物院 vs. 超現實拼貼
台灣現代詩中兩種文化認同建構之圖像模式

在前面〈超現實的視覺翻譯：重探台灣五〇年代現代詩「橫的移植」〉一章中，我討論了台灣現代詩運動中，詩人與理論家如何橫向借用超現實繪畫的構成語法與視覺語彙，以及東洋文化中的超現實主義，同時改寫超現實主義之意涵，來轉達自己的理念，並進行文學傳統內的革命。我現在要繼續討論台灣現代詩中的兩種圖像模式：「故宮博物院模式」以及「超現實拼貼模式」，或者可以說是「凝視模式」與「瞥見模式」，以便回到此書開始時所提出的文化認同建構的問題。我希望指出，「中國」在台灣現代詩中時常以文化他者的符號出現；藉著描述沈默的視覺再現符號，無論是故宮博物院中的古物，或是西方現代繪畫，詩人以讀畫詩之修辭轉喻方式，傳達了自己對於「中國」這個文化他者的態度，也輾轉呈現了詩人的台灣經驗。此處，我將以余光中與瘂弦作爲一九四九流放詩人的例子，而以蘇紹連與陳黎作爲新生代詩人的例子。

讀畫詩隱藏的主體／客體相對曖昧關係

我借用偏重視覺修辭的讀畫詩切入台灣詩人文化認同策略的原因是：我發現，在文字中，視覺圖像永遠不是一個被固定住的客體，也不只是表面的圖像，而時常是最好的轉喻藉口。圖像只是一種置換，一旦產生，立即會帶出無數的聯想與轉喻，而觀看模式亦洩露觀者或是固定或是流動的位置。以文字的論述強加於沈默的視覺符號之上，在文字文本與被引用的視覺文本的符號斷裂處，在觀看者與被看物之間的界面，或是在觀看者的現實向度與被看物的現實向度切換中，我們可以發現恆常流動而被性別化與政治化的主客相對位置。

「讀畫詩」這個文類奇特的跨藝術性質，近年來吸引了許多理論建構者的注意。①Ekphrasis 字面上的意思是「說出來」或是「完全講出來」，而對於文學批評家來說，這個辭彙內在的運作功能則在於其「賦予沈默藝術品聲音及語言的特質」(Hagstrum, 18n, 49-50, 53)。我之所以把 Ekphrasis 翻譯爲「讀畫詩」，也是因爲著重於詩人「閱讀」視覺圖像並以文字改寫時所運用的文字思維。②詩人對話的視覺對象可能是一幅繪畫，但也可以是酒杯、甕、瓶、盾、盔甲等功用性器物 (Mitchell, 703)，或甚至是雕塑、相片、地圖、電影停格、舞台佈景等視覺符號（Mitchell, 717）。詩人以修辭的方式呈現眼前不在場的視覺圖像，表面上看來，是以頓呼法的修辭語氣與眼前安靜凝止的視覺圖像對話，帶領讀者觀看視覺圖像各部位的細節，並且替這個沈默的物體說話；但是，在這個文字演出的場景背後，詩人實際上已將自己的論述強加於這個物體之上，並且篡改了其符號意義。在羅賽提（Dante Gabriel Rossetti）的十四行詩〈達文西石窟聖母畫像〉中，詩人粗魯而固執地問：「母親，這個是世界末日的黑暗嗎？／死亡的陰影？那個外邊的海洋／是無限而迫近的永恆嗎？」（一—三行）。詩中以「這個」與「那個」取代了畫中陰暗部分與明亮部分的遠近對比視差，並改變了圖像中自然景觀的指涉意義；③「這個」與「那個」這兩個代名詞便成爲了遮蓋達文西畫中自然主義畫風的一層不透明的文字布幕，同時也是流洩詩人維多利亞時期宗教懷疑情緒的符號裂縫。對詩人來說，從生到死，到永恆，到無限，並不是如同神學家所說的那樣容易：「慈悲的母親，過道是艱難的，／如同這些石塊一般堅硬銳利」（九—十行）。在羅賽提的詩中，達文西的石窟聖母畫像成爲一個詩人要透過閱讀與寫作來捕捉、描述、改寫的視覺圖像；召喚出來的卻是一個不在場的他者，一個不在畫中的宗教懷疑經驗。

這個跨藝術形式的互文文本，這個視覺圖像，就是米契爾所說的「符號他者」。詩人有意藉著誤讀與改寫，製造出兩個符號系統間的裂縫，並產生了第一文本與第二文本間意義上的罅隙與斷裂；而透過這個視覺圖像托現的符號他者，便成爲讀者經歷他者經驗的場域（Mitchell, 716–7）。里法特（Michael Riffaterre）對互文（intertextuality）的討論中指出，互文導致的符號裂縫，或是那個「不在場的文本中之文本」，擾亂了此刻第二文本的內在結構，並使此文本產生了一種「非文法性」。這個「非文法性」指向一個「屬於他處的體系」（Riffaterre, 627）；也就是說，此處的非文法性揭示一個不在此處的體系中的文法性，而其意義亦須在那個他處的體系中完成。里法特認爲，要充分掌握此處文本所引用的他處文本，以及被引用文本背後的體系與所有牽涉到的前提假設，我們不僅需要有語言的知識，也需要有文化的知識。（628）

對我來說，讀畫詩最迷人的特質，就是其以文字再現並改寫視覺圖像的策略中，所揭露的文字藝術與視覺藝術間互文關係的辯證，以及其中主體／客體的相對位置。我認爲，要閱讀文本中的互文以及互文所指向的「屬於他處的體系」，我們除了需要語言與文化的內在知識之外，還需要設法揭開詩人沿自個人歷史與時代歷史而形成的文字癖性，以及其語言中流動的政治、文化和情慾的想像。在談論到此處文本與他處文本之間的辯證緊張關係時，許多批評家都指出了文本引用另一個文本時所採用的性別策略。米契爾所說的「無法接近、無法再現的黑洞」（700）與梅爾澤所說的如同莎樂美般「淫蕩誘惑的圖像」（Francoise Meltzer, 26），都使得詩人與視覺圖像間相互吸引／排拒的情慾關係暗示男女性別的關係。此處的論述中，我卻要指出，透過跨藝術互文中產生的符號裂縫，以及文字文本與視覺文本之間互動的性別策略，是超越男女對立的二元關係，而具有雙性本質或是同性情慾的相對關係。④詩人主體會在不同性別位置之間轉換：他可能採取男性或是女性的修辭位置，然而，他卻同時可以選擇陽性發言策略或是陰性發言策略。而無論是陽性位置或是陰性策略，透露出的卻都是主體對於慾求而必須排拒的潛意識母體的矛盾曖昧。以此觀點出發，我們更能夠理解台灣現代詩人透過讀畫詩來建構文化認同的矛盾與辯證過程。

克莉絲特娃在《恐懼的力量》一書中討論的必須推離的母體／客體(the abject/object)，或許可以幫助說明我此處所指文字文本主體在引用視覺文本時，對於他處系統的慾求與排拒的曖昧矛盾關係。克莉絲特娃所發展的「推離」理論，是指在主體還未進入象徵系統之前，潛意識中發生的原始壓抑：推離母體，分開，抗拒。「推離」是我們最早掙脫母體牽束的嘗試。沒有分離，主體便無從建立。然而，這種推離雖然暴烈，卻是笨拙的，因爲主體隨時仍然可能會掉回母體堅固而令人窒息的掌控(13)。⑤此處的「母體」自然不是現實生活中的母親，而是潛意識壓抑作用中第一個與自我區分的象徵化對象：這「母體」是潛意識中既欲求又令人害怕、既能生養又能吞噬主體而主體必須排除體外的「母體」，而這被排除的母體又寄生於各種「他者」之中，以致主體永遠尋覓(54)。

將母體內化，而成爲可以排泄淸除的穢物，是一種推離的方式（2-4）；將母體形式化，成爲一種食物或是思想的禁忌，也是一種推離（17）；以文字與論述代替母體，更是一種推離（37, 45）。我在台灣現代讀畫詩中，看到的是詩人面對文化潛意識中被壓抑的歷史記憶時，一再以不同的文字與論述尋覓母體、再現母體，或是驅除母體、壓抑母體。而詩人對文化記憶／文化母體的不同態度，則可以藉由詩中所使用的不同觀看模式探知。

台灣讀畫詩中的兩種觀看模式

在台灣現代讀畫詩中，我發現兩種相當明顯但是相互對立的模式：一類讀畫詩處理代表中國古典文化的視覺再現符號，另一類讀畫詩處理代表西方的西方現代藝術，尤其是超現實畫派的作品。第一類讀畫詩的詩人藉著描述中國古典的視覺符號，例如繪畫、陶俑、唐三彩馬、玉器、瓷瓶、古鼎，或是古中國地圖，來呼喚並且重新整理他對中國歷史的文化記憶。我稱此類讀畫詩修辭策略爲「故宮博物院模式」，或是「凝視模式」。⑥而另一類讀畫詩人以文字詮釋西方現代藝術家，例如馬蒂斯、達利、米羅、夏卡爾、德爾沃、馬格利特（René Magritte）等，卻在他們超現實的拼貼方式中藉著壓抑西方所代表的文化他者，也轉向呈現了他們更爲壓抑的中國文化他者，以及相對而生的台灣經驗。我稱呼此類讀畫詩修辭策略爲「超現實拼貼模式」，或是「瞥見模式」。⑦

「凝視」（The Gaze）與「瞥見」（The Glance）是布萊森討論東西繪畫的基本模式差異時所使用的比喻⑧：他認爲，西方繪畫自中世紀以來發展出了以反覆的塗抹掩蓋住了作畫時間延展痕跡的傳統，而文藝復興以後更發展出透過強制的單一觀點將觀者固定在不具有時空延展性的透視定點，觀者在觀畫時也被畫中超然的他者觀點／意識形態所凝視。這種傳統到十九世紀末才漸漸發生改變。相反的，在東方的山水畫中，筆觸的痕跡與時間的延續歷歷可見，而觀者的觀點更是游移不定（87-131）。⑨布萊森使用的視覺比喻指出兩種觀看模式，雖然不一定眞正適用於東西繪畫史模式的區分，卻恰好可以呈現我在台灣讀畫詩中所發現的文化認同的兩種建構模式。在「故宮博物院模式」或是「凝視模式」的讀畫詩中，詩人似乎駐足於一個藝術品前，凝視它，膜拜它，詩人的語言以一種向心的運動集中於眼前的物品上，好像要藉著他的閱讀來進入這個物品，與其合而爲一。但是，這種凝視的動作卻隱含了陽性的姿態：表面上的依戀帶出了懼怕被吞噬的焦慮以及一種關係決裂的慾望。在「超現實拼貼模式」或是「瞥見模式」的讀畫詩中，我們卻看到相反的現象：詩人似乎是快步經過畫廊中的不同畫作或是雕塑品，好像害怕被眼前的物品捆綁住；他隨意挑選擦肩而過瞥見的一些細節，以無理性與非邏輯的方式，將各個部分任意組合堆積在一個文字空間中。但是，這種陰性式的側面逃逸，卻同時蘊藏對於不在場的他者更為強烈的渴望與敵意。無論像是在故宮博物院中妥善珍藏的寶物，或是以超現實拼貼方式聚合的扭曲圖像，我們在這些台灣現代詩人的讀畫詩中都看到了詩人以文字呈現本土／台灣面對文化他者的複雜心態。

霍爾談到文化身分認同的問題時，指出兩種不同的心態：一種是回溯本源，往回看的文化身分認同方式。這種認同方式將文化身分認定是眾多自我面貌內深藏的一個固定自我，是一種集體的經驗，是擁有同樣歷史、祖先與文化符號的民族所共享的文化；這種文化身分認同也使得這民族在歷史變遷之下仍自稱為統一的民族（393-4）。另一種文化認同方式則認知文化身分中的差異，放棄強調同一經驗與同一身分的論述，並視文化身分為一正在形成中的過程，包含各種變數。這種文化身分一則銜接歷史，但亦隨時在轉變當中。在我們以所在之處境，不斷搬演歷史、賦予歷史意義與論述的同時，文化身分於焉產生（394）。我發現，這兩種心態是無法截然二分的。台灣詩人在不斷以不同方式搬演歷史、建構自身的文化身分時，時常擺盪於霍爾所說的兩種心態之中。或者，我應該說，中國的古文化歷史與台灣的古文化歷史，是兩個相對的巨大磁場；詩人有時被吸引到這兩個相對巨大磁場的一個極端，有時被吸引到另一個極端，企圖藉著回溯根源而定義自身。但是，詩人有時也會游移於兩者之間的一種中間狀態，以一種沒有立足點、浮盪於空中的焦慮不安，面對著現實中文化身分的多變、不定與曖昧。

一九四九年流放詩人的讀畫詩：余光中與瘂弦

余光中與故宮博物院模式

「故宮博物院模式」的讀畫詩以余光中爲代表性詩人，因爲讀畫詩模式似乎充分表露了余光中懷鄉情緒中的矛盾處境。對余光中來說，中國既是他的家鄉、他的母親，亦是他的文化根源。就像是在〈九廣鐵路〉中，詩人看著延伸到大陸的九廣鐵路，像是看著自己與祖國的臍帶：

剪不斷輾不絕一根無奈的臍帶
伸向北方的茫茫蒼蒼
又親切又生澀的那個母體

而在喪母之後，思母思鄉之情加上割斷文化根源的流放懷鄉情結，便是余光中六〇年代以後的詩中最時常反覆出現的母題：

最美最母親的國度（〈當我死時〉，一九六六）

我的血管是黃河的支流

中國是我我是中國

……

中國中國你是一條辮子

商標一樣你吊在背後

……

中國中國你剪不斷也剃不掉

你永遠哽在這裡你是不治的胃病

……

你是一個問題，懸在中國通的雪茄煙霧裡

他們說你已經喪失貞操服過量的安眠藥說你不名譽

被人遺棄被人出賣侮辱被人強姦輪姦輪姦（〈敲打樂〉，一九六六）

早期論者經常利用余光中詩裡的「中國結」來發揮自己對中國文化的關注情懷，或是針對此大加撻伐，批評他過於沈湎於古中國文化的輝煌，而不認同眼前台灣的種種。⑩但是，簡政珍精確地指出，余光中自我放逐於現實之外使詩人一再陷入「有家歸不得」的循環矛盾：「眼前的現實在心靈中的份量正暗示另一無形的現實在意識裡運作。……放逐意識總暗藏另一現實對當前的顛覆，將眼前的空間籠罩於另一空間的暗影中」（頁九七—八）；而在逼臨家的香港所作之詩，更充滿辯證動感：「慾望投射變成焦急但卻一籌莫展的凝視」（頁一〇三）。簡政珍認爲，余光中詩裡的「凝視」是「意圖的單方向投射，……主客的對立是永遠的對立，凝視顯現觀察主體的可望，客體可以逼近，但可望而不可及，回饋於凝視的是客體的冷漠」（頁一一五）。但是，我認爲，除了明知不得歸去的無奈與永遠的自我放逐之外，余光中的詩中其實多半藏有與中國／文化母體斷絕關係的努力；而在他的七〇年代之後的讀畫詩中，以及其中使用的凝視策略，這種斬斷關係的姿態尤其明顯，一再出現。而且，被凝視的客體並不回饋觀看主體以冷漠，被凝視的客體實際上被觀看主體一再閹割、物化、消音，並被關入歷史的博物館內。

無論是白玉苦瓜、唐馬、秦俑、黃河照片、中國地圖，或是中國結，詩人透過這些靜止凝固的物體，追溯搬演中國過去的歷史文化，而母親的意象經常出現在詩人的文字描述中——曾經哺育滋養苦瓜的母親。在〈白玉苦瓜〉（一九七四）中，詩人與安置在台北郊區故宮博物院中的白玉苦瓜的對話，這種母子關係便漾然浮動於字裡行間：

看莖鬚繚繞，葉掌撫抱
那一年的豐收像一口要吸盡
古中國餵了又餵的乳漿
完美的圓膩啊酣然而飽（六—九行）

茫茫九州只縮成一張輿圖
小時候不知道將它疊起
一任攤開那無窮無盡
碩大似記憶母親，她的胸脯
你便向那片肥沃匍匐
用蒂用根索她的恩液（十三—十八行）

詩人在眼前白玉苦瓜中所看到、所召喚出的世界，是一個不在場的他者，也是大地之母的意象：「豐收」、「餵了又餵的乳漿」、「完美的圓膩」、「酣然而飽」、「膨脹」、

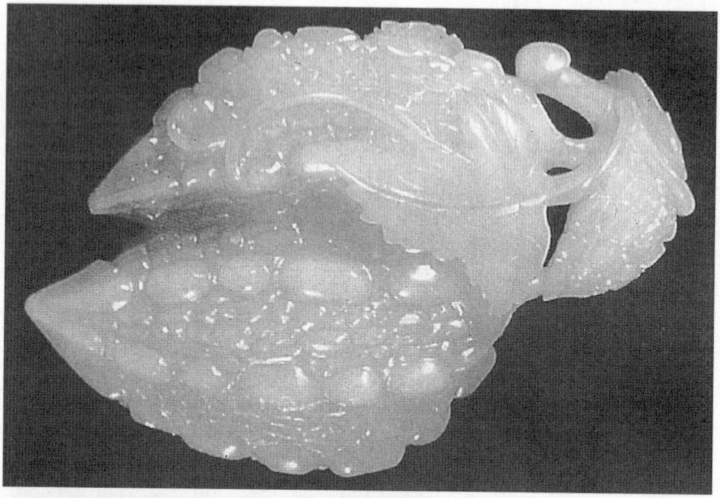

（上）白玉苦瓜。
（下）秦始皇墓中的秦俑。

「充實」、「茫茫九州」、「一任攤開」、「無窮無盡」、「碩大」、「肥沃」等辭彙一再強調了母親的碩大無朋；而文字中更借助於接近、觸摸的修辭力量，例如「繚繞」、「撫抱」、「吸盡」、「觸覺」、「匍匐」來加強幼兒依賴於母親懷中的無距離感。

在余光中其他的讀畫詩中，我們也看得到詩人以類似的修辭策略與意象建構召喚出不在眼前的世界：在〈唐馬〉（一九七七）中，詩人聽到了「自古驛道盡頭吹來」的風聲（第六行）、聽到潑剌剌擾擾中原塵土的千蹄萬踏，聽到了蹄聲叩響「寂寞古神州」的鼓聲（第六行），聽到了「青史野史鞍上的故事」（第十一行），也聽到了唐馬「引頸仰天」的悲嘶（第十二行）。在〈黃河〉（一九八三）一詩中，詩人面對著水禾田在香港藝術中心展出的照片，想望黃河的「奶水」（第二行），黃河「坦露胸脯成爲北方的平原」（第六行），黃河搖動搖籃的手，「搖出了哭聲，伴著一首／喉音多深沈的渾黃歌調」（十—十一行），詩人還隨著「黃河濁潮翻滾的迴聲」中聽到了「最早的記憶，一切傳說與民謠」（十五—十六行），詩人也從「照片裡／這船伕彎腰獨搖著單槳／空艙對著更空的穹蒼」（四六—四八行）中，在水上倒影裡，看到了沿岸隨波而去的歷朝歷代風流人物：怨婦、征夫、賈客、遷客、俠客、沒頂的游魂、南來的刺客、北去的宮人、帶劍的燕客、抱琵琶的漢姬！在〈秦俑〉（一九八八）中，詩人想像秦俑雙手緊握著他「看不見的弓箭或長矛」（第二行），想像「如果鉦鼓突然間敲起」（第三行），秦俑是否會立刻

（上）秦始皇墓中的秦俑。

（下）唐馬。

轉身，「向兩千年前的沙場奔去／去加入一行行一列列的同袍？」（五—六行）想像如果秦俑「突然開口，濃厚的秦腔／又兼古調，誰能夠聽的清楚？」（十三—十四行）詩人要召喚出來的是車同軌，書同文的「始皇的帝國」（第二二行）。

余光中的讀畫詩中視覺圖像所指向的「屬於他處的體系」是在詩人經驗中已經成爲他者的母體，是記憶中的古中國文化與中國歷史。然而，詩人將古中國的文化記憶具象結晶爲可觸摸之藝術品的修辭策略，以及詩人所採用的母子性別位置，卻都清楚流露出詩人要與母體斷絕關係的意圖。古中國文化的記憶碩大無邊，如同母親的胸脯，如同縮成一張輿圖的茫茫九州，「小時候不知道將它疊起／一任攤開那無窮無盡」，或是如唐馬身後的「穹廬蒼蒼，四野茫茫」；古中國文化的記憶也會肆意氾濫，如同有「矯健的腰身」、任意「改道」、「犯澇」的漫漫黃河；古中國文化的記憶更是黑懵無光，如同秦俑所面對的「長年陰間的幽暗」。然而，如同班雅明討論歷史的轉述時所說：重述歷史、論及傳承，都只是記憶的翻譯，永遠是片面而不完整的重新組合，而翻譯必然是一種變形，必然會篡改原典。我們的語言因此恆常被已失落之物的陰影所籠罩，被一個「他處」所牽絆，是縈繞不散的鬼魂的回聲。[11]想要回到失去的原初點，回到母親，就像是拉岡所說的，是回不去的：文字所鋪陳出的頂多只是原初點的置換。而這種透過文字的延展而回去的努力便是象徵切斷的開始；因此，在文字鋪陳的過程中，建構關係與最終的切斷便是必然的循環動作：以文字再現母體，然後推離這個會吞噬自我的母體，以便建立自我的疆界。

面對著記憶裡古中國文化的廣袤無垠，詩人之筆如同苦瓜「向那片肥沃匍匐／用蒂用根索她的恩液」（十七—十八行）；然而，在凝視時，詩人也面對被凝視、被吞噬的危險。因此，詩人以凝視進入、穿透、捕捉她無法掌握之形象的同時，也以文字固定住她，以自己的聲音代替她發言，並且將她收納於一小小藝術品中，如玉器、如陶俑。詩人把古物安置在故宮博物院中，就像是把記憶安頓在地圖的各個角落之後，折疊收妥在抽屜裡，以免如黃河長江般的記憶氾濫，以免記憶固執停留在陰森黑暗的死角，無法處理。詩人甚至豎起玻璃屏障，搭建故宮圍牆，層層圍繞封閉住這個危險、會吞噬人、使人消失自我疆界的碩大「記憶／母親」。古中國的記憶結晶爲故宮博物院的玻璃櫃中的白玉苦瓜：「只留下隔玻璃這奇蹟難信」（第二五行）；或是被鎖在玻璃櫃中、被「透明的夢境」所困、無法脫離「公開的幽禁」的唐馬：

失群一孤駿，失落在玻璃櫃裡
軟綿綿那綠綢墊子墊在你蹄下
一方小草原馳不起戰塵

……
你豈能踢破這透明的夢境
玻璃碎紛紛，突圍而去？（〈唐馬〉，十五—二二行）

曾經馳騁中原、傲視關外、經歷無數光榮戰役的神駒，如今安靜站立於軟綿綿的綠綢墊子上，騷動不起任何「戰塵」；昔日盛唐的雄風，塞外的風沙，以及風聲、蹄聲、鼓聲嘶鳴，也隨著這失群的孤駿，被關在玻璃櫃中。被女性化、被囚禁、被奪去聲音的唐馬是文化經驗無能與閹割的具象呈現；而詩人有意的自我閹割，目的是要脫離那碩大的母親，並且切斷文化記憶的臍帶。

「玻璃櫃」成爲切斷現在與過去、分隔詩人與「母親」的符號，詩人因而得以將過去物化，客體化，從而建立自己的個人身分認同。流放的詩人能回去嗎？要回去嗎？玻璃櫃中的秦俑是「隔代的人質，永遠的俘虜」（第五二行），而記憶中的古中國是秦俑再也無法回去的「失蹤的帝國」（第四二行），用再強勁的箭也無法射進的「桃花源」（第二十行）。

你們正是

最尊貴的後人，不跟始皇帝遁入過去
卻跟徐福的六千男女
奉派向未來探討長生（五四—五七行）

秦俑是到蓬萊島尋找未來，拒絕始皇、拒絕過去的徐福子弟。流放到台灣的詩人也開始拒絕回到過去，拒絕回到始皇的帝國。

詩人晚近的心情，是要切斷在〈九廣鐵路〉中看到的連接「又親切又生澀的那個母體」的臍帶，將它送回大陸的青山之間：

這一頭是島的海岸線
曲折而纏綿，靠近心臟
那一頭是對岸的青山
臍帶隱隱，靠近童年（〈中國結〉，一九八八）

然而，詩人也說，「據說記憶有多長，腸，就多長」（第二三行）；而這肚裡的「中國結」，塊塊壘壘已成了惡性瘤，卻是無法「用凜冽的海峽做手術刀／一揮兩段」

（十九—二十行），只能從患處「最敏感的一段」輕輕解開。正是這無法一揮兩段的結，才需要詩人一而再的借用文字輕輕提起，輕輕放下，反覆搬演文化記憶，整理情感內容。

詩人整理記憶，頌念中國古歷史或是古地圖上的名詞，將記憶平面化，像是一張亡故親人的照片，或像是一幅可以處理的地圖。記憶平攤成一幅地圖之後，詩人深深注視地圖上的空間分配，便可以把過去不同時空中的點點滴滴召喚出來，並且歸位，然後，還可以再將這「小時後不知道將它疊起」的地圖折疊收妥。早在一九六七年的散文〈地圖〉中，余光中便已寫道：「他常常展視那張殘缺的地圖，像凝視亡母的照片。那些記憶深長的地名。長安啊。洛陽啊。赤壁啊。……走進地圖，便不再是地圖，而是山岳與河流，原野與城市。走出那山河，便僅僅留下了一張地圖。當你不在那片土地，……你只能面對一張象徵性的地圖，正如同不能面對一張親愛的臉時，就只能面對一幀照片了。」⑫地圖成爲文化記憶想像建構與再現的換喻：詩人眼前面對的，並不是地圖的實體，而是記憶與想像的版圖。回到文化記憶與文化版圖，不只是第一代流放詩人才需要面對的難題。台灣許許多多新生代詩人也必須藉著書寫歷史與地圖來整理文化記憶，例如楊澤的〈彷彿在君父的城邦〉（一九七七）、陳家帶〈冰冷的地圖〉（一九七九）、沙穗的〈走在中國的地圖上〉（一九八〇）、羅智成的〈那年我回到鎬京〉、〈問聃〉、〈離騷〉。⑬正如錢伯爾（Chambers）書寫地圖，成爲流放詩人的特有文類。藉著寫作，詩人不斷的跨越不同身分與文化的疆界，而召喚歷史與文化的他處。同時，在面對自身的他者與自我的不安定狀態時，也是建構自身的文化身分的機會（19）。

對於流放台灣的詩人來說，故宮博物院中的珍藏的藝術品展現的是中國文化歷史中被凝固住的完美片斷。⑭人們可以買票參觀這座博物館，凝目注視玻璃櫃內沈默靜止的物品，像是對著神龕上的神像膜拜，沈思緬懷一下過去文化歷史的點滴，然後回家，回到博物館外面的現實。歷史記憶如果不處理，意識陰暗角落混沌碩大的無名之物怕會如同漫漫長河四處氾濫。余光中在故宮博物院模式的讀畫詩中的策略，也正是將記憶具象化，賦予名字，而使其消音：凝望黃河「浩浩的渾水」，使它乾涸，「沾不到我的唇上」；將結晶的記憶安置在故宮博物院的玻璃櫃內，使白玉苦瓜獨自停留在「時光以外奇異的光中」，使唐馬「馳不起戰塵」，使秦俑「三緘其口」！「中國」這個符號成爲一個記憶的黑洞，一個無法再進入的桃花源，勉強攤開記憶版圖，只能呈現平面化的歷史，古遠的時空，虛構出的帝國。詩人不斷以向心運動的方式凝視中國符號，誦念地理空間，召喚歷史事蹟，實際上並不是要回去，而像是以文字水泥堆塑一道堅實的故宮城牆；當敘述的過程完成時，被凝視固定住的物體也被關在城牆之內，與觀者隔開。余光中的懷鄉詩並不是要回去，而是不斷將以文字塑造出的「中國」推離自身，就像是克莉絲特娃所說的必須推離排拒之母體／客體。

瘂弦與超現實拼貼模式

余光中在七〇年代與八〇年代所寫的讀畫詩中流露的懷鄉、尋根與重新肯定台灣的複雜情緒，在五〇年代仍是不可明說的禁忌。洛夫的〈飲我以花雕〉（一九七六）中欲言又止的便是這種尷尬：

醉眼中，花雕仍不乏江南水色
有時總忍不住以手指
在桌上寫滿山河的名字
想想，最後還是用衣袖拭去
真能全部拭去也還罷了，而……
杯弓縱非蛇影
怕只怕喝下去後那種暖暖的湧動
竟成你我明日的警訊（十八—二五行）

余光中五〇年代的詩作也不乏這種欲歸不得、欲言不能的無奈，只不過卻是以隱晦扭曲的方式呈現。〈天狼星變奏曲〉（一九六一）中的詩人寫道：

諾亞，大禹，千載下猶不服水土
絶種的麟鳳
滅族的恐龍
鞋印，星光，人在中間找不到出路

詩人自比「千載下猶不服水土」的諾亞與大禹，想要治水，卻治不了水；詩人也自比為「絶種的麟鳳／滅族的恐龍」，在「鞋印」、「星光」中間找不到出路。這種在斷裂的詩句之間曲折變形的遙遠指涉轉喩，在台灣超現實詩作中比比皆是。

超現實詩派所強調自動寫作、自由聯想、非理性拼貼、並置不同現實平面的意象、夢魘詭異的氣氛等特質，都使得台灣現代詩人得以解放內心不得抒發的壓抑情感。⑮瘂弦的詩中不少是懷鄉之作，例如〈紅玉米〉、〈嗩吶〉、〈土地祠〉、〈滾銅環〉、〈打陀螺〉、〈表姊的驢兒〉等。⑯當他沈浸在文化回憶中時，童年的景象不斷浮現在民謠式的字裡行間。然而，當他面對現實處境的禁錮與放逐時，「西方」成為一個「深淵」式宣洩狂暴與憤怒的藉口。瘂弦的〈獻給 H. Matisse〉（一九六一）就是藉著西方圖像轉折呈現詩人陷於不可說的憤怒與挫折之間的最佳例子。⑰

在這首詩中，我們看到一連串從馬蒂斯不同畫作中取出卻毫無關連的圖像，堆陳在詩人的文字之間：

> 雙眼焚毀整座的聖母院，自遊戲間
> 房中的赤裸冉冉上升去膈肢那些天使
> 沒有回聲，斑豹蹲立於暗中
> 織造一切奇遇的你的手拆散所有的髮髻
> 而在電吉他粗重的撥弄下
> 在不知什麼夢的危險邊陲
> 作金色的她們是橫卧於
> 一條薔薇綴成的褥子上（二—九行）

僅就這幾行像是自動寫作與自由聯想拼湊出的詩句中，我們已經看到馬蒂斯不同畫作的痕跡：《聖母院》（*Notre-Dame*, 1900）中的聖母院教堂（第二行）、《舞蹈》（*Dance*, 1910）

馬蒂斯畫作：舞蹈

（上）馬蒂斯畫作
《沈睡中的裸女》。
（下）馬蒂斯畫作《舞蹈》。

中如同漂浮空中、雙臂伸展、可以被膈肢的赤裸舞者（第三行）、《音樂》（*Music*, 1939）或是《國王的哀傷》（*The Sorrows of the King*, 1952）中的吉他（第六行）、《睡夢》（*Dream*, 1935）中睡在不知什麼夢的危險邊陲的女子（第七行），《奧黛麗克》（*Odalisque*）中蹲踞桌下的斑豹（第四行），馬蒂斯無數畫作中黃金色肌膚的女子（第八行），以及《沈睡中的裸女》（*Sleeping Nude*, 1916）中橫臥綴有薔薇花朵的被褥上的女子（第九行）。

馬蒂斯曾說：「我從客體走向符號」（Giry, 274）；對他來說，眞實客體是不重要的，繪畫中他所呈現的都是自創的符號。馬蒂斯以變形的方式處理視角，以不自然的色塊與粗厚的線條製造出虛構的空間關係。但是，雖然如此，馬蒂斯構圖的原則仍屬主題式的一致；而瘂弦卻任意擷取馬蒂斯不同畫作中的細節，隨意堆陳在自己的文字空間中，製造出自己的符號系統，並導致文思無邏輯的跳躍。但是，在這些斷裂的圖像與符號之間，瘂弦偷偷引渡不同光譜色調的危險與不確定：「不知什麼夢的危險邊陲」（第七行）、「枕上的積壓的謠言」（第十二行）、「綢緞們如是驚駭」（第十三行）、「小小的傷殘」（第十四行）、「床邊的顧盼竟險阻如許」（第二四行）、「色彩猶如是扯謊」（第三十行）、「用大塊的紅色呼救」（第四一行）、「在翹搖的被中租來的遊戲」（第四五行）、「枕著／一個巨大的崩潰」（八六—八七行）！字裡行間充滿身爲「過客」（第四九行）的不安與焦慮，而最後累積爲「一房，一廳，一水瓶的懷鄉病／一不聽話的馬蒂斯」（七九—八十行）。藉著詮釋馬蒂斯，詩人自己內心所畏懼的思鄉與對現實的厭惡，便像馬蒂斯《紅色的畫室》(*Red Studio*, 1911)與《紅色中的和諧》(*Hamony in Red*)中氾濫畫布上的紅色油彩一般，氾濫於詩行之間：馬蒂斯任性使用的紅色顏料，成爲詩人無法管束的懷鄉；而馬蒂斯畫中所有的傾斜線條，也都成爲詩人在時時意識到被監控而危機四伏的搖擺動盪年代中的警訊。詩人只能忍耐現實，忍耐暫時隨著軍隊寄居的台灣，一個「日漸傾斜的天堂」（第九一行），哼一曲「敗壞的曲調」（第八九行），用畫筆調弄「骯髒的調色板」（第九十行），就像是玩一場租來的遊戲：危險、短暫而可憎。

超現實式的拼貼法提供詩人絕佳的藉口：處理西方，處理隱晦難懂的紛雜意象，詩人無法明言的創傷經驗卻在符號斷裂的縫隙處，在馬蒂斯的圖像與瘂弦的文字意象之間的差距中，悄悄流洩出來。在〈獻給 H. Matisse〉中，雖然詩中詩人採取男性的修辭位置，對著無數畫中的女子說話；但是，他並沒有如同米契爾所描述的將視覺圖像女性化、凝固並消音；相反的，詩人眞正施展的卻是由側面迂迴逃逸的陰性發言策略。在「故宮博物院模式」的讀畫詩中，詩人凝視的對象是一個被固定住的物體與視覺圖像，他所召喚的是在這物體與圖像背面不在場的文化他者／中國；而在「超現實拼貼模式」的讀畫詩中，詩人藉著不斷的運動迴避被眼前客體／西方所牽絆，卻在縫隙中召喚出兩個層次的他者經驗：眼前的現實／台灣，與過去的記憶／中國。詩人將讀者的注意力帶離眼前的畫面，他游移流動的視線絕不停駐在任何物體之上。然而，詩人隨意瞥見挑選的細節，以及他有意迴避的畫布中心，卻一而再地引發詩人對於不在場他者／眼前現實的憎惡，以及對於同樣不在場的歷史他者／中國的強烈渴望。似乎在瘂弦〈獻給H. Matisse〉這首詩中，我們看到更多流放者無家可歸的不安與憤怒。在余光中的詩中，我們看到的是想望故國，但是嘗試落腳現實的自我調整；在瘂弦〈獻給H. Matisse〉這首詩中，我們看到的卻是藉著不可依附的西方符號，掩飾詩人對於無法碰觸的潛意識文化母體的極度欲求與挫折不滿，同時也呈現了詩人對於現實台灣的隱藏渴望與排拒。

新生代詩人的讀畫詩：蘇紹連與陳黎

當我們檢視新生代詩人的讀畫詩時，我們會發現故宮博物院與超現實拼貼仍然是兩種主要區分類別的模式，只不過詩中隱射的他者經驗卻因不同的政治環境脈絡而改變。現代詩人文化流放失根的尖銳創痛與疏離感，已被新生代荒謬夢魘式的方式取代，甚至是嘉年華會式嘲謔的方式改寫。

夏卡爾《威尼斯之夜》畫中的「紅色的夜空」，成爲蘇紹連〈夏卡爾的夢〉（一九九四）一詩中「童年時期一本筆記簿的封面，內頁的紙張一生沈默無語，縱令我成年時再翻閱，仍不會對我說話」。夏卡爾畫中反覆出現的紅色母題，是夏卡爾因戰亂被迫離開故鄉後對俄國的矛盾複雜情緒：童年、懷鄉、愛情、創傷、溫暖、害怕、憤怒。而蘇紹連將這個紅色符號轉移爲他與許許多多台灣人經驗中的恐共經驗與二二八引發的政治高壓白色恐怖時期：一頁闔起的筆記本，一頁不再言語的歷史，成年之後回顧，仍然喚不回筆記本的內容。

蘇紹連對歷史的敏感，使得他閱讀中國地圖的方式與余光中的地圖閱讀完全不同。余光中想像建構出的地圖呈現的是豐饒的母體，是古文化的風情，神祕、黝暗而廣袤無垠。蘇紹連所再現的地圖則是余光中式母體地圖的後現代擬諷：充滿超現實式的黑色荒謬與錯亂扭曲：

> 大陸是一具支離破碎的人體，有一節小腿是山東半島，擱淺在澎湖的海灘上；那五指彎曲的手掌是黃山吧，掉入台灣海峽的黑水溝裡；雲貴高原的背肌撕裂，冒著濃濃的血；黃土高原的土塊把長城推入渤海灣裡；三峽呢？三峽的風景竟然顛倒懸掛在台灣東岸的蘇花公路邊緣！（蘇紹連，〈地震圖〉一九九四）

地圖上的地形差異與空間分配引出了詩人夢魘式的歷史記憶。詩中肢解而錯置的軀體，正是大陸人遷徙來台的創傷經驗：在戰爭中被炮轟火焚的各省人民，流亡散落在台灣島上各個角落；而大陸版圖上的地名，也一再出現在台灣的街道上：天津街，北平路，南京西路，青島東路，濟南、寧波、銅山、福州、廣州、長春、德惠、撫遠、鄭州、潮州、興安、臨沂、歸綏、襄陽、渭水、哈密、酒泉、迪化……。蘇紹連的詩中呈現的正是這種強行移植人民／意識形態與移植地理的圖像，也是對潛意識中文化母體具有敵意的虐待狂式摧毀。

蘇紹連閱讀台灣地圖的方式是一樣的超現實式的荒謬與錯亂，卻也敏感地呈現了台灣人民身分認同的矛盾：

> 啊！台灣是一塊烤焦的地瓜，還冒著煙呢！淡水河以北的土地漂流到琉球群島附近，總統府隨著台北市埋入地層底下，被擠壓消失了；濁水溪以南的土地則漂流到菲律賓；蘭嶼浮出海平線，昇成台灣最高峰；大甲溪裂開十公里寬，海峽的水貫穿中央山脈流向太平洋。（蘇紹連，〈地震圖〉，一九九四）

台灣島上地層翻轉移位，顯示各種不同的族群與政治團體勢力交鋒移轉的混亂運作：原住民、各個歷史階段移民來台的客家人、閩南人以及其他漢人、經過日本皇民化經驗而同時會說閩南話與日本話的「台灣人」、一九四九從大陸流亡來的「外省人」，以及客家人與「台灣人」新生代不會說客家話與「台灣話」的新新人類！當蘇紹連述及台灣時，似乎有一種自虐式割離母體的流離心態：漂浮在空中、無法落足、無法認同。

陳黎改寫米羅〈吠月之犬〉（一九九〇）的同名詩中，五、六〇年代流離失所的文化無根之痛已不復存在，取而代之的是以嘉年華會式的荒謬歡愉，慶祝一九四九大遷徙後的「家庭團圓」。米羅畫中的視覺圖像任意被扭曲竄改：

但他還是送給我們一幅家庭照
被戰爭扶養的上校，黑肉鴇母
雄貓姬姬，終身不嫁的老處女阿蘭
他們全都在那裡，在時間的月台上
對著一隻張眼瞪視的吠月之犬
……

我們打開集郵簿，半信半疑地翻出
一枚枚似曾相識的叫聲
也許這就是他們所說的家庭團圓（〈吠月之犬〉，二二—三十行）

米羅的畫已經消失，月亮成爲「一枚被郵戳模糊了的郵票貼在天空」，通往天上的梯子⑱被塗抹掉了，只有詩中暗示的鐵道以及鐵道旁的「時間的月台」和鐵道上的「飛快車」。

陳黎在這首詩中所採用的明顯修辭策略是：他不要讀者看米羅畫中的主體，而要我們看畫中的黑暗背景；畫布上的空間成爲集體意識的承載處，而黑暗部分則是被壓抑、被遺忘的潛意識區。詩人一再召喚意識黑暗處不在場的圖像，並且以超現實拼貼的手法堆陳在文字延展出來的空間中：「遺忘的破布」（第三行）、「被棄置的手臂」（第四行）、「正在旅行的我們的父母」（第六行）、「童年的手帕，作業簿，愛人的／唇膏，胸罩，畢業證書」（十二—十三行）、「掉了一地的玩具」（第十四行）、「防空洞」，以及「被戰爭扶養的上校，黑肉鵪母／雄貓姬姬，終身不嫁的老處女阿蘭」（二三—二四行）。

這個被召喚出來的記憶是台灣人歷經戰亂而共有的經驗，而戰爭偶然的機緣造成的

「家庭團圓」，使得終生轉戰沙場的「上校」、山地人鴇母、老處女阿蘭與台灣人共處一堂，如同過客一般，等候在同在一個時間月台上。詩中透露的是對這種家庭團圓的嘲諷、不安，但也是接納。在〈走索者〉（一九九五）一詩中，我們看到類似的面對笑話時的不安：詩人是「在空中顫抖的」走索者，「以一支傾斜的竹竿／以一支虛構的筆」（三六—三七行），接續「掉在空中，你們的笑聲……所有大陸與次大陸的／笑話系統」（一、十三—十四行）。〈吠月之犬〉與〈走索者〉中游移空中的不安感，與瘂弦的〈獻給H. Matisse〉和蘇紹連的〈地震圖〉中流露出的漂泊不定，是相似的。

但是，當陳黎急切要重建台灣歷史與族群認同時，他便會遠離他所擅長的超現實風格，例如〈小丑畢費的戀歌〉、〈魔術師〉、〈驟雨〉、〈走索者〉等，掩飾他超現實詩作中的焦慮、排拒與嘲謔，而進入新的博物館模式。陳黎自然不要塑造故宮博物院，但是，他卻以類似的膜拜方式建構神龕，塑造昭和紀念館，凝目注視館中陳列的照片，並爲照片上的消防隊員說話：

> 日本製的消防車不曾擇定滅火的語言
> 他說日本話，他說台灣話
> 他說阿美族、泰雅族話，他說客家話

但沈默的歷史只聽得懂一種聲音：
勝利者的聲音，統治者的聲音，強勢者的聲音

（〈昭和紀念館〉，二八——三二行）

此處，陳黎勉力召喚出台灣歷史中的各族語言，包括日本話；但是，他凝視中的對象卻獨獨缺少「北京話」。這種無法命名、無法對話的語言，被陳黎以勝利者、統治者與強勢者的標籤，強行壓抑，而無法現身。陳黎的博物館建構工程中擺列的珍寶是經過選擇的，一九四九年之前的，一段特定歷史時空。在神聖台灣建構論述中，陳黎一再以虔誠祝禱的心情來描繪台灣的島嶼地圖：

在縮尺一比四千萬的世界地圖上
我們的島是一粒不完整的黃鈕扣
鬆落在藍色的制服上
……
我的手握住如針的我的存在
穿過被島上人民的手磨圓磨亮的

黃鈕扣，用力刺入
藍色制服後面地球的心臟（〈島嶼邊緣〉，一—三行、二七—三十行）

詩人的筆是那支可以用力刺入地球心臟的針，陳黎以詩人的自負要將台灣與世界連結起來。也因此，透過相機，透過設定的框架，陳黎所看到的台灣島嶼圖像是神聖的，是有靈的，是會對他說話的：

他們在那裡集合
聚合在我相機的視窗裡
如一張袖珍地圖：
馬比杉山　卡那崗山　基寧堡山
西基南山　塔烏賽山　比林山
羅篤浮山　蘇華沙魯山　鍛鍊山
西拉克山　哇赫魯山　錐麓山……（〈島嶼飛行〉，七—十三行）

三十二行的山名！九十六座山！這些山充塞於陳黎的視野之內，滿漲於詩的文字空間之中。他就在群山之間，他就是山！

詩人如何能夠採取任何距離？陳黎說：「對我來說，這首詩也是『紀念照』，一次認同、回歸的儀式——對腳下的土地，對過往的歷史。」(《島嶼邊緣》跋，頁二〇六）陳黎的〈蔥〉、〈牛〉、〈太魯閣・一九八九〉、〈布農雕像〉、〈番人納稅〉、〈花蓮港街・一九三九〉、〈福爾摩莎・一六六一〉等詩，都是他有意「追索、重組島嶼圖像，尋求歷史回聲的過程」(頁二〇五)。但是，這種強調台灣島嶼的神聖性，以台灣歷史定義自身的無距離自我論述，正是當今許多人企圖再現自身時所採用的策略。這種神聖歷史的自我再現，使得文化演變進程中與文字搬演舞台上的異質與分歧無法展現，而封閉了容納他者的空間。

認同建構模式轉換的內在矛盾

薩依德(Edword Said)指出，「流放」成為面對充滿歷史的偶然與交匯的變數時，後現代思想的一個核心暗喻(365)。⑲研究移民文化與離散文學的學者亦指出，「家」永遠只是暫時性的；流放、移民、跨越疆界，打開空間、經驗、思想與文化的藩籬，使得文化身分的建構成為一個矛盾複雜的問題。任何地域都不是本質上被固定的，任何地點本身也都是開放的，可被各種論述賦予意義。移民者無論是談論故園，或是談論此處要安身立命的地方，必然含有各種置換的複雜建構（Doreen Massey, 118）。居住在台灣島上，詩人們面對的其實是一個充滿異質性的空間。有些人相信台灣人身分可以由共屬於同一歷史經驗或是清楚的地理區分來定義，而且這個社群是基於共同利益的單一理念而組成，即所謂的「生命共同體」。因此有人努力地重寫歷史，建構文化身分。但是，實際上，正如木菲（Chantal Mouffe）所言，任何社群「永遠都是多元而相互矛盾衝突的主體，是衆多不同社群的居民，由不同的論述構成，而各主體不同位置的銜接點卻是暫時而不穩定的。」（44）眞正的實情是：我們居住在語言中，語言建構歷史，建構疆界，建構認同，建構核心與邊緣的差異，因而，語言會帶來區分異己的暴力。若試圖藉著原居地的「家」定義自身，或是強行建構並固定此處的「家」，來淸除異己，則語言會帶來更多的暴力、囚禁與死亡。而我們或許最終會發現：我們自身即是異鄉人，我們永遠透過閱讀與寫作流放，跨越疆界，居住在不同地點、歷史、文化與民族的交會、對話與撞擊之中（Cf. Kristeva, 1991）。

透過讀畫詩的文字搬演，台灣詩人強加於視覺符號上的論述模式，實際上是移植了重重「屬於他處的體系」，而我們也發現在一九四九流放詩人與新生代詩人之間，從余光中的故宮博物院模式到陳黎的昭和紀念館模式，從瘂弦的超現實拼貼到蘇紹連與陳黎的嘉年華會式超現實嘲諷，發生了明顯的模式轉換。在故宮博物院的模式中，詩人的凝視對象是中國文化中被結晶停頓的一刻，而詩人召喚的是視覺圖像背後已然不在場的歷史記憶，一個已然逝去的文化他者。詩人必須一而再地整理意識之下混亂失序的情感空間，使其歸位，並平攤放置於經驗版圖中的某個確定角落，然後折疊起這個記憶地圖，還以玻璃櫥窗隔開，以免碩大而黑暗的記憶會氾濫成災。詩人男性化的自我閹割姿態，是要切除與「記憶／母親」的臍帶，以免被吞噬，而被消除自我的界限。反觀陳黎的昭和紀念館模式，由於詩人處理的是自我再現，是台灣經驗，而不是異於己的文化他者，不是能夠推離的母體，他搭建神龕式的塑牆工作便只能處於進行式中，不斷築高，不斷膜拜。

無論是故宮博物院，或是昭和紀念館，放置於神龕之上的是已然確定的、可被凝固的對象。詩人帶領讀者看他凸顯的細節，而他的口吻也是具有說服修辭姿態的。但是，我們在超現實拼貼模式中看到的，卻是較多屬於流放者的焦慮、不安與不確定。詩人刻意迴避眼前的對象，藉著西方符號，召喚不在場的圖像背後雙重不在場的他者經驗，並且以非理性而任意的方式大量堆積游移目光之下瞥見的圖像。從瘂弦的側面逃逸，到蘇紹連的夢魘吶喊，到陳黎的嘉年華會式的嘲諷，我們看到的是詩人對他者經驗／文化母體的不確定而無法明講的複雜曖昧態度，既有渴望，又充滿敵意。這種過度堆積的意象之下的曖昧尷尬，卻流露出流放者文化認同的邊緣灰色地帶內慾望流動複元的緊張，文化重新詮釋與更新的彈性，以及文字展演的豐富可能性。

註釋

①對於 Ekphrasis 的討論，可參閱賀格斯壯 (Jean Hagstrum) 的《姐妹藝術》(*The Sister Arts: The Tradition of Literary Pictorialism in English Poetry from Dryden to Gray*, 1958)，克里格 (Murray Krieger) 的〈讀畫原則與詩作中的靜止時刻〉("The Ekphrastic Principle and the Still Movement of Poetry: Or, Laocoon Revisited," 1967)，達維森 (Michael Davidson) 的〈讀畫詩與後現代繪畫詩〉("Ekphrasis and the Post-modern Painter Poem," 1983)，梅爾哲 (Françoise Meltze) 的《莎樂美與書寫之舞蹈》(*Salome and the Dance of Writing*, 1987)，賀蘭德 (John Hollander) 的〈讀畫詩學〉("The Poetic of Ekphrasis," 1988)，梅耶 (Kinereth Meyer) 的〈讀畫詩與地景詮釋學〉("Ekphrasis and the Hermeneutics of Landscape," 1990)，賀佛曼 (Hefferman) 的〈讀畫詩與再現〉("Ekphrasis and Representation," 1991)，克里格的《讀畫詩：自然符號之幻覺》(*Ekphrasis: The Illusion of the Natural Sign.* (1992) 和米契爾的〈讀畫詩與他者〉("Ekphrasis and the Other," 1992)。

②「讀畫詩」一詞初次出現於本人〈超現實的視覺翻譯：重探台灣五〇年代現代詩「橫的移植」〉

一文中。

③根據文藝復興時期畫風的研究資料顯示，達文西在畫中增加自然景觀的背景，例如《蒙娜麗莎》畫中的遠山背景，是文藝復興時期的畫風，以推翻中世紀沒有視角遠近的象徵畫傳統（Murray, 7–14）。

④弗洛依德曾一再討論人的雙性本能，同時具有男性位置與女性位置。同性戀的慾望對象其實是自身雙性特質的反射（"Three Essays on Sexuality," 144），而無論對男性或是女性而言，尋找的對象皆是原初的第一個愛戀對象——母親（"Three Essays on Sexuality," 144n ff.; "Female Sexuality," 228）。亦可參考德勒茲討論普魯斯特時所指出：所有慾望都具有同性情慾（"homosexuality is the truth of love"）(Deleuze, 1972: 78)。德勒茲在寫傅柯時，亦利用分子化情慾來說明未被整體化的情慾的自由流動狀態（"a molecular sexuality bubbles away beneath the surface of the integrated sexes"）(Deleuze, 1988: 76)。

⑤克莉絲特娃對於前伊底帕斯期幼兒潛意識中推離母體的討論，起源於弗洛依德對前伊底帕斯期幼兒對母親的曖昧態度（ambivalence），既愛且恨，既渴求又害怕被母親吞噬的恐懼（"Female Sexuality," 231–9）。

⑥例如余光中的〈白玉苦瓜〉、〈秦俑〉、〈唐馬〉，洛夫的〈觀仇英蘭亭圖〉，苦苓的〈在故宮〉，沙穗的〈走在中國的地圖上〉，陳家帶的〈冰冷的地圖〉。

⑦例如瘂弦的〈獻給 H. Matisse〉、蘇紹連的〈夏卡爾的夢〉、楊然的〈下午讀馬格利特〉、陳黎的〈吠月之犬〉。

⑧在〈凝視與瞥見〉這篇文章中，布萊森利用語言學時態的區別，現在式、過去式、未來式，來

區分中西繪畫中呈現的時間與存在狀態。布萊森指出，時態的差異影響說話者與所說之語句之間的時空關係。現在式是最具有肉身的發言方式，言說反身指向說話者的身軀。過去式，傳統西方繪畫慣常使用的時態，則是否認現在的指涉，強調作畫身體的隱去。布萊森同時舉東方繪畫爲例，說明中國繪畫中的筆觸／骨法建構法，是使畫者的身體運動以及身體的狀態帶入畫中的畫法。西方繪畫中則沒有現在式，只有過去式。雖然油畫之顏料可以呈現時間過程之建構，但是卻在反覆塗抹之中取消了時間性。(88-90)

⑨布萊森以視覺的模式，來說明中西繪畫中的不同時間狀態。他指出，在英語及法語中，視覺可以藉由兩種不同方式呈現：一種是警戒性質的、主控的、精神性的，另一種則是顚覆性質的，隨意而無秩序的。法文中 Regard 屬於前者，以帶有暴力色彩、穿刺性的凝視企圖固定被觀看的對象，捕捉表象之下閃爍逃逸的眞相。Coup d'oeil 則保留凝視的暴力，是以隨時逃逸的姿態將短暫的視線投向對象，卻又立即撤離。英文中的 Gaze 與 Glance 也形成了類似的對立軸。Gaze 是延續持久的、思索的，帶有超然而脫離關係的姿態，透露出清楚的高下層級關係；glance 則是逃逸而側面的，注意力永遠在他方而不在眼前的對象之上，卻仍然透露隱藏的敵意、共謀、叛逆與慾望。基於這一種對立的觀看模式，布萊森從而建立了兩種繪畫模式：在瞥見式的繪畫中，畫者不隱藏作畫身體的痕跡，也不將觀畫過程的時間區隔；在凝視式的繪畫中，觀看主體被簡約成單眼視角後的一點，沒有軀體，也沒有時間的延續。(93-4)布萊森認爲，西方傳統繪畫都屬於凝視式的繪畫，並且依從凝視的邏輯 (the logic of the gaze)：其一，畫者與觀者的身體都簡約成爲一點，一個在視網膜表面的黑點；其二，畫者作畫與觀者觀畫的時間也被抽離於時間延續之

外。(96)

⑩參見顏元叔、陳芳明、陳鼓應之論述。

⑪參考班雅明《啓迪》(*Illuminations*)一書中的"Theses on the Philosophy of History" and "The Task of the Translator"。

⑫余光中許許多多的詩中皆是此類藉著回顧歷史與觀看地圖來整理文化記憶的主題，如〈大江東去〉、〈還鄉〉、〈守夜人〉、〈湘逝〉，而同時期的詩人亦多有此類作品，如瘂弦〈我的靈魂〉：「我的靈魂原來自殷墟的甲骨文／所以我必需歸去／我的靈魂原來自九龍鼎的篆煙／所以我必需歸去。」

⑬舉一、兩個例子：「有人在夢裡回去／但夢最多只有一個晚上／一個晚上／哪走的完整個中國／／我是從地圖上回去的」(沙穗，〈走在中國的地圖上〉)。「我在冰冷的地圖上低頭疾走／獵獵的北風緊催著我／……／我在地球一個小小的角落／很孤獨很孤獨地／夢見青銅色的大雨」(陳家帶，〈冰冷的地圖〉)。

⑭洛夫的〈觀仇英蘭亭圖〉與苦苓的〈在故宮〉的核桃舟皆屬此例；在這些詩中，我們都看到一種與古中國文化疏離的陌生凝視。

⑮超現實主義於五〇至七〇年代盛行於台灣現代詩壇，例如葉維廉、大荒、管管、辛鬱、楚戈、周鼎、沈臨彬、張默、碧果等皆被列爲超現實詩人(洛夫，〈超現實主義與中國現代詩〉)。可參考本人〈超現實的視覺翻譯：重探台灣五〇年代現代詩「橫的移植」〉一文中的討論。

⑯葉維廉的〈在記憶離散的文化空間裡歌唱——論瘂弦記憶塑像的藝術〉對此有充分的討論，不

再贅述。

⑰瘂弦的〈獻給 H. Matisse〉這首詩很少有人討論，瘂弦本人似乎也不很喜歡此詩。葉維廉的〈在記憶離散的文化空間裡歌唱——論瘂弦記憶塑像的藝術〉中亦略過此詩不談。無名氏甚至不將此詩歸類，還特別為文貶抑此詩。我倒覺得〈獻給 H. Matisse〉這首詩中充滿緊張不安卻張狂的魅力。

⑱在米羅其他的畫作中亦有梯子的母題，例如 *The Escape Ladder* (1940)。然而，米羅畫作中的梯子是幫助畫家逃離地面、通往天空的管道。

⑲可參考薩依德 (Said) 之說。

⑩ 燈塔、鍬钁與子音
陳黎詩中的花蓮想像與陰莖書寫

此處，我要以陳黎爲例，繼續思索詩人陳黎如何基於個人對土地、對花蓮的愛欲而投注鉤畫的圖像，揭露詩人自戀投注的內在矛盾；同時，從自戀投注的矛盾中，我們可以思索所謂「邊緣書寫」的意義。奚密一九九七年五月於《中外文學》發表的文章〈本土詩學的建立〉中，宣告陳黎的詩集《島嶼邊緣》以「本土＋前衛」的方式，發展出了「本土詩學的里程碑」（頁一六九）。此文結尾處，奚密對於陳黎詩中所處理的性別暗喻，透露出她的不安與疑惑，並指出陳黎的性別描述沒有新的突破：「『燈塔』、『勃起』的陽具暗示呼之若出，……『我』的垂直和『妳』的水平形成對比。這樣的性別關係是否隱然樹立了另一個中心／邊緣的對立？如果是位女性來寫這個題材，她是否會選擇這樣的意象呢？」（頁一六八）我要指出，正是從此性別差異處，從這個「勃起」的燈塔開始，我們可以進入陳黎詩中依附於花蓮的自戀投注；我亦企圖指出，除了花蓮位於台灣島嶼、中原大陸甚而世界邊緣的本質，花蓮特殊的地理構成——陸地與海洋的交界，燈塔與波浪的並存——是陳黎詩中「勃起」與「傾斜」的自戀投注基礎。①從此投注，我們可以繼續討論本土論述與邊緣策略的兩難，書寫中勃起與傾斜的必然，以及陳黎詩中透露的子音介入母音產生撕裂狀態的微妙效應。②

邊緣策略與本土論述的矛盾曖昧

有關本土論述與邊緣策略的兩難，奚密在〈本土詩學的建立〉一文中指出，台灣當前大量出現的「以邊緣為中心，以本土意識為主流論述」的作品，③存有內在矛盾。《島嶼邊緣》雖然是「一篇對邊緣的禮讚，一場邊緣的慶典」（頁一五九），但是相對於其他以邊緣為中心的作品，陳黎成功地化解了邊緣論的潛在矛盾，「破解了『純粹論』的神話，彰顯文化——尤其是台灣文化——跨種族和語言的糅雜衍異」（頁一六〇）。奚密這篇文章清楚指出陳黎近年來在詩中所作的努力，扼要而深入地切進當前本土主義以及後殖民論述的核心矛盾，同時也間接回應了後殖民論述如周蕾者強調後現代與後殖民不相容，以及強調「既非尋根亦非混雜」的論點。④

後殖民論述藉著回歸本土以抗拒或是超越殖民，時常助長了民族主義與國家主義的論述。⑤對於艾皮亞(Kwame Anthony Appiah)之類的後殖民主義者而言，後殖民應該超越並且遠離殖民主義，任何以後現代立場對國家主義論述質疑的論點，都被視爲擔任西方知識買辦而仍屬於殖民產物的論述(348-53)。周蕾尖銳地指出艾皮亞既批判卻又包容後現代的自我矛盾：周蕾認爲，後現代的多元雜糅論調是一種天眞的看法。寫在九七回歸之前，周蕾認爲，「香港的『後殖民』現實並沒有恢復『本土』文化這個可能性的幻象」(頁九四)，而面對具有本土文化內在強勢主導的中國民族主義或是大中原主義，香港若要「自我建構身分，要書寫本身歷史」，除了抗拒英國殖民之外，更要從「本土文化」內部對抗「絕對全面化的中國民族主義觀點」(頁九九)。⑥周蕾更嚴厲地指出，後現代主義流行的術語，例如混雜(hybridity)、多元(pluralism)、衆聲喧鬧(heteroglossia)、異質性(heterogeneity)、對話(dialogism)等，是天眞地忘卻殖民歷史的事實，漠視被殖民的「後遺惡果」，例如權力腐化、依賴、貧窮，而企圖藉著發展世界性與國際性解消被殖民的處境(頁九九)。周蕾因而主張以「既不是尋根也不是混雜」的方式，朝向一個開放社會的崛起：一個「建基在文化工作與社會責任之上，而不是一味依靠血脈、種族、土地這些強權政治的逼壓」(頁一一五)，一個不斷尋找新形式或是改變形式的文化，以對抗主導文化與剩餘文化。⑦

周蕾對於後現代混雜多元、衆聲喧鬧、異質對話的保留態度或許是基於香港特殊歷史處境而發展的批判方式，似乎嘉年華式的後現代情境對於周蕾來說是過於樂觀而健忘的。奚密側面回應周蕾對後現代主義的批判，認爲尋根與多元不必然相悖，而本土性與國際性也不必然不相容；她以陳黎爲例，指出陳黎藉著「尋根」之後呈露的「多元」與多種「母音」，「肯定數世紀以來多種族群、語言、文化對台灣的重要性，並視此爲台灣主體性之基礎」，奚密也指出，陳黎詩中有中國和世界文學與各種藝術的多種文本互涉，有「音樂、攝影、繪畫」，「有歐洲也有東亞、中東和南美」，而透過詩人的世界視野，陳黎呈現了「台灣多元的歷史文化背景」（頁一六六）。⑧

然而，對台灣的文化界而言，大中原論述雖是比較容易抗拒的對象，大台灣論述或許也可以自我收斂，但是對於流行中的後現代與後殖民論述的磁場效應，卻似乎難以對付。一時之間，混雜、多元、異質、對話、衆聲喧鬧鑲嵌在學界理論以及創作界的文本之中，藉著呈現這些症狀以證明台灣的確處於後現代與後殖民情境，的確是一個雜種多音的文化，從而建立具有主體性的文化身分。陳黎在詩中也刻意地「追索、重組島嶼圖像，尋求歷史回聲」，嘗試呈現台灣是一個「由不同族群混居、不同文化元素交雜的充滿生命力的島嶼」（《島嶼邊緣》跋，頁二〇五），並藉由再現台灣的被殖民史，鉤畫「上帝的靈入／福爾摩莎的肉」（〈福爾摩莎・一六六一〉）以及「嫻靜如少女」的花蓮「逐漸成熟而爲一少婦，接納／不同的唇包容不同的血」（〈花蓮港街・一九三九〉）的異族交媾史，堆疊「五顏六色的母音」（〈島嶼之歌〉）以及一群「意義豐富」但也幾乎「叫不出名字」的古地名山名（〈太魯閣・一九八九〉、〈島嶼飛行〉），⑨陳黎展現了台灣的多族多音混血混雜的文化，也展現了他對台灣島嶼的大愛與大礙：一連串由愛欲反覆投注而凝止沾黏的圖像。同時，藉著這種徵狀式閱讀，我企圖思索陳黎詩作文本內涵的符號衝動以及背後牽引台灣文化論述場域的脈絡。

神聖三角形與溫柔堅毅的燈塔

陳黎詩中時常藉由明顯性別化與器官化的文本，流露出他如同燈塔一般勃起、如同竹竿般撐起、如同螺絲釘般要嵌入對象的慾望，而他所要勃起鎖住嵌入的對象，便是花蓮——他的土地、原初母親或想像父親；也就是說，陳黎如同螺絲釘般深深鑽入的意圖，是要將他所摯愛的島嶼與世界縫合，為台灣在世界版圖或是世界象徵秩序中定位。

陳黎一九九四年寫的〈花蓮港街・一九三九〉便是詩人「勃起」意圖之例。詩中陳黎將一九三九年的花蓮描寫為發育中的「嫻靜如少女的小城」：有著花岡山「微微隆起的胸部」，有著深藏於阿美族番社高砂通和筑紫橋通與黑金通圍成的「骨盆」，有著橫臥港口「徐徐伸出去」等待擁抱的臂彎。詩人站立於花岡山公園，在野球場的右外野，隨著學童的足跡，觀想朝日通、入船通與春日通相交的線條：

他們知道繞著花岡山
和這條朝日通相交的是從海濱一路過來的
入船通，而接連入船通的是最繁華的
春日通……

朝日通、入船通與春日通夠畫出的是一九三九年的學童們熟悉而每日行走經過的途徑。朝日通光復後改名爲「軒轅路」，入船通改爲「五權街」，春日通改爲「復興街」；詩人指出這三條街的相關位置，像是從空中直下而後向左方再向右方點了三點，如同天主教彌撒禮中行聖父、聖子、聖靈的祝福禮。然後，像是魔杖朝向右方一揮，詩人的手遙遙指向遠方高砂通所銜接的花蓮生命力所在的骨盆區：

他們知道春日通出去是通往
阿美族番社的高砂通，是筑紫橋所在的
筑紫橋通，……

知道高砂通，筑紫橋通和火車站所在的
黑金通是這個發育中的小城明顯的骨盆

迎接船隻的港口、貿易繁華的春日通與火車運輸出入的骨盆區，是一九三九年的花蓮人所熟悉的；詩人從港口連接到貿易區，然後到火車站，就像是從口腔、胃腸再到骨盆，這個地理空間是個被性別化的空間，也是被器官化的空間。

詩人召喚讀者的視線繼續連接東南走向而後分歧爲二的砂婆礑溪，隨著溪水穿流入海而圍成的橢圓形空間中：

你看，砂婆礑溪如何從薪材甚多的七腳川山
東麓集水東南趨，出谷入平原，拓寬成
沖積扇，成網狀流路，分歧為二，於米崙山
西麓南端再度匯合，穿花蓮港街而注於海

而這個由詩人的觀想圍繞出的橢圓形區域上空交織著網狀的電流與聲波：「你看，天空如何孕育電線，電線如何孕育／電線桿，電線桿如何孕育電流，聲波」。全詩發展至此，詩人已經成功地由地理空間勾畫出他所懷抱於胸臆的花蓮，也構築出文本空間。

在這個文本空間中，詩人刻意呈現出歷史的痕跡，並且凸顯由朝日通、入船通與春日通所圍出的一個有地理方位與歷史區隔的箭頭；⑩這個箭頭指向光復前十年的花蓮人所不知道的歷史發展，一個相對於此箭頭而由歷史鑄造的「鐵三角」：

……但他們的老師沒有
告訴他們……
這色彩鮮明的三條大街
有一天會隨著他們的離去被整形為
鐵三角的中華路，中正路，中山路

文本空間中有歷史方向性的西南走向箭頭，與由歷史事實鑄造位在西方的「鐵三角」對應出的誤差，是歷史時間座標上已知與未知的斷裂，也是認知與未來事實的差距；同時，這並置凸顯出的誤差更揭露出詩人不斷以「神聖三角形」的手勢圍攏出歷史發展脈絡的企圖。

背負著文本空間中的歷史痕跡，詩人面對大海，面對「時間大街的彎處／過去，現在與未來的聲音如波浪翻疊」，而他所站立的位置是在「閃亮的大海幽深的／鏡底，擱淺的歷史，溺斃的傳說／由倒影構築的迷宮，由回聲映現的眞實」。詩人說，這個「嫻靜如少女的小城」所需要的是一座燈塔，「一座溫柔堅毅的燈塔」，「勃起於閃亮如鏡的海面／勃起於記憶甦醒的位置」。

詩人的燈塔可以使嫻靜的少女開始啓齒講述歷史，可以記載她「如何逐漸成熟而爲一少婦，接納／不同的唇包容不同的血，如何閱人無數／而始終又是一本完整，全新的鏡書」。

詩人的意圖相當明顯：在海洋與大陸交接處，在記憶埋沈與甦醒之邊界，詩人要以詩的創造，銜接歷史的過去、現在與未來，喚醒記憶，召喚過去，映現眞實。詩人要聚合聲音與影像的雙重性質以創造詩的迷宮眞實：以聲音帶著歷史與傳說的回聲穿越時間，交織在閃亮大海的表面反映倒影所構築的影像迷宮。

詩人有意背負歷史責任，使得他的筆如同「溫柔堅毅的燈塔」般以陽性的姿態「勃起」，也如同撐竿跳的竹竿，使詩人可以在「慶典的，競技的，五環的」馬戲團或是競技場中，撐筆爲竿，「跳過世俗所及的水平」，翻轉出「新的美感」（〈奧林匹克風——Ars Poetica〉，一九九五），更如同他手中所握住的「針」一般，「在島嶼邊緣，在睡眠與／甦醒的交界」，持筆「用力刺入／藍色制服後面地球的心臟」（〈島嶼邊緣〉，一九九三）。

詩人以筆用力刺入的強烈慾望，如同他早年在〈魔笛〉一詩中所描述的「深深／深深地鑽入」的螺絲釘：詩人企圖深入鎖住對象的慾望，隨著氾濫的笛子「起伏，喘息，起伏，喘息／扭曲如一隻猛轉的螺釘」（〈魔笛〉，一九七五）。

詩人如同螺絲釘般深深鑽入的意圖，要將島嶼與世界縫合，為台灣在世界版圖中定位，如同進入原初母體的企求，而這個原初母體卻早已被強固的象徵系統所置換，並依循此系統的語言法則，尋找歷史聲音、歷史圖像；詩人以「神聖三角形」的手勢圍攏出的，是朝向後殖民論述系統縫合的努力，以凸顯這個島嶼的多元雜糅混血的性格與後殖民特徵。

傾斜的竹竿與擺盪的鞦韆

然而，竹竿會傾斜，別針會鬆脫，螺絲釘會無法拴緊。

相對於「勃起於記憶甦醒的位置」的燈塔，花蓮港外海水打擊岩岸翻拍的濤聲述說著「虛無虛無」：

我翻開地圖
圈點我們所在的時間空間
Nada, nada
濤聲如是述說
翻到你的頸際成為虛無虛無（〈海邊濤聲〉）

處在「世界的邊緣」的花蓮海邊的詩人，處在「快樂與憂傷交會的國境」：

既不是孤獨，也不是不孤獨
好像斷崖上的花
孤懸在晴空與黑暗的深淵中間
一種幸福的不安
……
憂傷，快樂
鋼索上的棉花糖（〈海邊濤聲〉）

懸置在憂傷之上的快樂，如同「孤懸在晴空與黑暗的深淵中間」，隨時會如同「鋼索上的棉花糖」一般隨風溶解（〈海邊濤聲〉，一九九〇）。現實介入睡眠之境，就如同海洋因摩擦陸地邊緣而撞擊出的聲音，揭露現實的可能，以及死亡的可能。而這種睡眠與甦醒之間的往復，幸福與不安之間的拉扯，像是走在鋼索之上，或是鞦韆的擺盪一般，永遠介於兩種境域之間。

相對於燈塔自負地勃起，詩人也有不能之時：擺盪的鞦韆、懸空的鋼索、沒有拴緊的螺絲、鬆弛的發條、傾斜的竹竿、傾斜的島嶼、無力的別針，成爲陳黎書寫中出現最爲頻繁的焦慮母題。這種因傾斜與擺盪而引發的暈眩不安，是面對如神一般的象徵系統崩解時的不安：

當親愛的神用突然的死
測驗我們對世界的忠貞
我們正坐在夏天與秋天尾巴結成的鞦韆上
企圖盪過一堵傾斜了的經驗的牆
向迎面而來的風借一只別針（〈秋歌〉）

在擺盪中企圖向風借一只別針，將傾斜的牆扶正固定，但是持續的擺盪卻使得固定的企圖成爲不可能。

傾斜的竹竿，傾斜的島嶼，傾斜的國家！這種擺盪、傾斜與鬆脫的焦慮也在陳黎處理島嶼聲明與國家想像時充分表露：「我們的國家傾斜了／綁在一根根腐朽的拐杖／一張張載浮載沈的擔架，諾言」（〈夜歌〉，一九九〇）。已經傾斜的國家，如同癱瘓殘廢的病患，要靠不斷重複的空洞諾言支撐，就如同倚賴腐朽的拐杖，海中浮沈的擔架，岌岌可危。

詩人假設：如果心與心可以連成穩固的鋼索，可以架構繫住鞦韆的「夢的高樑」，那麼就是失足，這個王國也還是存在的：

越過火圈
走上你的心我的心連成的鋼索
攀住繫在我們夢的高樑的鞦韆
用力往上飛——
即使失足，也是掉在

我們自己的王國。（〈十四行，雙人馬戲團〉）

似乎對於詩人來說，只要心與心可以相連，只要王國可以成立，就是失足墜落，也是可以接受的。

但是，心與心終究是不必然相連的，繫在「夢的高樑」上的鞦韆，也可能在翻飛的嘗試中跌落。

因此，當「螺絲釘」鬆了，「沒有拴緊的島嶼，湖泊」也都「傾倒在你臉上」，走索者便須

在空中顫抖。戰戰兢兢地在
懸空的繩索上構築玩笑的花園
戰戰兢兢地走過地球，撐起
　浮生
以一支傾斜的竹竿
以一支虛構的筆（〈走索者〉）

企圖與象徵系統交合，卻又必然在擺盪中流離失所，便是陳黎所有有關傾斜的詩的基本焦慮。如同走索者，詩人所倚靠的只是一支傾斜的竹竿，一支虛構的筆，而他所構築出的也只是玩笑的花園，或是馬戲團中的雜耍。

陰莖書寫vs.陽具論述

無論是勃起的燈塔或是傾斜擺盪的鞦韆，詩人所借用的都是屬於生理想像的修辭策略，都指向陰莖「脆弱巨大」的存在（〈牆〉，《親密書》）。陰莖的生理存在具體而不容忽視，可以偉大，卻也會頹然倒塌。我們可以在陳黎的詩中發現許多類似的生理想像修辭，例如一九九二年的〈膀胱〉一詩中，同樣的顫巍巍，同樣是醒與睡的邊緣：

我愈來愈覺得
膀胱是我們的另一顆心
顫巍巍地在醒與睡的邊緣
……用一整個水庫的重量和我們的夢
玩蹺蹺板的遊戲

把我們從混亂的深淵升舉到
暈眩的高度
讓意識與潛意識鬥爭

詩人由膀胱的生理狀態，體驗到如同蹺蹺板一上一下般在混亂的深淵與暈眩的高度之間擺盪。這種擺盪將詩人拉近瞥見死亡的快感與高潮：

死亡，我曾經進入你的臥室
瞥見你燦爛的裸體
你兩股間祕密迴盪的聲音
如蜂蜜滴落在我膽怯的性器
讓它勃起
勃起如陰影之塔（〈陰影之歌〉）

塔的勃起甦醒，塔的傾斜偏離。在陳黎的詩中，我們不斷看到他如水仙一般臨水撈捕的自畫像，詩人的創作也必然是自戀的投注嘗試。

克莉絲特娃藉著神話中的納希色斯（Narcissus）英勇地探身朝向空無尋找如母體之水波中自我再現的姿態，發展以自戀爲所有符號產生與再現運作的原初模式之論點（"Not I," 41–5）。水面倒影是詩人因自戀衝動而投注的圖像，但是，在水中撈捕自畫像，必須十分勇敢，因爲水中倒影會因詩人之手的介入而隨波蕩漾並且破碎。然而，若不企圖捕捉這個倒影，水面倒影與詩人之間永遠無法縫合的距離或許會將詩人吞噬而陷入無法言語的自我懷疑及否定，或是因爲自我膨脹而將影像固著停滯。克莉絲特娃說，水面影像之下的巨大空無，是主體與母體分離的深淵，是符號抗拒指涉的橫槓，對應出水面影像的脆弱。但是，正因此分離，主體才出現，才開始以自戀的方式尋求再現自我的影像，或是他者的再現，一個愛的對象；而自戀式的尋求影像投注與製造符號與意義，都是阻斷空無的防衛方式（42–3）。

水面倒影吸聚詩人自戀式的投注，而此倒影可以如同鏡像，是所有自我再現的基礎模式，所有發言與信仰的基礎，而此倒影可以藉著各種置換，模擬理想自我的形象，例如溫柔堅毅的燈塔，屢戰屢勝的撐竿跳選手，心連心的王國。然而，永遠堅毅勃起的狀態是困難的，要固定住勃起的影像也是辛苦的，詩人在書寫中亦體驗到擺盪傾斜中形象變換的焦慮暈眩。此處，我們看到陰莖與陽具的差異。陰莖是危險的，因爲它巨大卻脆弱，它會勃起，但是也會傾斜，它的勃起正凸顯其傾斜之可能的危險與焦慮；陽具卻是架設在既定象徵系統中的陽剛優勢。陽具論述充滿陽剛的自信，憑藉陽具象徵所賦予的權力位置，以一種誇大的自負，永遠向前邁進；而陰莖書寫則是企圖勃起，卻有其不能之時刻，是在受慾望之驅策探索目的地之同時，卻爲傾斜之可能而搖擺焦慮。陽具論述中慾望被遮掩蒙昧，只藉由單一價值邏輯支撐起的幻象，將自我的形象固定；陰莖書寫則因慾望的多元流動，而使得形象不斷被捕捉之後立即破碎，然後又重複此捕捉形象的努力。

陽具論述企圖依附父親的法律勾勒出一個可以宣稱所有權的王國，一個明確固定的疆界；陰莖書寫則因攀爬在鞦韆之上，隨時陷入傾斜擺盪之中，而無法聚焦，無法鎖定領土。

此處所發展的陰莖書寫，自然與伊希迦黑(Luce Irigaray)所謂的「陰唇空間」相互呼應。⑪伊希迦黑借用阿莉艾蒂妮(Ariadne)的迷宮神話(labyrinth)，來說明女性空間如唇狀多重層次、層層開展而自我複製世界的創造力。伊希迦黑指出，labyrinth的字源與唇狀物(labra)有關，這個唇狀空間說明了女性空間的祕密：打開雙唇，可以複製世界，闔閉時則可以觸摸自身("The Gesture in Psychoanalysis," 135)。對伊希迦黑而言，女性空間必須保持反覆開闔，並且容納無數他者進出，才能夠保持活動狀態與生命力；同時，所謂的女性空間並不只是單一的性別，而是有多種性別，是一種多性與流動的存在狀態。伊希迦黑進一步說明，女性的空間既誘引邀請又拒絕進入的遊戲，是如同小女孩跳繩般，以旋轉的姿態環繞出一個複製母親與他者的空間（"The Gesture in Psychoanalysis," 131-3）。伊希迦黑此處所描述的，是一個主觀而動態的創作空間，而這種既誘引邀請又拒絕的主控地位，是藝術家扮演母親而主控創作地位的遊戲。伊希迦黑認爲，只有藉著唇狀多層次而流動的空間，才有可能抗拒理性中心主義單一邏輯、線性思維與求同原則所架構出的巨大象徵系統（"The Looking Glass, from the Other Side," 18-9）。

陰莖書寫如同陰唇空間一般保留變形的彈性，迴避單一勃起的僵硬姿態，都屬於邊緣書寫；然而，陰莖書寫的擺盪焦慮卻似乎與陰唇空間的爆發力與旋轉相異，這也似乎是書寫中性別差異之修辭所流露出的差異。陰唇空間的旋轉爆發力如同母神，有無限創造能力；陰莖書寫則如同兒子永遠企圖尋求母親，卻又因擺盪並一再遠離母親而焦慮；⑫勃起是趨向中心，試圖模擬想像父親，但是勃起之不能，因傾斜擺盪而移到邊緣，則是書寫中必然體驗到的空無眞實。

在母體中撕裂出深淵的子音

陳黎知道慾望如同「貓」一般神祕而出沒無蹤。慾望在文本中露出的小小縫隙，如同螺絲釘轉動所造成的罅隙，在如鏡的文本中，我們窺見其中映照的流動痕跡：

牠掉了一根螺絲在我的體內
是以每夜當牠在鏡前重組牠慾望的零件時
我聽見一根螺絲在我體內隱隱歌唱
牠創造各種和聲，嵌合並且鎖緊
每一片光與陰影，螺絲孔與螺絲……牠和我共佔一面鏡子
掉了一根螺絲在我的體內
讓它掛在腹下，成為一具會思想的螺旋槳。

（〈貓對鏡Ⅱ〉，一九九七，《貓對鏡》，頁八四—六）

「貓」的蹤跡無法復得，而牠所遺留下的螺絲釘，可以創造各種和聲，可以嵌合並且鎖

緊所有光與陰影，成爲懸掛在詩人腹下一具會思想的螺旋槳，偶爾旋轉飛翔，偶爾降落靜止。螺絲鎖緊時是溫柔堅毅的燈塔的勃起，螺絲鬆脫時是鞦韆竹竿的擺盪傾斜。而詩中的問號、逗點，可以「像小小的螺絲起子／像小小的開瓶器，飛旋在混亂多采的風中／用它們細小的彎鉤鉤動你的回憶，鬆開你床頭那瓶舊香水瓶的瓶塞」（〈蝴蝶風〉，一九九六）螺絲起子可以鬆開鎖緊的螺絲釘，讓記憶的香味飛舞浮動在空氣中。

陳黎一九九六年寫的〈子音〉一詩中，巧妙地透過性別轉換的修辭呈現出他體驗到的邊緣書寫眞相：正是在母體中撕裂出深淵，以子音介入而翻飛成爲蝴蝶，才是捕捉詩的起點。

> 那些聲音在風中等她。小女孩在十歲還無法個別發出的那些ㄓㄔㄕㄖ。它們像透明的鑽子，在她龐大而繁複的語字建築的厚壁上，鑽出一些小洞，一些瑕疵，讓外面的光，讓世界的光，穿入她的世界，讓她更清楚地看見隱藏於角落裡那些幽微的意象……拓寬她感覺的耳洞，讓她聽到打結的子音如何也可以依附母音，翻飛成一隻隻蝴蝶，……那些聲音在時間等她。等她飛載起缺陷，在空中，和它們重新交合。（〈子音〉，一九九六，《貓對鏡》，頁一三七）

子音的出現源自於口腔器官內的摩擦阻力，子音是氣息之川流與抗拒的臨界點，製造和諧母音以外的雜音，也是製造聲音分節與賦予意義的起點。母音可以升騰盤旋於腦殼的靈性空間，也可以沈淪至胸腔腹腔充滿慾望之域；但是，母音的存在無法構成具有意義的文字。子音則永遠是現實層面的介入與阻斷，在小女孩「龐大而繁複的語字建築的厚壁上，鑽出一些小洞，一些瑕疵」，子音介入而切斷母音的延續，使得外面世界的光，穿入小女孩的世界，「讓她更清楚地看見隱藏於角落裡那些幽微的意象」（〈子音〉），而意義亦開始產生。

陳黎在〈島嶼之歌〉、〈太魯閣．一九八九〉與〈島嶼飛行〉等詩中所謂的「母音」是台灣各種族群所使用的母語，他也爲了並置台灣的多音多語系統，而有意陳列「五言六色的母音」（〈島嶼之歌〉），如閩南話、客家話、山東話、山西話、河北話……泰雅、卑南、魯凱、鄒、邵、賽夏、排灣，或是在詩中排列十六行以漢字拼音鑲嵌中文書寫系統內的讀者無法理解的泰雅族語（〈太魯閣．一九八九〉）；他也藉著玩弄捲舌音與不捲舌音的置換，建議將「戴不慣的首飾ㄓㄔㄕㄖ」扔掉，「讓舌頭成爲簡單的獸」，以批判北京話背後的中原意識（〈不捲舌運動〉）。

但是，陳黎在一九九六年所寫的〈子音〉，卻脫離了這種政治負擔；陳黎在此詩中藉著書寫，揭露他所體驗到的創作眞實：母音如同母體，是渾沌不分而延續的甜美黑暗，必須經過子音的介入而斷裂，而創作正必須容許子音撕裂母音，造成如隔深淵之距離，並飛離母體，翻飛而成爲蝴蝶。這種比喻亦是建立於器官式的想像，藉著器官的開閉伸縮，無論是口腔，或是陰唇，或是陰莖，慾望之流得以出入或是阻斷，意義因之產生構成。

這種母音與子音之間的器官式想像關係，正如同克莉絲特娃所發展出的chora與thetic的相對模式：chora是語言發生之前的狀態，如同母體般渾沌不分、充滿慾望流動而沒有語言的狀態，是一種律動，一種類近聲音的節奏與肢體運動的節奏。柏拉圖稱呼此狀態爲receptacle或chora，是能滋養而具有母性的(nourishing and maternal)貯存所，還未形成爲有秩序的整體；而thetic則是基於欲力衝動而要結合象徵系統的跨越投注姿態，是所有字或句子的發音階段，必須經過認同的過程，也就是必須先與母體或是鏡像階段的自我分割。要抗拒與象徵系統固定認同的勃起式thetic鎖定運動，便須容許符號衝動中衝刺與停滯之間的連續運動，以否定與不肯認同來抗拒進入象徵系統後的靜止狀態("Revolution in Poetic Language," 92-102)。

詩人會嘗試朝向象徵系統認同，但是，詩的創作便須以結合但同時抗拒象徵系統以保留文字內慾望的活動。創作時朝向文字投注的同時必須要推離母體，要以子音製造斷裂。子音若不出現，若沒有摩擦與抗拒，母音如同催眠般吟詠歌唱的和諧便會永遠延續；然而，子音出現而分割母音，以現實之光照亮區分渾沌黑暗的母體，文字的創造才開始。子音的出現，如同母體中孕育的胚胎成形，成為一個他者。母體是一個不斷分割的身體，不斷將成形的文字推離母體，如同聖母將聖子推離自身，使耶穌道成肉身而獨立展現。⑬耶穌說：世人哪，你們必須離開你們的母親；詩人便持續在母體與子音之間、我與他之間的深淵擺盪而暈眩。而若要將這種擺盪終止，按照克莉絲特娃的說法，就像是使鞦韆的擺盪凝止於一端，像是基督教將母親之形象固定住，放到聖壇上，成為聖母，僵化為永恆的象徵系統（"Stabat Mater," 258-9）。

子音黏著母音的片刻短暫而隨時會鬆脫，就像是海浪拍擊岩岸而無法停留，文字的意義亦須隨時更新，文化的新形式亦須隨時發生。如果將鞦韆的擺盪凝止於一端，鎖定代表原初母體的象徵系統中心，固定影像的勃起姿態，慾望便會死去。持續擺盪朝向母體，但亦推離母體而朝向邊緣的運動必然重複。朝向母體，如同精神分析回到原初點，是企圖超越。如同克莉絲特娃在《沒有國家主義的國度》中所言，我們的童年記憶、家庭經驗、個人歷史、種族歷史、土地感情，是如同母體的原初點；然而，我們不斷回去，是尋求超越，而不是固定此原點（4）；推離母體，才能夠推離置換母體的象徵系統背後的想像父親，而以不同的組合方式成為翻飛的蝴蝶，擁有變形後的新形貌。台灣若期待新文化與新藝術形式的誕生，便不能永遠以原初母體以及想像父親的象徵系統為縫合的對象，而企圖鎖定花蓮、鎖住土地；詩人必須如同母神，自成創造源頭，將文字推離口腔，以創造新的文字，或是以子音切斷母音的方式抗拒母體的磁場，重新分節，產生新的意義與形式。

註釋

①多位學者及詩評家皆已指出「花蓮」對於陳黎詩創作的重要性，具體例子如張芬齡的〈山峰海雨詩鄉——花蓮三詩人楊牧、陳黎、陳克華初論〉。

②本人曾在〈故宮博物院vs.超現實拼貼：台灣現代詩中兩種文化認同建構之圖像模式〉一文中，指出陳黎既有搭建神龕式將台灣經驗神聖化的企圖，亦有對於台灣經驗嘉年華會式的嘲謔與其中隱藏的流放焦慮。本章將進一步探討陳黎詩中勃起與傾斜的自戀基礎，以及其中必然並存的矛盾，並指出陳黎藉由創作書寫解脫此二元擺盪的痕跡。此外，廖咸浩在〈玫瑰騎士的空中花園〉一文中，盛讚陳黎「從島嶼邊緣出發，並且更深入島嶼的邊緣」，而且「充滿對於變易多樣的歡欣與喜悅」（頁四）；我卻需要指出此觀點稍嫌浪漫，基於自戀投注的內在矛盾，陳黎的邊緣書寫自有無可避免的焦慮暈眩時刻。

③一九九七年十月在台北舉辦的「鄉土文學論戰二十週年回顧研討會」中，王德威爲文指出本土

意識的弔詭在於「當年的禁忌正是眼前的圖騰」（頁一）；同場會議中，王家驥亦指出「本土」論述在不同時代與不同文字脈絡中意義從「中國」轉向「台灣」的移位，而解嚴之後，以「台灣爲中心」更成爲一種「流行的文化及政治論述，甚至躍居至主流的地位」（頁一四）；台灣當代美術界如林惺嶽與倪再沁等，便刻意援用文學界如葉石濤「以台灣爲中心」的立場，批判不具有「台灣意識」的西化前衛畫家，而成爲另一種文化霸權（頁一四—一三）。「以台灣爲中心」的本土論述在台灣文化界的不同場域反覆出現，亦展現嚴苛的排他性，是「以邊緣爲中心」的核心矛盾。奚密亦於該場研討會中指出，鄉土寫實論述落入了「文化保守主義的窠臼，以民族主義和文化純粹論來解決文化主體性的危機」，是含有內在矛盾的（頁一〇）。

④周蕾在〈殖民者與殖民者之間〉("Between Colonizers: Hong Kong's Postcolonial Self-writing in the 1990s")一文中，指出羅大佑作品中「繼非尋根亦非混雜」的性格，展現了一個崛起中社會的可能性。

⑤例如艾皮亞區分恰當的後殖民主義與不恰當的壞後殖民主義，對於艾皮亞之類的後殖民主義而言，後殖民應該超越並且遠離殖民主義，然而任何後現代主義對國家主義論述質疑的論點，則都是擔任西方知識買辦而仍屬於殖民產物的論述。周蕾更進一步指出後現代的多元雜糅是一種天真的看法，與後殖民是不相容的。

⑥周蕾此處借用薩依德發揮法農(Fanon)之說，指出雖然被殖民者已經取得自由，長期不公平待遇所帶來的結果，例如貧窮、依賴、權力腐化等，依然混合於被殖民者的文化。

⑦周蕾所建議的崛起中的社會，是借用雷蒙・威廉斯對文化的區分方式：根據他的看法，文化可分爲主導文化(The dominant culture)、剩餘文化(The residual culture)與崛起中的文化(The emergent culture)。主導文化可能併吞其他兩種文化，而其他兩種文化皆對主導文化採取對抗姿態；剩餘文化是指過去有效地建立的，而今日仍扮演積極影響力的價值與意義體系。可參考他的 *Marxism and Literature* 一書。

⑧吳潛誠亦指出陳黎詩中的國際視野：「陳黎居住在『偏僻的』花蓮，卻得以透過閱讀，去認識並譯介英、美、愛爾蘭以及拉丁美洲詩，培養國際視野」（頁五一五），而陳黎的國際視野是基於「意識到外國／異質因素」，並同時「正視外國因素」而發展的本土立場。

⑨陳黎在一次演講中，亦直接指出：「歷史的聲音是多元的，來自不同族群不同民眾，是眾聲喧譁的。過去幾年寫作，我一直想找出這喧譁的眾聲，試圖描摹、重現這些多元的，多采多姿的島嶼的聲音，歷史的聲音。」（〈尋求歷史的聲音（下）〉，頁五七）亦有學者如李有成指出陳黎詩中有意「反省與重寫台灣歷史」，尤其是〈福爾摩莎・一六六一〉中台灣的「被殖民史」，以及對於「世人所熟知的後殖民主題或議題，此詩可謂一應俱全」（〈原住民被殖民史〉，頁二一一）。

⑩地圖中軒轅路（朝日通）、五權街（入船通）、復興街（春日通）交接形成了一個西南走向的箭頭。

⑪本人曾經在〈跨藝術互文與女性空間：從後設電影談蘿茲瑪的藝術相對論〉一文中，借用伊希迦黑的陰唇理論，討論過藝術創作的女性空間。

⑫也就是本書第二部分所討論的台灣孤兒文化與女神文化的轉型：林懷民作品中的女神，或是我所謂的台灣當代的「女神文化」，具有試圖賦予台灣文化再生能力的企圖。「女神文化」脫離了

台灣早年的「孤兒文化」，一種倉倉皇皇試圖尋根不著的赤子無奈，一種如同《寒食》中介之推般「抱木而燔死」的忠誠；「女神文化」可以如同《九歌》中的女巫那種「成熟的女人」的方式，採取遊戲之姿起舞，以起乩的方式轉換身分與面貌，挑激起新的慾望，孕育新的生命，醞釀新的文化。

⑬克莉絲特娃在"Stabat Mater"一文中，以聖母生育耶穌，比喻藝術創作之過程。我則企圖在本章討論中，借用克莉絲特娃的聖母生子的暗喻，發展子音切斷母音而翻飛爲蝴蝶的暗喻，建議一個新文化或是藝術形式的誕生，必須脫離母體，獨自存在。

林燿德與台灣文學的後現代轉向

近年來，談論台灣文學或是文化的主體性問題時，時常出現具有暴力性格的排他性論述。游勝冠在《台灣文學本土論的興起與發展》（一九九六）一書中的結論便指出：「文學的本土化運動，是反動脫離本土社會、喪失民族立場的創作而提出的。」他繼續強調，「台灣文學的本土論，除了對抗西方、日本等隨著帝國主義入侵的強勢文學的支配性影響，也在打開長期受制於『中國』，因爲『中國意識』作崇使得台灣文學不能落實本土社會現實的僵局。」（頁四五五）我認爲：如果因爲「民族立場」而限制我們對於文學創作或是藝術創作的體驗，或是無法在「落實本土社會現實」之外的書寫中，觀察到本地作家在作品中所展示演出的想像力、整體文化的內在動力，以及其中所鑲嵌的歷史與文化政治，那是十分可惜的。①如果我們反轉思考模式，探討本地作家爲何有借用移植西方模式或是依戀中國符號的內在衝動，便可以深入討論這些所謂的「外來」

元素如何宣洩本土文化內被壓抑的慾望衝突；也就是說，我希望透過討論所謂「他者文化」之書寫，來重新詮釋所謂「本土經驗」與「台灣意識」的負面層次。②

本章討論便將以林燿德爲例，探討八〇年代到九〇年代台灣文學後現代轉折的本土意義與歷史脈絡。台灣文學的後現代書寫中，特別吸引我注意的，是林燿德晚期的文字中時常出現大量含有暴力與血腥施虐的段落，例如《解謎人》(與黃凡合著)、《大日如來》、《大東區》與《時間龍》。評論林燿德的學者，多半專注於林燿德具有象徵詩派或是後現代風格的詩、散文，「都市文學」的代表作品《惡地形》、《大東區》，與有史詩性格的《一九四七高砂百合》，③而不喜談論林燿德的科幻與魔幻作品，尤其不願面對含有觸目驚心的血腥與性愛場景的《解謎人》、《大日如來》與《時間龍》。林燿德文字中血腥施虐暴力的書寫，與西方薩德、洛特曼(Comte de Lautreamont)或是巴岱爾同屬一個路數。在林燿德象徵派風格到後設解構風格，再到此血腥暴力的筆法之間，我們能夠尋求什麼樣的理解基礎呢？若說是後現代式虛擬現實的暴力，那麼此種暴力要如何承受林燿德從八〇年代中期到九〇年代中期的總體文本中，所投資的書寫計畫以及重寫文學史的慾望動力？

本章試圖從林燿德所引發的現象談起，先採取採掘文化地層的方式，釐清其後現代計畫的書寫脈絡與重寫文學史的動力基礎，以及其對於台灣文學史霸權叙述所持續進行批判的背景。下章則要進一步對照閱讀林燿德在一九九三年前後完成的科幻小說《時間龍》，以及其他同時期的評論，以便深究林燿德的「後現代欲求」進入九〇年代之後，爲何展開了暴力書寫與施虐的本質。④

因此，以下我將逐次討論林燿德現象以及他的「後現代計畫」，台灣文學史的斷裂背後所要尋求的延續，虛擬實境下的施虐暴力書寫，以及暴力之下壓抑隱藏的愛欲對象。對林燿德的後現代計畫與文本進行徵狀式閱讀，我們可以再度窺探到台灣文化場域自七〇年代到九〇年代形態轉移的模式。

林燿德現象與他的「後現代計畫」

當林燿德的第一本散文集《一座城市的身世》於一九八七年出版時，瘂弦爲其作序，指出林燿德於一九八五年間，發表過一百多首詩，獲頒十五項文學獎。因爲林燿德「文學生命成長異乎尋常的快速」，使得他「變成了一個傳說，一個話題甚至一個『問題』」，有人批評他的「超速」，他的「心急」與「躁進」（《一座城市的身世》，頁二二）。當時，瘂弦一心護衛這位年輕的鬥士，包容他的「快速、銳利、凌厲」，而呵護著說：「年輕的，你衝刺吧，你躍動吧，你盡量向上生長吧！……你的旅途正長，你的故事剛剛開始。」（頁二三）然而，一九九六年一月，這段旅程已然結束，當時林燿德年僅三十四歲。

根據林燿德生前自己所編列的簡歷，在短短不到二十年的文學生涯中，⑤他除了出版詩、散文、小說、評論三十餘種，獲得三十餘項文學獎外，還編著選集四十餘種。林燿德的編輯計畫包括《中國現代海洋文學選》、《現代散文精選系列》、《新世代小說大系》、《台灣新世代詩人大系》、《當代台灣文學評論大系》、《世紀末偏航——八〇年代台灣文學論》，以及都市小說選、新人類小說等。⑥除此之外，林燿德也撰寫文學史議題的系列評論集，例如《一九四九以後——台灣新世代詩人初探》（一九八六）、《不安海域——台灣新世代詩人新探》（一九八八）、《觀念對話》（一九八九）、《重組的星空》（一九九一）、《期待的視野》（一九九三）、《世紀末現代詩論集》（一九九五）。我們也注意到，在林燿德於一九八九到一九九六年擔任「中國青年寫作協會」⑦的祕書長期間，主辦了一系列的學術研討會，主題包括八〇年代「台灣文學」（一九九〇）、當代台灣通俗文學（一九九一）、當代台灣女性文學（一九九二）、當代台灣政治文學（一九九三）、當代台灣都市文學（一九九四）、當代台灣情色文學（一九九六），以及洛夫（一九九五）、羅門（一九九五）的專題研討會等，改變了「中國青年寫作協會」此組織的性格，也帶動了一系列重新思考當代台灣文學並且付諸理論化的論述。這一連串的學術建構的確掀起台灣一波「新世代文學」的風潮，也因此他促成了台灣文學史後現代轉折的一個特殊現象。

林燿德這種至死方休的龐大精力與慾望，是無人能望其項背的。正如瘂弦十多年前所說，當時在台灣的文壇「尙屬僅見」（《一座城市的身世》，頁二三）。十年後回顧，亦然如此。略覽評論林燿德的文章，我們看到林燿德被人稱呼爲「帶著光速飛竄的神童」（馮青）、「文明斷層的掃描者」（鄭明娳）、「八〇年代的文學旗手」（葉石濤）、「都市文化的黑色精靈」（楊斌華）、「後現代主義的鼓吹者，偉大的獸」、「後現代和都市文學的旗手」（王浩威）、「火焰人生」（司馬中原），甚至有人指出林燿德書寫的某種神祕性：「林燿德和他筆下死於『山神們的詛咒』的『偉大的拿布・瓦濤』一樣，『在這個世界整整活了三十四歲，環繞太陽三十四週。』」（單德興，頁六八）林燿德儼然成爲了一則「傳說」！然而，他更是個「問題」。

問題在哪裡?問題就在於他所引起的所謂「後現代現象」。

由於林燿德大力引介「後現代主義」，以全副精力標舉「新世代」作家，積極宣揚都市文學，實驗資訊時代的虛擬眞實、後設以及自我解構之文本，討論台灣的後現代主義現象較具有代表性的理論家，皆舉林燿德爲例來說明後現代文學的特性（羅青、孟樊），⑧或是調侃的稱呼其爲「後現代大師」（廖炳惠）。⑨其他論者亦皆以「後現代」

作爲林燿德的標籤，認爲他的作品主要呈現了「後工業文明狀態」、「後現代消費社會」與「資訊時代」的新人類問題（朱雙一），凸顯後現代的「文類混淆」、百科全書式的引用典籍、「後結構書寫」（吳潛誠）。更有人認爲林燿德的作品「是一種自由無度、破壞性的文學」，「醉心於反形式、反意義，尤其對傳統文學和現代經典的反叛更爲激烈」，而認爲這便是「後現代主義的現象」（王潤華，頁五—六）。

林燿德自然可以信手拈來一連串的「後現代」術語，例如李歐塔（Jean-Fransois Lyotard）的「崇高」、哈山的「沈默」、德希達（Jacques Derrida）的「元書寫」、德勒茲（Gilles Deleuze）的「遊牧思想」、布希亞（Jean Baudrillard）的「擬態機器」（〈羅門 vs. 後現代〉，頁一〇五），顯見他十分自覺地收集有關「後現代」的理論基礎。但是，如果「後現代」成爲「標籤」與「編碼」，便都有誤導的嫌疑，[10]可能會阻礙我們理解林燿德的思考脈絡以及他所謂的「後現代」爲何物。林燿德自己聲稱他是「永遠拒絕被編碼」的「愚人」（《不要驚動不要喚醒我所親愛》自序，頁二），不過，我們仍舊必須如同探掘地層一般，撥除文化史或是通俗論述建構出來的迷障，釐清文化地質與歷史脈絡，以便思索林燿德的文字碎片背後牽引的投注精力以及其同時隱藏壓抑的對象。或許我們也可以用廖炳惠的說法：在討論文化之交會時，例如後現代的狀況，我們要面對「後現代」是如何被翻譯的，如何在「番易，變動，重新發明」的過程中，牽引出「其文化對應物之政治意涵」，如此或許我們可以「了解這種翻譯（或移植）後現代過程之中，台灣社會的具體欲求、挪用策略及其再詮釋之歷史脈絡」（〈台灣：後現代或後殖民〉）。我的說法則是：探討本地作家借用移植西方模式或是依戀中國符號，可以讓我們深入討論這些所謂的「外來」元素如何宣洩本土文化內被壓抑的慾望衝突，並且重新詮釋所謂「本土經驗」與「台灣意識」。

林燿德在《迷宮零件》（一九九三）的序文〈如何對抗保險箱製造商的陽謀〉中曾經寫道：「微笑而優雅的胡丁尼，一個掙脫束縛的專家，他的形象常常被我用來檢驗我心中那些文學人物，很多人不到四十歲就死在保險箱裡，很多人拒絕挑戰而乘船去了非洲……這個世界上層遞的、互相顛覆的文學理念其實也是一座比一座嚴密的保險箱。」（頁九）他在《新世代小說大系》總序中也說要「解放加諸文學靈魂的各種桎梏」（頁四）。那麼，我們可以開始問的問題是：林燿德他自己所試圖不斷逃逸的「保險箱」或是打開的「桎梏」，鎖住的是什麼樣的文化理念與心態？林燿德所翻譯、改寫並展演的「後現代欲求」對應的是什麼性質的文化框架與侷限？我認為，要了解林燿德現象的歷史脈絡以及其內在的文化對應物，我們需要先將林燿德的後現代計畫，放置於台灣社會七〇年代到九〇年代的歷史脈絡中，尋求林燿德所鋪陳的戰鬥對象或是壓抑物。

首先，我們要討論林燿德的「後現代計畫」與台灣文學的後現代轉向。

廖炳惠在一九九五年的〈比較文學與現代詩學在台灣——試論台灣的「後現代詩」〉一文中，曾經指出林燿德「並未眞正界定後現代主義」，因此廖炳惠認爲林燿德在評論羅門時指出羅門對後現代提出了「批判與修正」，是「一廂情願或退轉入某種大型敘述（如進化史觀或追求『行進中的永恆』的形上學架構與反消費文化）」（頁七六—七）。廖炳惠認爲，林燿德不對「認知與政經行爲背後的文化與語言屬性（identity）問題提出反省，也因此在他的詩中，文化主體性（subjectivity）與歷史過程中的理論與實際權力關係，往往是被含混的大型理論一筆帶過」（頁八四），「把後現代主義視作同一而且連貫的整體，並且以另一個抽象的理論去加以修正：以『前進中的永恆』……去修正後現代思想」（頁八五—六）。因此，廖炳惠指出，林燿德所使用的「現代主義或是大型神話」，以及他感興趣的「電腦、科技、色情、欲求、核爆、國際政治等」，其實是晚期現代主義的風格（頁八七）。廖炳惠並且指出：台灣後現代理論家如楊茂林、鍾明德、羅門與林燿德等人，其實對後現代主義都僅是一知半解，卻由於這種「文化困境及焦慮」，而想一方面挪用後現代主義，另一方面又以堅持其「屬性與理論」的方式加以修正或是揚棄（頁九〇）。

廖炳惠長年專注後現代主義引發的問題，自然見解深刻。但是，在釐清林燿德的「後現代」辭彙與「後現代狀況」之脈絡前，我們並不具有充分的條件來談論林燿德所使用的「後現代」辭彙。讓我們先進入林燿德的「後現代計畫」，檢查一下此辭彙所附著的論述。而且，我認為，林燿德的「後現代計畫」正是為了要執行他對於既定「認知與政經行為背後的文化與語言屬性問題」的反省，以及對「文化主體性與歷史過程中的理論與實際權力關係」進行批判。

林燿德於一九八七年發表的〈資訊紀元——《後現代狀況》說明〉一詩中，聲稱要「揭露政治解構、經濟解構、文化解構的現象；以開放的胸襟、相對的態度倡導後現代藝術觀念、都市文學與資訊思考，正視當代『世界—台灣』思潮的走向與流變」（《都市終端機》，頁二〇四）。這首詩似乎是他對於開啓「後現代」的正式宣言。這個宣言與一九八六年羅青對於「後現代主義」的介紹，以及同一年《中國時報》人間副刊登出的「後現代主義專輯」，隔年詹明信（Fredric Jameson）受邀來台講學，《當代》刊登詹明信在北京的講座內容，《文星》以詹明信為封面人物等等，共同在台灣匯聚成一波又一波強勢的後現代主義風潮。⑪

不過，我們注意到，一九八五到一九八六年間，林燿德已經反覆使用此辭彙，並且與多人討論「後現代」的概念。一九八五年，林燿德在〈不安海域——八〇年代前期台灣現代詩風潮試論〉一文中，提及「後現代主義的萌芽」的概念，他引用「解構」、「後設」、「拼貼」、「影像複製」、「資訊晶片」、「並時系統」、「都市思考」等特質，他的用意是要指出台灣地區已經邁入後工業社會，以及「第四代詩壇新秀」⑫或是後來他所使用的「新世代作家」已經崛起的現象。林燿德在一九八六年發表於《文藝月刊》的一篇評論夏宇詩作的文章中，用了「後現代主義傾向」的觀念來說明夏宇詩作中「瓦解主題」、「文不對題」、「解構」的書寫模式，並認為夏宇「敏感地把握住後工業社會特質」（〈積木頑童〉，頁一三〇）。羅門對於「後現代」的興趣，應該也是被林燿德於一九八六年間以書信方式與他討論「後現代主義」而開啓的。⑬林燿德也曾經說過，在一九八六年間，羅青與他討論過「後現代主義是否能夠引介進台灣的問題」（〈八〇年代現代詩世代交替現象〉，注十二，頁六二）。一九八六年十二月，「四度空間」出版《日出金色》，收錄林燿德、柯順隆、陳克華、也駝、赫胥氏五人的詩作，而羅青撰寫總序〈後現代狀況出現了〉，指出這些年輕詩人生長於資訊化後工業社會，作品中「我們可以聞到相當濃重的『後現代主義』氣息」（《日出金色》，頁一五）。此後，林燿德便與「後現代」語彙牢不可分。

可是，如果我們閱讀林燿德的詩作，我們更會注意到，林燿德詩作中出現所謂的

「後現代主義氣息」，遠遠早於一九八六年。一九八六年，凌雲夢（鄭明娳）評論林燿德第一本詩集《銀碗盛雪》時，便已指出林燿德詩作所具有的「後現代主義風格」，顯現了「後工業社會作家的特質」（〈詭異的銀碗——林燿德詩作初探〉，頁八八）。凌雲夢指出林燿德「在一九八五年以『解構』觀點完成的〈線性思考計畫書〉可說是後現代主義的宣言詩之一」（頁一〇三）。其實此詩書寫於一九八四，後來收錄於《都市終端機》，與夏宇在一九八五年自費出版的《備忘錄》寫作時間十分接近。

當我們重讀林燿德在一九八四到一九八五年間所寫的詩作，的確會注意到許多作品中呈現與〈線性思考計畫書〉類似的後設實驗與解構衝動，例如〈U二三五〉、〈文明幾何〉，以及《日出金色》之中的〈薪傳〉、〈天空中的垃圾〉、〈革命罐頭〉、〈世界偉人傳〉等。白靈在爲《都市終端機》作序時指出，林燿德一九八五年之前的詩作都不被各詩刊所接受，直到一九八五年羅青負責的《草根》以增刊的方式一次刊登他的二十幾首詩，並獲得幾項文學獎之後，才受到重視（〈停駐在地上的星星〉，頁一四）。林燿德在《銀碗盛雪》的〈跋〉中也透露，一九八二年他便已經將他自一九七七年到一九八二年間的作品給瘂弦看（《銀碗盛雪》，頁二二一）。一九八五年，他再度將一九八二年到一九八五年間的詩作交給楊牧、羅青與張漢良等人。看來，在一九八五年之前，林燿德一直沒有任何管道可以發表他的詩作。林燿德一九八五年間所發表的「一百多首詩作」，自然包含了他在改寫一九八〇年到一九八五年間被當時各詩社詩刊拒絕而積壓的稿件。

這些事實讓我們清楚的看到：林燿德的詩作能夠被接受，羅青發揮了相當大的扶助功能。因此，我們也必須說，羅青敏感地在林燿德等人身上，觀察到了強大的叛離前行代體制的慾望，這種叛逆正符合了他自己當時要引介的「後現代主義」的補充條件。而且，我們要繼續說：林燿德配合羅青而使用「後現代」，其實正是為了完成他自己的斷裂野心。他在一九八五年之前備受冷落忽視，也導致他對於詩社壟斷詩壇的現象深惡痛絕。他日後所使用的「後現代」或是「新世代」、「當代」，對他來說，都是要與前行代詩壇傳統宣稱斷裂的手段。

對於「後現代」，林燿德從未堅持其「屬性與理論」。他在一九八七年間與瘂弦的討論中便曾經表示，不要將後現代文學思想稱作「主義」，因為「任何思想被稱作『主義』，其意義便固定了，變成了一個解釋，一個發展模式」（頁一七），他認為這應該是個「把什麼東西都可以往裡面裝的後現代主義大口袋」（〈在城市裡成長〉，頁一八）。林燿德在一九九〇年《世紀末偏航》之〈總序：以當代視野書寫八〇年代台灣文學史〉中，繼續針對「後現代主義」提出討論：「八〇年代的文學主流是後現代主義嗎？……：用當代的角度來看，在這個階段我們『發現』並且『創造』了所謂的『後現代主義』。……然而，後現代主義的出現並未蔚成這段文學史上眞正的主流，它的意義在提供另一種『文學創作方法』及『如何看待文學』的選擇。」（《世紀末偏航》，頁一〇）。在一九九三年的〈環繞現代台灣詩史的若干意見〉一文中，林燿德指出「所謂『後現代』一詞指的是現代主義之後，無以名之的階段，匿名的、未來的主流正潛隱在糾結、多元、破碎的面貌之下；換言之，『後現代』只是一個期待新天新地的過渡性指稱詞，『後現代』本身期待著『後現代』的幻逝」（頁二六）。同年在〈羅門 vs. 後現代〉一文中，林燿德也反覆指出「後現代主義是一群聲音而不是一套體系完整的文學哲學，甚至可說它（們）是反哲學、反文化的」（頁一〇五）。「後現代本身也與它（們）所抗頡的現代主義混種雜交，彼此身世絞纏，成爲『刺蝟』與『狐狸』的混種；尤其不可忽略的是，『後現代主義』一詞即是無以名之的（諸）事務，無論有多大的發展空間，終究是一個過渡性的思潮」（頁一一一）。

林燿德的「後現代」是個斷裂意圖之下所使用的「過渡性的思潮」，那麼這個「過渡」是從何處開始轉向？導引到何處？

台灣文學史「世代交替」的斷裂與延續

林燿德的「後現代計畫」是要鬆動掌控台灣詩壇數十年的三大詩派的體制。他於一九八八年八月與張錯的對談中，就直接指出「笠」、「藍星」、「創世紀」三大詩派控制文學獎的評審，「數十年來左右詩壇」，鬥爭劇烈，使得成長中的中生代若無法接受老一代的保護，便可能「遭受『整頓』、『封殺』、『除名』」（《國文天地》四卷三期，頁三三）。他認爲雖然三大詩派皆由反抗當時的政治禁忌或是社會制度而起，但是卻也皆由「革命」志士而一躍成爲「暴君」（頁三五）。林燿德更直指七〇年代的詩人大力批判現代主義之晦澀與舶來，問題即在於派別之間的「權力結構」（頁三四），而此「權力結構」對於詩壇造成了「隱形的桎梏」（頁三八）。當時，林燿德便已經認爲，是否能夠扭轉此「環境的制約」，便是要先能夠「意識這個結構的腐朽」（頁三八），而對他來說，「後現代主義」正是「瓦解」過去權力結構的「過渡性」策略，是一個「開放系統」，使「密閉系統中禁錮的事物被解放出來，所有被鎖住的門戶都可打開」（頁三九）。⑭我們很清楚的看出，林燿德使用「後現代」辭彙所在乎的是「新世代」促成的「世代交替」。他在一九九五年的〈八〇年代現代詩世代交替現象〉一文中明白指出：「文壇世代之間代代相承的關係」是一種「迷信」，至於「新世代所形成的新正文，絕對導致過去對於現代詩壇的敘述知識的崩潰」（頁五四）。

林燿德的「斷裂」計畫之下，同時卻有重寫文學史的野心。林燿德指出，羅青在一九八八年連載於《台北評論》的〈台灣地區後現代狀況及年表初編〉是一種「重新書寫歷史的慾望」，藉由重新編輯文學史的「解構之道」來解除重壓在「新世代」肩膀上的「歷史的負擔」（〈八〇年代現代詩世代交替現象〉，頁五六）。其實，這種爲了「解構」而「重新書寫歷史的慾望」，正是林燿德從一九八五年到一九九五年間所有活動的動力基礎。林燿德在《惡地形》的〈後記〉中說，「我存在，因爲書寫，因爲思考，因爲不相信任何『眞理』和『文藝政策』。」（頁二五五）他與黃凡在《新世代小說大系》總序中宣稱：「我們書寫當代，也創造當代。」（頁四）《一九九〇》序詩〈我們〉中，林燿德寫道：「瓦解與重建並時發生／整座紛亂的世界引誘青空擴張／優雅地我們爲下個世紀的生靈導航／人類的詩史正爲『我的世代』而存在。」因此，「我的世代」是需要透過「瓦解」、「重建」而得以擴張，並且得以執行「導航」的工作。

林燿德以「史」的面貌建構當代的慾望是十分強大的。林燿德說：「對於歷史的重新理解，意味著我們正參與過去我們未曾參與創造的世界（對於迫近吾人眼前的「當代世界」則可說是「再參與」），在這種慾望萌生或者付諸實踐的同時，歷史是一個正文的事實也不會有所改變。……重新思考文學史的組織原則，仍然是一種形式主義，只是這種新的形式主義……正意圖擴展它的領域至非文學與構成歷史語境的社會體制。」(〈環繞現代台灣詩史的若干意見〉，頁八—九)從林燿德散置四處的文字，詩、散文、小說、序、評論、訪談等，以及他所設計的文選與研討會，我們發現，林燿德製造了世代交替的斷裂以及新世代的興起。此世代交替，已經完成了台灣文化史重新書寫歷史的自覺，也帶出了台灣現代文學史的新的面貌。

林燿德自始至終都持續而嚴肅地面對重新思考文學史的問題，⑮以及他批判現有詩社、文選與文學史撰寫者的立場。⑯我們從林燿德在一九八五年到一九八六年間陸續發表於《文藝月刊》、《文訊》、〈春秋〉與〈淡水河〉的新世代詩人評論系列(後收錄於《一九四九以後》)，便看出他已經展現了重新詮釋討論台灣的現代詩史的野心。在《一九四九以後》的〈後記〉中，林燿德指出，「脫離了文學史，詩不過是一些個別的愛憎喜怒，甚至只是一些互相擁抱又彼此瓦解、無關昨日也無關明日的記號遊戲。」(頁二九三)而當林燿德將詩放置入文學的脈絡源流之後，他看到了什麼牽連呢?林燿德認爲:「由於新世代的成長與加入，詩派之間的互動關係由平行延伸至垂直，不但各種團體因詩觀和意識形態的差異而各有堅持，即使同一組合中的各世代也有內在衝突。」(《一九四九以後》，頁二九四)林燿德在〈環繞現代台灣詩史的若干意見〉這篇文章中，更指出戰後台灣詩史分期模式的諸多謬誤，認爲無論是古繼堂的《台灣新詩發展史》⑰，或是葉石濤的《台灣文學史綱》⑱、創世紀詩社的觀點、笠詩社的觀點，無論是以詩社史爲軸線，或是以十年一期的武斷區分，或是以生理年齡層的「代」作切割，都引發相當複雜的文化史生態座標與其脈絡的問題（頁一三—一三）。林燿德集中火力抨擊傳統研究台灣文學史之「現代主義」（五、六〇年代）、「寫實主義」（七〇年代）、「後現代主義」（八〇年代）的序列思維，指出其中必然有相對陣營之成員重複或是同一詩人文體分裂的現象⑲（頁二〇—一）。

林燿德亦批評了彭瑞金所提出「台灣文學也有它一貫的選擇性」，而被「撿選」的「神話」（彭瑞金，頁二三三）。他認爲彭瑞金指責新世代作家「試圖在自主化、本土化的趨向、使命之外，找到一些可以向自己的『離經叛道』交代的藉口」，卻「逃不過台灣新文學運動的篩網」（彭瑞金，頁二三〇—一），反映出彭瑞金的「焦慮感」以及「敵視」，而正好呈現「文壇的『世代政治』」（頁一六）。林燿德更批判夏志清的《中國現代小說史》「結構破綻太多」，對於上海二、三〇年代現代主義新感覺派作家毫無討論，「也令人驚訝」，而成爲「意識形態偏見和文學史謬誤的『鉅著』」（《觀念對話》，頁一九〇）。

然而，在林燿德奮力脫離文壇「政權」的掌控之際，林燿德的台灣文學史書寫計畫到底是什麼呢？當他賦予作品新的歷史身分時，流露出了什麼形態的歷史詮釋法則，以及自身的意識形態位置呢？王浩威在林燿德過世後，曾爲文指出：林燿德「從來不是他自以爲的後現代；相反的，他就像是紀弦或尉天驄一樣，是一頭前現代或現代的獨步的獸。」（〈偉大的獸——林燿德文學理論的建構〉，頁六一）王浩威的這個論斷既是蹊蹺，卻又有其眞理存在。原因是：其實林燿德雖然時時標舉後現代，但是，如同王浩威所指出而大家都清楚的，林燿德「不斷地編各種文學選集，提倡不同的文學史觀」，所以林燿德的確是在進行王浩威所說的「前現代或現代的建構的鉅大工程」（頁六一）。當我們細讀林燿德前後的文字以及他所有的書寫計畫，我們會發現他的確一直都企圖銜接「現代」——銜接六〇年代現代派紀弦、林亨泰，⑳銜接三〇年代新感覺派施蟄存，㉑銜接法國前現代詩人波特萊爾、韓鮑、馬拉美。㉒楊牧評論林燿德早期《銀碗盛雪》中的詩作時，亦稱其中有「一些紀弦，一些瘂弦，一些商禽，一些方莘」（〈詩和詩的結構〉，頁四）。

林燿德所企圖重寫的台灣文學史

王浩威特意舉出紀弦與尉天驄兩個現代文學論戰中的對立陣營，並將林燿德與他們二位比對。對於紀弦，林燿德大概會心有戚戚焉，卻也會不太服氣；㉓對於尉天驄，林燿德則會不假辭色地冷嘲熱諷一番，指其如同「不懂得如何／在橢圓形的次／元中行動」而「固執地沿襲喪亡的圓周軌道／被夾殺在卡死的時針上」的「寫實主義者」（〈寫實主義者〉，《都市終端機》，頁一〇〇），甚至是爲了鞏固政權而執行排他性「暴力」的法西斯主義者。㉔有意思的是，紀弦與尉天驄恰好代表了林燿德「後現代計畫」戰場的兩個主要對話對象。也就是說，林燿德的「後現代計畫」是要對寫實主義者開戰，向現代靠攏，以及重寫台灣文學史。

如果我們細讀他前後的文字，尤其是他於一九八七年到一九八九年之間持續與「不同世代的詩人」對話，㉕我們已經可以看到林燿德的書寫與「對話」，都是他所撰寫的「台灣現代文學史」。他尋找六〇年代現代派的紀弦、林亨泰，尋找到中國三〇年代新感覺派的施蟄存，也尋找到法國前現代詩人以及超現實詩人。林燿德要翻轉當時台灣三大詩社的壟斷，修正台灣的「現代派」僅出自紀弦，而指出日據時代「跨越語言的一代」的詩人林亨泰對於台灣「現代派」的重要影響，㉖要平衡八〇年代台灣文壇重新挖掘日據時代台灣新文學，只重視「數連翹數草本」㉗等寫實鄉土的本土作家。林燿德曾經說過：「對於『超現實主義』在台灣的發展，我們再也不能以義和團式的觀點視爲洪水猛獸，而應該以本土化的趨勢重新審定台灣『超現實主義』詩潮的功過。」（《觀念對話》，頁一七九）林燿德也說過，相對於如同「北斗七星」的三大詩社，紀弦以及林亨泰等人的歷史定位則如同「一塊陸沈的島沈睡在歷史的洪濤中，因爲黑闇遮蔽了眼睛使得我們還未洞悉」㉘（〈權力架構與現代詩的發展：林燿德與張錯對談〉，頁一〇七）。他指出日據時代的台灣新詩是「台灣新詩的『前現代派』時期」（〈台灣的「前現代派」與「現代派」：林燿德與林亨泰對談〉，頁八五），屬於「銀鈴會」的林亨泰是二〇年代開始發展的台灣「前現代派」之「高峰」，與承接大陸「現代派」的紀弦會聚合流而成爲台灣的「現代派」（頁七八）。

林燿德也認爲上海三〇年代「新感覺派小說」之劉吶鷗、施蟄存與穆時英等人在中國現代文學中的位置十分重要，而提出「現代主義在中國和台灣兩地的發展必須予以新的評估」之議題（《觀念對話》，頁一七二）。林燿德指出：「自一九二八年起，上海新感覺派的開始，乃是中國現代文學首度眞正跟世界文學同步發展……是對晚淸以降中國小說寫實主義傳統的一個反證。」㉙（〈與新感覺派大師施蟄存先生對談〉，頁一三三—四）林燿德的看法是：都市文學正式的發展有三個階段，第一階段是上海的「新感覺派」，第二階段是紀弦的台灣「現代派」與《創世紀》掀起的「後期現代派運動」，第三階段便是他自己「在八〇年代提創的新世代『都市文學』」（《觀念對話》，頁一八二）。他認爲，三〇年代的上海與六〇年代的台灣都呈現了注重「內在現實」的「意識流」與「超現實主義」的影響痕跡。而他自己於二十世紀末所提出的「都市文學」，則將「兼容個人意識川流與集體潛意識」呈現「貫時的文化暗示、民族之夢和並時的社會潛意識」(《觀念對話》，頁一八二)。

所以，從上述所列種種環繞台灣現代文學史的重要議題，我們看到林燿德的「後現代」是要脫離八〇年代龍斷詩壇的體制，企圖銜接上海三〇年代新感覺派作家、台灣日據時代現代主義作家、台灣五、六〇年代現代派、台灣超現實主義，以迄於台灣八〇年代他自己所提倡的「新世代」與都市文學。林燿德曾經指出：「即令是八〇年代出現的『後現代思潮』，其出發點雖在於反動『現代主義』，也可歸納在〈現代派〉此一追求前衛性的路線中。」(《觀念對話》，頁九九)在此，我們也看到林燿德的尋根企圖，以及他試圖解釋自己的動機。林燿德指出施蟄存作品中「外在的客觀世界被改造出一種心靈空間」，是內在投射出去後，「產生的一種嶄新的現實」(〈與新感覺派大師施蟄存先生對談〉，頁一四一)。這與他的寫作，尤其是他後期的魔幻書寫，是同性質的展現。我們可以說，林燿德要鋪陳的台灣現代文學史，是「另一意識層次的文學史」，探索個人意識地層、民族之夢、文化暗示以及社會集體潛意識的流動。

註釋

①一九九九年十一月，我於「戰後五十年台灣文學國際學術研討會」發表此文之後，楊青矗在《自由時報》發表了一篇短論〈台灣文學的認同〉，指出我表現出了「殖民統治的心態」，要求「台灣人要完全接受統治者的外來殖民文化才算心胸廣闊，否則就狹窄、暴力。」楊青矗鼓勵台灣作家與學者「不能因有這種〔暴力〕字眼就退縮或禮讓，應該再奮鬥與抗爭，否則就僅有被同化一途」（《自由時報》，一九九九年十一月二十三日）。我想，站在研究台灣文學史或是整體文化史的立場，我是無法同意楊青矗這種觀點的。文學以及藝術是台灣人展現各種層次的意識狀態的場域，對於已經發生的文化歷程，我們能夠說哪一部分才是我們可以接受，哪一部分我們要否認甚至拒絕討論嗎？這種立場的選擇似乎呈現了我們對於人性以及藝術形式的容忍程度。不過，更爲重要的是，歷史是不容我們改寫的。唯有面對，才能夠有理解與同情的起點。

②我過去幾年的研究工作便在處理此問題：我試圖面對台灣二十世紀文學史中各時期的現代主義、前衛運動、超現實論述以及後現代轉折，並且思考這些文學現象在本地發生的時代脈絡與本土意義。我曾經探討過一九三〇年代的超現實作家楊熾昌的詩論、詩作與當時的文化論述關係，一九四〇年代以至五〇年代現代主義詩社「銀鈴會」的林亨泰與紀弦的關係，五、六〇年代超現實風潮的台灣、中國兩脈背景以及視覺影響管道。此處八〇年代到九〇年代的後現代轉折，是此計畫的最後一項工作。

③例如談論《一九四七高砂百合》的歷史想像（曾麗玲）、台灣版圖認同（齊隆壬）、神話符號系統（鄭恆雄）、史詩結構（鄭恆雄、朱雙一），或是談論《大東區》、《迷宮零件》、《惡地形》、

《鋼鐵蝴蝶》的都市文學性格、資訊社會與後現代性（吳潛誠、辛金順、黃寶蓮、陳佳玟、韓雪臨）等。

④同時期的陳裕盛、洪凌亦展露出類似的暴力書寫風格。

⑤〈浮雲西北是神州〉被收錄於溫瑞安所編之《坦蕩神州》，另外一個早期作品〈掌紋〉抒情長詩發表於《三三集刊》。見《一九四九以後》附錄之〈林燿德寫作年表〉。

⑥這些選集的出版年次如下：《中國現代海洋文學選》於一九八七年出版，共三冊；《現代散文精選系列》於一九八九至一九九二年間出版，共十五冊，與鄭明娳合編；《新世代小說大系》於一九八九年出版，共十二冊，與黃凡合編；《台灣新世代詩人大系》於一九九〇出版，共二冊，與簡政珍合編；《當代台灣文學評論大系》於一九九三年出版，共五冊。

⑦中國青年寫作協會成立於一九五三年八月，由當時的救國團主任蔣經國支持，組織兩百多位作家學者而成，在五、六〇年代曾經是「戰鬥文藝」的主要倡導單位。《幼獅文藝》亦是中國青年寫作協會所創辦。林燿德受到司馬中原的鼓勵與支持，於一九八九年起擔任中國青年寫作協會的祕書長，帶動了一連串有活力的學術活動。

⑧羅青在他一九八九年出版的《什麼是後現代主義》一書的〈導言〉中列舉「台灣地區研究後現代主義的重要學者與創作者」，文學部分的代表性作家有夏宇、黃智溶、林燿德、鴻鴻、歐團圓、羅任玲、西西、黃凡、張大春、白靈、羅青、林群盛、陳裕盛（頁一六）。孟樊於一九九〇年的「八〇年代台灣文學研討會」中所提〈台灣後現代詩的理論與實踐〉一文，大致取用羅青的羅列，但是增加了一些詩人，並且將台灣後現代詩人區分有自覺性的後現代詩人，例如羅

青、林燿德、游喚、古添洪、林群盛與孟樊，以及「非自覺性詩人」，例如夏宇、陳克華、羅任玲、田運良、丘緩、鴻鴻（頁一六六）。其實，注意到「後現代詩人」的自覺自發，是林燿德的概念。林燿德在一九八七年與瘂弦的討論中提及後現代主義在台灣文壇的現象時，他指出其中有批評家的回溯，亦有作家自覺自發的創作（〈在城市裡成長〉，頁一〇）。

⑨廖炳惠在二〇〇〇年《書寫台灣》一書中的〈台灣：後現代或後殖民〉，指出羅青與林燿德皆爲「翻譯／番易」後現代主義而「幫助我們了解台灣之後蔣時期」相當有幫助的「後現代大師」。

⑩例如孟樊在他的〈台灣後現代詩的理論與實踐〉文章中，羅列「後現代詩」的「特色」：「寓言、移心、解構、延異、開放形式、複數本文、衆聲喧譁、崇高滑落、精神分裂、雌雄同體、同性戀、高貴感情喪失、魔幻寫實、文類融合、後設語言、博議、拼貼與混合、意符遊戲、意指失踪、中心消失、圖像詩、打油詩、非利士汀氣質、即興演出、諧擬、徵引、形式與內容分離、黑色幽默、冰冷之感、消遣與無聊、會話」（頁二〇九）。孟樊認爲這樣的「診斷書」，「自然無法完全涵蓋所有有關台灣後現代詩的一切特徵，但相信『雖不中，亦不遠矣』」（頁二〇九）。台灣研究後現代主義現象的論文，或多或少都有類此羅列「後現代」辭彙，企圖一網打盡而深怕無法摸透全套招數的焦慮。如此龐雜而無歷史脈絡意識的「特色」羅列，或許也就是台灣後現代現象的笑話之一。

⑪這股後現代主義風潮，與同時期解開體制權力中心的氛圍之中醞釀的其他文化動作有相互呼應之處，例如：一九八六年蔣經國召集「革新小組」研擬解除戒嚴與黨禁，同年民進黨成立；一九八七年宣布解嚴令；一九八八年開放報禁，同年「五二〇」街頭運動等。

⑫此處所謂的「第四代」，是沿用羅青於《草根》復刊首期以社長身分執筆撰寫的宣言中所提的詩人世代劃分之新標準，指一九五六以降出生的「變化的一代」。羅青將一九一一—二一年間出生者劃分爲第一代，一九二一—四一年爲第二代，一九四一—五六年出生者爲第三代，一九五六以降出生者爲第四代。第一代與第二代爲「憂患的一代」，第三代爲「戰後的一代」，第四代爲「變化的一代」。羅青〈專精與秩序——草根宣言第二號〉，引自林燿德〈不安海域〉，收錄於《重組的星空》，頁二五、五六—七。

⑬根據羅門的說法，林燿德於一九八六年對於「後現代主義」此一思潮「曾來信，以筆談方式，希望我表示一些看法，我已思考過，將另文來談論」（〈讀凌雲夢的〈林燿德詩作初探〉有感〉，頁九〇）。羅門曾有詩作批判後現代主義，例如〈長在「後現代」背後的一顆黑痣〉、〈世紀末病在都市裡〉、〈後現代A管道〉、〈後現代〇管道〉、〈古典的悲情故事〉等。而他於一九九二年發表的〈從「第三自然螺旋型架構」世界對後現代的省思〉則是從一九八八年的一篇論稿延伸發展而成的正式論文（林燿德，〈羅門 vs. 後現代〉，頁一〇九）。一九八八年的論稿就是被林燿德收錄在《觀念對話》中的對談稿。

⑭林燿德對於文學論述場域暴力的批判，還包括他對於某些提倡後現代主義者的批判：「用編年譜的方式，企圖說明台灣已成爲後工業社會所以要後現代主義」，是一種用「權威法西斯式的態度來鼓吹『後現代主義』，……顯示另一種爭取權力結構核心的意圖」（《觀念對話》，頁三九）。

⑮單德興在紀念林燿德的研討會上，亦曾指出林燿德雖然「經常被刻劃爲新世代、後現代的作家，卻有著強烈的歷史意識」（頁六四）。單德興很敏銳的注意到林燿德的「歷史意識」，並且自

林燿德的數篇文字中，擷取其對於文學史以及詩史之抱負的文字，可參見該文，頁六四—六。

⑯林燿德曾經嚴厲批判三大詩社透過文學獎對於詩壇的壟斷，批判文選，批判文學史撰寫者如葉石濤、彭瑞金、古繼堂、夏志清等，詳見後文。

⑰古繼堂將台灣新詩發展史區分爲四期：「成長期」（一九二三到一九四五），「融合期」（一九四五到一九五五），「西化期」（一九五六到一九七〇），「回歸期」（一九七一到一九八六）。林燿德認爲古繼堂以「外部因素」決定文學史的分期，在其處理個別詩人時，則會將詩作「扭曲、壓縮在過分簡化的社會辯證史的框架中」（〈環繞現代台灣詩史的若干意見〉，頁一四—五）。

⑱葉石濤的《台灣文學史綱》則由於「笠」詩社的「自主意識」與「台灣性格」，而將其列爲台灣詩史的主流。此舉備受林燿德的批評。

⑲對於文學史，林燿德則一向都主張建立於歷史的「不連續史觀」、非進化論、多元系統並存等概念：「擷取某一階段的並時性斷層，重建同一階段作品的次序，進而揭示特定歷史階段的文學的系統，再進一步擷取此一段曾前後歷時關係和前述並時斷層予以排定，便能釐清文學貫時性的變化。」（〈環繞現代台灣詩史的若干意見〉，頁一三）

⑳在林燿德的《觀念對話》中，他刻意訪問林亨泰，指出林亨泰與紀弦同時「開啓戰後台灣現代詩發展序幕」（頁七八），而林亨泰其實是「現代派」背後「冷靜睿智的理論家」（頁八〇）。

㉑林燿德曾經於一九九〇年與鄭明娳一起親赴上海，訪問「現代派小說最重要的開創者之一」施蟄存（〈與新感覺派大師施蟄存先生對談〉）。

㉒林燿德曾經先後以法國象徵派詩人爲題寫詩，例如《一九九〇》中的〈馬拉美〉、〈韓鮑〉、

〈阿波利奈〉以及《不要驚動不要喚醒我所親愛》中的〈軍火商人韓鮑〉。林燿德對於這些象徵詩人的興趣，說明了他的詩作中的某些象徵傾向的特質。

㉓林燿德重視紀弦在台灣現代文學史上的意義，認爲紀弦等人的歷史定位「像是一塊陸沈的島沈睡在歷史的洪濤中」（《觀念對話》，頁一〇七），卻明顯認爲其詩論在當今看來已顯得過於「疏陋」（《觀念對話》，頁一〇六）。

㉔林燿德反覆指出七〇年代「寫實主義」與「現代主義」之爭，是「權力架構」排擠而導致的「暴力」或是「暴君、酷吏」的行爲，甚至有「法西斯」的性格。較具代表性的文字可見《觀念對話》中與張錯的對話〈權力架構與現代詩的發展〉（一九八八），以及〈小說迷宮中的政治迴路〉（一九九三）。詳見後文之討論。

㉕這個系列的對話對象包括白萩、余光中、林亨泰、張錯、葉維廉、楊牧、鄭愁予、簡政珍、羅門、羅青，目的是要呈現這些詩人「在八〇年代末期的視角與觀點」，以便在對話中「共同揭示了文學史的一個角落」（《觀念對話》〈題解〉，頁一〇）。

㉖見林燿德另外替林亨泰作傳所寫的序言。〈林亨泰註〉，頁一五一—六九。

㉗林燿德意指吳濁流的歷史小說《台灣連翹》以及其他寫實主義文學。

㉘林燿德對於林亨泰的研究算是先驅，日後有關林亨泰在台灣現代詩史位置的研究也陸續出現，例如呂興昌的〈林亨泰四〇年代新詩研究——跨越語言一代的詩人研究之二〉（一九九二）、林亨泰自己談的〈台灣詩史上的一次大融合（前期）：一九五〇年代後半期的台灣詩壇〉（一九九五）、陳明台的〈清音依舊繚繞——解散後銀鈴會同人的走向〉（一九九五）、三木直大的〈悲情

之歌——林亨泰的中華民國〉（一九九七）、陳明台的〈論戰後台灣現代詩所受日本前衛詩潮的影響——以跨越語言一代的詩人爲中心來探討〉（一九九七）、劉紀蕙的〈台灣現代運動中超現實脈絡的日本淵源：談林亨泰的知性美學與歷史批判〉（一九九八）和〈前衛的推離與淨化運動：論林亨泰與楊熾昌的前衛詩論以及其被遮蓋的際遇〉（一九九九）。

㉙林燿德要強調施蟄存的魔幻寫實書寫比拉丁美洲的卡彭提爾與阿斯圖里亞斯「還早了近二十年」（〈與新感覺派大師施蟄存先生對談〉，頁一三五）。

⑫ 時間龍與後現代暴力書寫的問題

林燿德脫離七、八〇年代體制與尋求「另一意識層次文學史」的動力，爲何在九〇年代初期發展成爲血腥暴力的書寫風格?若要回答此問題，我們便需要進入他後期作品《時間龍》的暴力書寫，以及其中科幻想像層次的變態、血腥與性，以便理解在林燿德革命性書寫中隱藏的法西斯式施虐衝動的起點與內在壓抑的愛欲對象，並窺探台灣文化場域九〇年代初期的暴力論述基礎。

《時間龍》中虛擬的後設文學史政治戰場

《時間龍》完稿於一九九三年五月。在林燿德撰寫《時間龍》的前後期間，他同時也完成了論文〈環繞現代台灣詩史的若干意見〉、〈「羅門思想」與「後現代」〉、〈八〇年代台灣政治小說〉、〈台灣當代科幻文學〉、〈當代台灣文學評論大系：文學現象卷〉、〈小說迷宮裡的政治迴廊〉以及散文集《迷宮零件》。①顯然，當時林燿德所關注的問題除了科幻書寫之外，②十分密集地集中於台灣文學中的政治性以及台灣詩史論述中的政治性。

雖然，《時間龍》的科幻性質使得這部作品似乎完全超越於這些散文與論著的脈絡，但是，正如林燿德在〈環繞現代台灣詩史的若干意見〉所說，「文學作品即是顯現權力的場域」（頁七—八）。仔細閱讀，我們其實可以在《時間龍》與這幾個評論文本之間看到許多互相交錯的議題：除了台海兩岸的政治鬥爭血腥場景，也看到了林燿德所檢討的台灣文學論爭之中的政治現象以及暴力性格，世代交替之間的路線派系之爭以及其中牽涉的言論暴力血腥。張漢良曾經在談論林燿德〈五〇年代〉一詩時，指出林燿德在詩中玩弄「孤獨的」之語碼重複，此作為「看似遊戲，卻有嚴肅的史的意義」，因為此「孤獨」語碼由「過分重複」轉移為「語碼不足」，正是「文學史上斷代語碼演變的過程」（〈都市詩言談——台灣的例子〉，頁五一）。林燿德另外還有〈六〇年代〉、〈七〇年代〉、〈二二八〉等對於歷史時刻的後設書寫。其實，我們正可以比照張漢良討論〈五〇年代〉一詩的思維模式，重新檢查林燿德在《時間龍》中所玩弄的科幻語碼邏輯，以及其中所流露的施虐／受虐書寫，如何再度返回指涉他所關切的台灣現代文學史八〇年代與九〇年代之間的權力架構與世代交替的議題。

談論《時間龍》的評論者，多半皆困惑於其中「詭譎玄奇」，而勉強凸顯此書的「宇宙」性格，指出此書「揣擬未來世界星際社會的權力角逐」（子桑），如同「3D立體圖」，營造出「精密的後現代迷宮」，呈現一部「犯下重重性別歧誤」，「化繁爲簡的世界史縮影」（陳裕盛），或是「已經來到或正在到來的資訊時代的背景」（朱雙一），或是「個體」與「權力機構」的衝突（洪淩、紀大偉）。對於林燿德本人而言，《時間龍》的意義卻絕對在於其中切身相關的「政治性」。林燿德曾經明言指出，「以科幻形式完成的政治小說過去一直爲論者所忽略」（〈小說迷宮中的政治迴路〉，頁一四）。林燿德自己將他一九八四年完成的〈雙星浮沈錄〉歸類於延續艾西莫夫的史觀派科幻傳統，結合歷史、政治、科幻和戰爭（《新世代小說大系》，〈總序〉及〈科幻卷前言〉，頁一一—二），至於一九九四年根據〈雙星浮沈錄〉改寫的《時間龍》，林燿德則在〈小說迷宮中的政治迴路〉一文中，將其所作《時間龍》與葉言都的〈高卡檔案〉並列爲以「科幻空間」發展的政治小說（頁一四八）。

林燿德在撰寫《時間龍》的同年所寫的〈台灣當代科幻文學〉一文中指出，艾西莫夫的《最後的問題》提出人類捨棄肉體的束縛而進化成新的生命形態，是一種「宏觀科幻」的科幻主流，而葉言都的〈高卡檔案〉則屬於「微觀科幻」，不處理「人類全體興亡錄」，而處理「個別或社會局部性問題」（〈台灣當代科幻文學（上）〉，頁四八）。林燿德也說，科幻小說的價值不在於「提出解決問題的方法」，而在於「提出正確的問題」（〈台灣當代科幻文學〉，頁四四）。林燿德自己於一九九三年創作完成的《時間龍》，顯然便是他自己所謂的「微觀科幻」，處理「個別或社會局部性問題」，而非全人類的世界史。③那麼，林燿德在一九九三年改寫〈雙星浮沈錄〉而發展的《時間龍》所提出的是什麼問題？他處理的「個別或社會局部性問題」是什麼？在《時間龍》這個「替代的現實」（alternate reality）與「不同的歷史時間」中，我們可以看到了什麼「作者實徵現實的存在」（Darko Suvin, 33），這部《時間龍》如何是「關於我們的故事」（Darko Suvin, 37）？或者，我們如何看到如同詹明信所說，一場「非常世俗的政治現實的力場」（頁六三）？

的確，閱讀《時間龍》，正如同閱讀台灣文化場域中的權力消長與鬥爭，我們可以從書中情節發展，直接聯想到台灣政局轉變之間的微妙關係。④〈雙星浮沈錄〉（一九八四）是《時間龍》的前身，這篇中篇小說鋪陳「基爾星」的被地球所棄而居民遷往移民星球「奧瑪」：

> 地球聯邦以放棄基爾星為條件而換取了新麗姬亞帝國的和平保證，在條約中

新帝國寬大地給予基爾政府三年的緩衝時間。一夜之間，三千萬基爾公民陷入混亂和悲傷中，土地、股票和被地球聯邦立法禁止輸出的二十億柴基達農奴的交易價格都狂暴地跌至冰點。真正令基爾公民恐懼的是，在新帝國征服下的異族都被裝置上心智控制系統以及施加遺傳工程手術，使他們成為徹底的生產工具。（頁六一——二）

《時間龍》改編自〈雙星浮沈錄〉，全書分兩大部分，第一部分「基爾篇」敘述基爾星被新麗姬亞帝國接收的血腥場景，以及原本是地球移民後代的基爾星人流亡至奧瑪星，重建家園的過程。第二部分「奧瑪篇」含三章，〈巨像族〉、〈新大陸〉與〈時間龍〉，故事場景在移民至「典型的星際移民社會」奧瑪星的新大陸上，分別以基爾星第一代流亡領袖盧卡斯以及在奧瑪星發展出權力基礎王抗為重心。奧瑪星新大陸的意識形態戰場由三大政團掌控：一個是出身貧民窟、結合中生代的政客與公會領袖的王抗；一個是企圖復辟的國會議長賈鐵肩，以擁護被驅逐出境的四十年專制領袖克里斯多娃，而聯合舊貴族、新興資本家、中央檔案局和首都衛戍團等勢力團體；一個是被逼迫到舊大陸卻仍舊遙控三分之一國會議員的第一代流亡領袖盧卡斯。在主張恢復貴族院以及貴族俸祿制度的舊貴族派系當中，仍舊有以「新貴族連線」爲號召，擁護克里斯多娃復位的紅派，以及信奉現實主義而支持議長賈鐵肩主政的白派。在這個科幻架構中，無論是流亡政權與巨像族的時代，或是新大陸的三大政權，隨處都可見權力傾軋運作中的暴力與嗜血的場景。

在《時間龍》中，從「基爾篇」、〈巨像族〉到〈新大陸〉的世代交替、地球聯邦唐氏跨星企業的操控力量，基爾星的被佔據、地球移民流亡到奧瑪星、移民地奧瑪星的舊大陸與新大陸之緊張關係，以及奧瑪政局中三大政治力量的糾結與權力分配的方式等等，我們似乎可以轉折看到大陸失守、國民政府移師台灣、台灣舊勢力與新生代政治勢力的交鋒，以及新生代政治生態的分布圖像。《時間龍》甚至亦如同林燿德所反覆指出的台灣八〇年代文壇大勢：「寫實派陣營在八〇年代初期首先爆發左統與右獨的分裂，繼而右獨系統的台灣作家又出現激進派與前行代的推擠運動。」（〈羅門 vs. 後現代〉，頁一〇四）林燿德說：「八〇年代的世代交替」正如同「政權爭奪」（〈八〇年代現代詩世代交替現象〉，頁五一二）。《時間龍》中的權力傾軋與意識形態派系鬥爭，儼然複製台灣八〇年代至九〇年代初期的意識形態戰場。

林燿德認爲：八〇年代的新世代作家是「斷裂的世代」，除了本土作家群中出現急獨派新世代與曖昧的舊世代之間的路線之爭，亦有外省裔新世代與四九年自大陸遷移來台的外省前輩之間的批判與分歧（〈小說迷宮中的政治迴路〉，頁一五）。林燿德在〈小說迷宮中的政治迴路〉中，也清楚指出台灣當代劇烈演變的意識形態戰場：

從戒嚴到解嚴，從「總體外交」到「彈性外交」，從蔣氏家族的威權領導到民主體制的翻修重建，從「一個中國」到「兩個中國」，從中國國民黨一黨獨大到「台灣國民黨」與民進黨、新黨鼎足而立的新政局……這些劇烈的情勢變遷，跨越了七〇年代末期到九〇年代初期的台灣，和意識形態一詞同樣充滿著歧義的八〇年代正是斗換星移的主戰場。（頁一四二──三）

對照著林燿德自己對於文壇的批判以及他對於時局的評論，回頭檢查《時間龍》書中的政治聯想，使我們注意到《時間龍》中的權力結構與鬥爭的暴力血腥，似乎正是林燿德後設性的呈現詩壇或是文壇生態中意識形態戰場的科幻想像。也就是說，林燿德以極權、法西斯、權力結構傾壓之血腥暴力，再次演出文學論述場域中出現的專制、壟斷與排他性。

暴力書寫流露之施虐與壓抑

值得我們注意的，是《時間龍》中大篇幅鋪陳的暴力書寫。《時間龍》的〈新大陸〉描寫同時在奧瑪星的兩大半球所發生的權力鬥爭與血腥競賽：一個半球的競技場中，身高兩公尺三十公分、帶有赤色長髮的「地球人後裔」赤髮鬼與「包西亞星人」熠龍相互撕裂拗折敵手的肢體，挖出揑碎對方的眼睛、心臟，而雙方同時慘死的慘酷格鬥，則更是既卡通又寓言式地呈現了在權謀操弄之下，如何令勢力對等的兩方敵手俱毀。這一連串血腥謀殺的變態趣味，轉折呈現了某種本土與後現代交鋒之下的廝殺痕跡。另一個半球同時發生的，則是由特務機關「中央檔案局」羅波以及副議長沙德，或是隱身背後的操控者盧卡斯，逐一消滅各派系領袖。令人觸目驚心的，是羅波非人化而卡通式的塑形與血腥的殺戮手段。中央檔案局局長羅波的軀體有如「無數贅疣疊積而成的一團肉球，一層七彩疥癬鋪在他的皮膚上；當他說話的時候，全身湧現一紇紇膨脹的氣泡」（頁二三〇）。他有可以剝離身軀、分散四處監視他人的九顆大眼珠，以及可以吸食活人的「肛門一般的口器」（頁二三二）。當羅波要消滅反對者舊貴族紅派領袖巴甫洛娃女伯爵時，他可以用赭紅色觸鬚迅速捲住女伯爵而當場一節一節肢體活吞，而差一點噴出一蓬血霧（頁二三八—九）。羅波也依照類似手法剷除白派領袖蛤利公爵，星務卿巴勃拉夫斯基、國會議長賈鐵肩，以及大統領王抗。中央檔案局，或是情報局、國安局等機構消滅對手的血腥手段，不以暗喻呈現，而成爲實質行動。

對於法西斯式的排他性暴力，林燿德的批判態度十分清楚。林燿德曾經指出，「本土意識」、「認同台灣」或是「建立台灣文化主體」的問題已經成爲對「非我族類」的排除動作的基準。一九九三年的學者會指出：「探親文學」是由「中國的」、「兩岸的」副刊發展出來的。如果這類文學的自我定位是先作中國文學（或世界文學、華人文學），再作台灣文學，或者根本不願屈居地方文學（或小國文學）之位，難道「我們」也要強迫「他們」入籍台灣？（引自〈小說迷宮中的政治迴路〉，頁五）⑤林燿德認爲這種建立「我們」與「他們」的壁壘分明，與五〇年代中期的「文化清潔運動」以及「文革」的肅清計畫，都一樣「具備暴力的本質」（頁四—五）。林燿德在一九九五年「台灣現代詩史研討會」中所提〈八〇年代現代詩世代交替現象〉一文中，仍舊堅持「現實世界中前行代所獲得的聲譽和『政權』也許是實至名歸，但在文學的流變中，每一個時代的『期待視野』必當如洛夫當年所說的『一種獨立思考與自由創造的精神』，這種精神是不可能自法西斯式的傳統言談（以及九〇年代民粹主義式的『本土迷思』）中誕生的」（《世紀末現代詩論集》，頁五五）。⑥

對於林燿德來說，此種論述中排他性的「暴力」在文學創作、文學論述、街頭動亂、政治鬥爭或是競技場上的廝殺，都是同質的。無論是展現於「左翼統派政治小說」、「右翼統派政治小說」，或是本土「獨派政治小說」，都「擁有激烈的革命性和絕對的排他性」（頁一八四），他甚至指出：「政治文學論述的競逐對抗，並沒有充分落實在創作發展的關切上，而是以作家人格乃至文學史的內容做爲賭注的意識形態鬥爭。……小說家、文論家都和他們創造與詮釋的知識份子形象融匯疊合，走出小說文本進入現實文本，何者是實踐、何者是失落，現實中的幻象、幻象中的現實，均已失去界限，竟然已經無法清晰辨識。」（頁一八五）這種布希亞式的虛擬場景與現實之交融，使得文本中的暴力走入街頭，街頭的暴力進入文學論述場域，而文學論述場域的暴力再度於文本中復活。這就是《時間龍》中暴力書寫的基礎。

我們似乎看到林燿德在《時間龍》中所探討的，除了是台灣文化論述場域中的世代交替以及法西斯壟斷之下的暴力之外，更是人類追求毀滅的神祕性格。根據《時間龍》書中的描寫，時間龍是出產於奧瑪南路西海、目前存活量不到三十隻的稀有動物，全長兩百多公尺，身上粗大的鱗片浮泛著輕金屬的光澤，頭部是火鶴頭部的放大，額頂有一排「幻美炫惑」色澤的深紫色龍珠（頁二一七）。中央檔案局局長羅波的各種大型異獸標本收藏之中，便有一隻時間龍。在書中幾處情節的交代中，我們觀察到：時間龍似乎是權力交錯之樞紐，或是野心在時間之流中所面對的毀滅。大統領王抗被對手設計陷害時，所乘坐的是「時間龍號」星表巡弋客機。國會議長賈鐵肩被羅波謀害臨死前最後一刻，看到時間龍快速穿越他的眼前，也聽到時間龍的吼聲。

林燿德在一九九三年的《迷宮零件》中有一篇〈魚夢〉，是林燿德以後設之方式說明《時間龍》的設計背景。此文描述《史記》〈秦始皇本紀〉中記載秦始皇東巡琅琊，夢見海神，占夢博士曰此為「惡神」，始皇乃令人準備巨大網具以及連弩，要射殺此大魚。林燿德寫道：「始皇崇拜統治大地的嶽神而敵視汪洋裡的魚龍，正寓言著大陸文明對於原始慾望的壓抑傾向。」（〈魚夢〉，頁三八）「秦始皇夢中的海神一旦化身為大魚，就該是一尾『時間龍』吧。幾億年的地殼變遷、海洋翻覆，不可計數的事物生滅，魚的意象就是永恆的音樂、穿越時間的時間龍，就是生殖和死亡的慾望圖騰。」（〈魚夢〉，頁四三）當林燿德討論到了人類「追求毀滅」的複雜原因時，他說：「我想到了這個詭譎的畫面，發現這個世界擁有許多隱密的『負空間』，……這種晦闇的、獉狉未啓的心智，貫穿人類禍亂的歷史，它們存在於人類誕生之前，也存在於人類滅亡之後。」（〈魚夢〉，頁四三）透過「時間龍」這一個神話式的想像，林燿德試圖呈現人類製造禍亂、「追求毀滅」的「慾望圖騰」，以及探索這個毀滅之心靈所存在的隱密的「負空間」。《時間龍》中的科幻空間便是這個「負空間」，這個心靈的場域重複搬演生殖與毀滅的慾望。

林燿德顯然注意到，在毀滅慾望與權力爭奪之架構下，有兩個極端的對立：一端是無思考與無反省的集體性格，另一端則是擁有個人癖性的獨特想像。《時間龍》中對於奧瑪蝶的描寫，充分呈現此書對於沒有反省能力而將領袖神格化的集體生命的不屑：

一種無盡繁衍、不存在著個體意志的集體生命，沒有反省、沒有愛憎、沒有下一秒鐘的憂慮，牠們活著，千萬隻、億兆隻蝶活在這個星球的每一個角落，然而，真正的奧瑪蝶只有一隻，那就是牠們全部加總起來的一隻集體生命。（頁一七〇）

這些奧瑪蝶，就如同集體中的個人，平素蟄伏而不起眼，而當數以千萬計的奧瑪變種蝴蝶集結在廢鐵教巨像的頭頂，則造成了特殊的「神像光環」。（頁二二）

相對於奧瑪蝶卑微的集體生命，則是夢獸族千奇百怪的變身，是變化的意志，是個人被撲殺的想像與慾望。而在不同的傳說中流傳著夢獸族不同的形態：在新大陸北方的傳說中，夢獸族能夠「幻化為各種形體，出入於各種環境，洞悉人類的思維，控制他人的意志」，他們被視爲「貪求無厭的慾魔」，「任意變幻僞裝」，他們沒有性別，傳給後代的基因是「會變化的意志」（頁一六二—三）。王抗的母親說，這些夢獸族是悲哀的流亡者，永遠必須逃避仇恨他們的人類的追捕，不再張揚變身的本領（頁一六三）。王抗的母親以及父親是夢獸族，而他無法忍受他因此而「一生成爲被嫌惡、被踐踏、被捕獵的對象」（頁一六四）。書中一處提及，夢獸族會混雜進入人類之中，默默繁衍，例如自稱是胡迪尼二十五世的職業魔術師（頁一一六）。

奇特的是，明顯比擬爲想像力與藝術家的「夢獸族」是個必須隱藏身分，「被嫌惡、被踐踏、被捕獵」的對象，似乎是個該隱額頭無法抹除的死亡標記。

書中說明「夢獸族」是已經被奧瑪古賢人獵夢者色色加消滅而不再被提及的物種，是奧瑪星政府宣稱已經滅絕的魔種。在開拓殖民期的古典時代留下的建築物，可以看到南方開拓初期的人文風格以及夢獸族的痕跡，這些街道大廈的樓壁上詭異的晶石雕刻圖案，有各種神奇的異獸，例如赤裸的女人在背脊上生長出六對帶爪的翅膀，九頭的海龍頸項間有多刺的肉盔，全身布滿瞳孔的連體人，臟器延伸到體外的恐怖神祇（頁一八八）。

此處，「開拓殖民」初期的「魔種」，承繼「古典時代」的圖像思維與人文風格，似乎遙遙指向遠古與中土的想像。林燿德的詩作中亦有豐富遠古中土想像，例如《都市之蕘》中的〈焱炎〉：

綠洲上一座荒廢的古城
荒廢如我們淪陷的都會。
……
默默面對西夏民族遺留下來的方塊文字
我們心中隱隱悵痛
……
用漢字的原型拼貼剪輯出比漢字更為複雜、艱
澀的優越感，直到整個民族被遺失在中國這塊
古老的大陸上演變成飄飄渺渺的傳說……

同樣是《都市之蕘》中的〈上邪變〉、〈神殿之蕘〉和〈夢之蕘〉，也都有如同林燿德早期於一九八二年所寫的〈文明記事〉（《銀碗盛雪》）中的遠古漢文化想像。那麼，「被嫌惡、被踐踏、被捕獵」的夢獸族所指爲何？或許就是隱藏在林燿德身上的少年中國情懷，或者是來自神州中原之後裔的身分。

來自神州中原之後裔

林燿德於一九七八年發表在《三三集刊》第十四輯的〈掌紋〉，是不被他收錄於作品集中，而我們可以找得到的少數林燿德早期的作品之一。〈掌紋〉中的詩句，例如「我狂傲地歌過嘯過／我狂傲的土地／每一線的飛揚／飛揚著開拔鋪向四方豪情／是一揮就的潑墨」，與《三三集刊》同一輯中楊澤的〈拔劍〉，或是楊澤同時期的〈彷彿在君父的城邦〉，以及溫瑞安的《山河錄》，都充分流露七〇年代的抒情、浪漫、中國情懷。林燿德初識「三三」與「神州」之人，是他才十六歲的時候。他在被溫瑞安收錄於《坦蕩山河》內的〈浮雲西北是神州〉一文中寫道：

自從看過《龍哭千里》，心頭上總常飄上一襲清淺的白衣，……大地極目洪荒，而白衣盡是創傷……白衣在江南，在中原，在風塵的塞上。看到了大哥是驚見，連拱手作揖都忘了自然，這就是白衣嗎？……大哥不高，卻覺得比誰都大，兩隻眼是兩把明炬，焰光灼人，卻又要人愛，卻又要人憐，竟是震懾之下又要人生出酸楚，竟有如此的天人，真想要去緊緊緊緊

的去擁抱他……（頁二六七—八）

這段話宛如寶玉與秦鍾相遇時的情感。少年林燿德結束這場相遇時感嘆：

……神州人的濃情和激盪，豪邁和溫婉，一個銳芒四射的社團，南天楚地的悲歌，北漠大荒的王朝。中華五千年來斑駁的青銅，拿在他們的手裡，都成了金光茫茫，一刀一斧，要來開朝，要來闢天下。（頁二七三）

少年林燿德的文學熱情以及年輕時的同性情慾，在此激烈地附著於白衣溫瑞安的影子與無限延展的「神州」意象。

林燿德日後在評楊澤詩作時指出，楊澤的作品可以說是「浪漫婉約派的典型」，其「修辭素養」、「淑世襟懷」以及「文化鄉愁與歷史意識」，共同組成了「楊澤印象」（〈檣桅上的薔薇〉，頁五九），這些印象似乎也正好是林燿德早年詩作給人的印象。⑦林燿德早年的作品，例如《銀碗盛雪》中的〈文明記事〉，便同時有溫瑞安、楊澤，甚至胡蘭成的影子：

用立四極的神話來記憶黃土的緬邈
用女媧來懷想母權
用詩來詠嘆宇宙
用愛來散播文明
……
那向空濛打出一掌的男子
著白衣以致衣袖滾滿陽光的來勢
掌紋遂自焚為流火薔薇

談到楊澤的〈彷彿在君父的城邦〉，林燿德寫道：「畢竟君父不存，城邦亦非城邦，古代中國已湮沒於歷史黃昏的餘光下，那徘徊於現實與古典、鄉土情感與中國意識之際的少年楊澤，最後定會道出『撈月不成』的讖語。」（頁六二）顯然他當時已經意識到了此中國意識之不合時宜。

王浩威亦曾指出，林燿德年輕時代參與過「三三」與「神州」，日後甚爲緘默，不再提起。「三三」當年「充滿青春和理想」的「浪漫的愛國少年」，「消失在〈林燿德〉的著作檔案中」，林燿德篡改身世後，⑧另外以「後現代和都市文學的旗手」身分出現：

> 這個少年影像不但在身世的記錄中消失，甚且轉而成為他所控訴的箭靶了：「七○年代披上『寫實主義』外衣的浪漫主義作家則採取了置身事外的敵對角度，他們對於都市的控訴瞬即誇張為城鄉對立。」（林燿德，〈都市：文學變遷的新座標〉）這些七○年代寫實手法的浪漫主義作家，固然主要是指鄉土文學派的「吳晟等詩人」，但不也包括了「三三」、「神州」和還是剃著三分平頭的高中生林燿德？（〈重組的星空！重組的星空？〉，頁三○一）

但是，王浩威此處評論的內在矛盾是，雖然「三三」以及「神州」成員亦是「七○年代」的「浪漫主義作家」，但是，他所指林燿德批判的「披上『寫實主義』外衣的浪漫主義作家」，其實正是在意識形態上與「三三」和「神州」等「浪漫祖國懷鄉」對立的「浪漫本土化鄉土文學」。此種對立，在八○年代與九○年代仍然持續，卻轉型成為「大中國主義」以及「本土意識」的意識形態衝突。⑨

林燿德早年多數詩稿被他自己焚毀，或是因為一九八○年溫瑞安事件之故，也或許是因為當時中國情結之論戰而自我檢查。⑩在他一九八四年寫給朱天心的一首詩中，也透露出他對於少年林燿德的告別：「妳這行行且遊獵的女子／我的好姐姐／莫笑兄弟是一箭射去新羅國的達摩／不留中原　不在區區意氣……妳當掌握文明的桂棹／我則磬控以歷史之劍／橫／斬／落英繽紛／正是時代的風景」（〈行行且遊獵〉，頁一八八—九一）。這首詩被收錄在《都市終端機》中第四卷的「私人檔案」中，也算是自傳式的告白。對於林燿德高中時期的經驗，羅門在紀念林燿德的研討會中也曾經談過：林燿德向他披露年輕時期「曾經在溫某某的政治事件中，被人誣告入獄，接受折磨一段日子，非常痛苦。」羅門認爲這就是爲什麼林燿德反覆強調「歷史一直在說謊」以及「沒有絕對的眞理」的觀念（〈立體掃描林燿德詩的創作世界〉，頁二二四—五）。〈行行且遊獵〉中，林燿德問：「如果曾經是受誰胯辱的韓信／來日　誰是容我僭王的高祖」？溫瑞安事件對林燿德所帶來的打擊與屈辱，必然是與過去斷裂的主要外在力量之一，而八〇年代初期對於「中國情結」的檢討，亦是加速此斷裂的另一動力。

但是，林燿德要告別的少年時代，他要「橫斬」的歷史情感，他要揮別的白衣影子，卻在《時間龍》中對於「夢獸族」的複雜情感，以及他對於「一襲白衣翩翩地閃動在不同的樂器間」的錫利加之描述中再次浮現。錫利加這個吸引無數子弟卻被人背叛暗殺的錫利加教創教者與教主，就像是當年吸引無數熱情少年的白衣溫瑞安一般，建立了使衆人心靈「融爲一體」的宗教，模塑出一個「平原極目、鷗飛九霄」的遼闊神州，安撫了衆多受挫的靈魂。林燿德要以劍「橫斬」過去，如同自斲，需要以殘忍之心執行。在他施虐式的暴力書寫中，在他反覆描寫白衣「錫利加」教主被刺的場景，我們看到了林燿德的創傷經驗。

「橫斬」之後

林燿德的「後現代計畫」所執行的，是對於前行代的斷裂動作；他企圖瓦解建構文學史者意識形態上的法西斯式壟斷以及線性史觀的謬誤，從而挖掘出「陸沈的島」。林燿德的文學史觀自然是朝向並時性的多重文化系統與多元文本的掌握，面對同一時代矛盾現象的並存，而發展「文化詩學」或是「歷史詩學」的概念（〈環繞現代台灣詩史的若干意見〉，頁九一—一一〇）。⑪

然而，我們也注意到，林燿德的文學史斷裂，目的是要尋求中國與台灣文學中的「現代」與「前衛」脈絡，或是另一意識層次的書寫史。林燿德曾說：「對所謂合法化的語言傳統的叛逆，本身就是一種反體制的訊息，而現代詩的基本精神，正是一個從語言本身開始反體制的意識歷程。」（《觀念對話》，頁二五〇）他尋找「現代」與「前衛」，便是要揭開文學史中對於語言、體制以及對意識統合狀態的叛逆書寫。林燿德曾經說明魔幻寫實的手法⑫：「讓客觀分裂，同一客觀事件變成多元存在，而且每一破碎單元皆是眞實的（或說沒有一個是眞的，也沒有一個是假的），同時並立，終極的眞相遂多元顯現不同的面向和結局。」（楊麗玲，頁四六）林燿德的後現代文學史，就是要從如同魔幻寫實的分裂客觀現實並存之中尋得。林燿德的文選、研討會、觀念對話，共同組成了他所建構的後現代文學史。此外，在他後設式的科幻書寫中，我們也看到他翻轉現實而呈現的文學史戰場。

林燿德在《大東區》的〈自序〉中寫道：「八〇年代末期到九〇年代初期，是我對文學的態度更爲清晰的一個階段。……我開始明白自己的限制以及只有自己一個人可以深入的神奇領域。……我的心靈視野開始開展，知道如何在現實中找到無數通往夢幻和惡魔的通道，如何在世人的想像力中看到現實和歷史被扭曲的倒影，如何進入他者的內在或者穿越集體的幻相，如何表達卑鄙與崇高並存的自我。」（頁五）在《時間龍》中，我們看到林燿德翻轉現實，以暴力書寫展演出台灣文壇與政壇之騷亂與暴力而呈現當時文化集體潛意識的同時，「被嫌惡、被踐踏、被捕獵」的「夢獸族」以及白衣神州人被刺的創傷場景卻不自覺地反覆出現。外省人後裔的被迫緘默或是否認出身，在此施虐與受虐慾望並陳的矛盾中充分展現，此矛盾也同時揭露了八〇年代末期到九〇年代前半期台灣整體文化場域尚未化解的不安與內在衝突。

談論至此，我們要再度回到本書第二章所談論精神分析對於種族問題的啓發。台灣的文學與藝術場域，不斷展演出族群區隔之暴力與伴隨的施虐／受虐動力。然而，文學與藝術的符號空間是避免固著的昇華轉移，也是透露出文化症狀的界面。我們只有面對此症狀，才有可能避免無止境的循環或固著。克莉絲特娃在《沒有國家主義的國度》說，「只有認識自身的陌生面貌，我們才能容忍我們之外的外國人，而不至於強迫他人屈從於我們自我壓抑之下設定的『正常』模式。」（29）她所提醒我們的是：以拒絕、憤怒、仇恨來排斥母親，以「不」來拒絕母親，爲的是要建立自己的主體性。這個「他者」在我們內心所引發的恐懼與吸引力，以及此慾望背後的暴力，是不容忽視的。然而，停留在否認、拒絕、排斥，卻會使我們停留在固著之中。回到起源，爲的是要了解自己的歷史，自己被壓抑的記憶，以便超越此起源，然後繼續創造新的生命。因此，檢視文學與藝術，閱讀其中透露的各種文化症狀，可以使我們探討我們與「他者」的關係，面對「我們自身的陌生性」，我們才不必反覆執行自我淨化的工作，或是追殺不屬於此團體的代罪羔羊。

如同我前面所說過的，身處台灣，不同的文化起源與疆界以及不同的象徵系統，都向我們展現各種整體化與組織化的磁場效應。同時，當我們理解台灣文學的寫實主義傳統以及社會使命是如何建立的，我們便清楚知道文學論述場域中所謂「正常」與「不正常」或是「變態」的區分模式。透過本書各章節的討論，我們一路思索台灣文化場域所呈現的文化圖像，其中所流露的儀式召喚、戀物投注、淨化排他工作，以及各種處於自我推離流放之位置而完成的負面書寫中，深深烙印的變態、嗜血、施虐、死亡、瘋狂、晦澀、逃逸、自殘。於是，我們了解文字與藝術如何展演出文化場域中疆界的反覆設定與跨越的文化行為，也看到「文化他者」如何具體地浮現於視覺化的空間場所。因此，檢視台灣文學的負面書寫史，我們閱讀到文化場域中「我」與「他」的分隔暴力，「我」的主體性的攻擊位置，「我」的自我放逐位置，或是「我」與「他」易位的施虐／受虐並陳之間的奇特慾望。然而，我們更進一步看到，這一系列負面書寫所呈現的，是台灣經驗的黑色部分，是殖民處境以及白色恐怖之下由沈默而轉折的符號抗拒。這種符號抗拒，深深鑲嵌了歷史痕跡。

註釋

①這些文字的發表時間分別是〈環繞現代台灣詩史的若干意見〉（一九九三年五月十五日，彰化師大「第一屆現代詩學會議」）、〈「羅門思想」與「後現代」〉（一九九三年八月六—十一日，「羅

門蓉子文學世界學術研討會」)、〈八〇年代台灣政治小說〉(一九九三年十一月五—六日,「近代台灣小說與社會研討會」)、〈台灣當代科幻文學〉(一九九三年,《幼獅文藝》)、〈當代台灣文學評論大系:文學現象卷〉(一九九三年,正中書局)、〈小說迷宮裡的政治迴廊〉(一九九三年十二月,「當代台灣政治文學研討會」)、散文集《迷宮零件》(一九九三)。

②林燿德的作品持續呈現他對於科幻虛構以及魔幻寫實手法的濃厚興趣。從林燿德早期發表的詩作,如《銀碗盛雪》中的科幻敘事詩〈木星早晨〉,或是如〈U二三五〉、〈亞空間〉、〈角錐晶體〉、〈分子結構式〉等自然科學語彙的大量出現,我們便已經窺得林燿德此種書寫癖好。這種科幻結合魔幻的書寫方式,持續在《都市終端機》(一九八八)中的〈不明物體叢考〉、《都市之甍》(一九八九)中的長詩〈夢甍〉,以及他晚期的《不要驚動不要喚醒我所親愛》(一九九六)中的〈時間晶石〉,亦清楚呈現。而小說方面,則自一九八四年的〈雙星浮沈錄〉,到《解謎人》(一九八九,與黃凡合著)、《大日如來》(一九九一)、《時間龍》(一九九四)與《大東區》(一九九五),都明顯的結合科幻與魔幻寫實的性格。林燿德自己對於科幻小說的興趣,也顯露在他一九八九年與黃凡合作編輯《新世代小說大系》時,特別推出《科幻卷》。

③林燿德認爲八〇年代的科幻文壇主導者如張系國、黃凡與王建元等,「都直接間接地鼓舞了架構龐大的科幻小說和包容人類過去、現在、未來的『全史』三重指向,側重於創作者世界觀與世界史的衝擊」,然而這種「烏托邦」與「反烏托邦」的架構卻已經成爲「窠臼」,因此,林燿德當時指出「九〇年代也正是重拾回微觀科幻和輕科幻的良機」(〈台灣當代科幻文學(下)〉,頁四七)。

④星球一直是林燿德處理國家概念的替代版圖。他早年曾經分別以〈恆星之最〉來描寫蔣中正之永恆，另以〈惑星〉來寫信仰的搖動。凌雲夢（鄭明娳）在一九八六年也指出，林燿德早年詩集《銀碗盛雪》中「木星早晨」裡的〈星球之愛：雙星篇〉，藉由一對奇異的天體，「影射當今的中國問題」（頁一〇七）。

⑤林燿德此處所舉例子，是廖朝陽在中正大學歷史系所舉辦的「第二屆台灣經驗研討會」評論林燿德的〈八〇年代台灣政治小說〉一文時提出的看法。廖朝陽此觀點與往後有關「空白主體」的論點，顯然已有相當大幅度的轉變。

⑥林燿德對此議題關切之深，可以在他預計於一九九六年四月的「台灣本土文化學術研討會」中所提之論文〈當代台灣小說中的國家認同問題〉篇名見得。根據林燿德的著作目錄，此研討會是由台灣師範大學國文學系與人文教育中心主辦。此著作目錄刊於《聯合文學》十二卷五期「光與火：林燿德紀念輯」，頁六二—六九。此篇論文已經列在林燿德生前所自行編訂的簡歷之中，可見他對此書寫計畫的重視，只可惜他於一九九六年一月間猝死，使得此書寫計畫無法完成。

⑦例如《銀碗盛雪》中備受楊牧青睞的〈聽你說紅樓〉便是一例。《都市終端機》內「私人廣告」卷所收錄的幾首早期詩作，例如〈遊池〉、〈與妳訣別〉亦是如此。

⑧王浩威說林燿德刻意「篡改身世」，完全不提及他「三三集刊」與「神州詩社」的歷史，甚至對於溫瑞安與方娥眞，「卻是從來沒被以《一九四九以後》文學史爲己任的林燿德，稍作評論或詮釋。」（〈重組的星空！重組的星空？〉，頁三〇〇）此語有誤。其實林燿德所編的《台灣新世

代詩人大系》便收錄溫瑞安與方娥眞的詩。溫瑞安一九八〇年的冤獄案於一九八七年平反後，林燿德往返港台，刻意爲他出版詩集《楚漢》（台北：尙書文化，一九九〇年），並作序評論溫瑞安的《山河錄》是「七〇年代華文詩的最高成就之一」（〈筆走龍蛇〉，頁六）。該文亦稱：「對於『溫瑞安這個人』這檔事，筆者只能指出：『我永遠支持他，他永遠是大哥』。」（頁五）而且，若仔細閱讀，林燿德於一九九五年第六度修改的〈軍火商韓鮑〉這首長詩中，透過韓鮑與魏蘭的關係，以及其中詩行，「曾經是一個詩人／這種，一生難以啓齒的醜事」，「無父無天，我不再相信你如同不再／相信朽敗的魏蘭」，「十九歲，韓鮑點燃《地獄季節》／離棄他的詩和情人……／啊……這一八七三年的自焚」，我們看到了林燿德自己與溫瑞安的影子。然而，當我指出林燿德詩作中韓鮑與魏蘭的關係透露了林燿德自己與溫瑞安的影子，並不意圖指出林燿德與溫瑞安有韓鮑與魏蘭的具體同性戀人的關係，而是要指出林燿德書寫中流動的同性情慾，以及透過書寫韓鮑與魏蘭，林燿德處理了他與溫瑞安對於過去「曾經是一個詩人」的個人歷史，一個屬於神州詩社的詩人歷史。

⑨林燿德認爲，七〇年代的「本土意識以及大中國主義」，以及八〇年代前期的「後工業心靈與田園屬性」兩組衝突，仍然是現階段詩潮焦點所在（《一九四九以後》，頁二九四）。林燿德在〈小說迷宮中的政治迴路〉一文中，亦直接指出此意識形態衝突的持續。

⑩一九八四年宋冬陽於《台灣文藝》八六期發表〈現階段台灣文學本土化的問題〉，三月號《夏潮論壇》推出「台灣結的大解剖」專題加以反駁，引發一場意識形態的台灣文學論戰。

⑪林燿德屢次引用張漢良〈詩潮與詩史〉一文，借重其中所鋪陳「不連續史觀」的概念，並譬此

文爲「八〇年代台灣文學界探討文學史議題的重要文獻」（注八，頁三〇），顯見其對於張漢良的重視。不過，與其說林燿德受到了張漢良的影響，不如說林燿德發現張漢良之說對他來說甚爲有利，正好可供他發揮自己的文學史觀點。

⑫林燿德曾經說過他的書寫趨近魔幻寫實，而他坦承自己深受阿斯圖里亞斯的《玉米人》與盧爾福的《佩德羅・巴拉莫》的影響（〈文學惡地形上的戰將：林燿德〉，頁四七）。

〈跋〉台灣經驗的負面空間與符號抗拒

我一向覺得，進入思想深刻而想像力翻覆常人模式的藝術作品，就像是進入充滿不同向度能量的磁場，我的情感狀態時時會被閱讀過程所經歷的能量衝突而翻轉。我也了解，我的情感狀態所以會被激發，是因爲此能量牽動了我的個人歷史以及與我個人經驗糾纏的文化歷史。因此，我要討論我所接觸的作品，不僅是因爲我想要透徹地理解作品中所呈現的問題，而更是因爲想要整理這些問題如何與我的生命對話。

一九九四年，我出版了我的第一本書《文學與藝術八論：互文．對位．文化詮釋》，討論西方的跨藝術文本中的文化詮釋問題。當時我所回應的問題是：爲何我會被各種藝術形態所吸引，以及跨藝術文本中文學、繪畫、音樂、歌劇、電影等不同符號系統如何以互文的方式鑲嵌歷史與文化議題。

一九九四年，我也開始進行國科會的兩年期的專題計畫「阿莉艾蒂妮與巴卡斯：綜合藝術形式中的女性空間與藝術家自我定位」。我那時所深感興趣的，是與我所喜愛的法國電影導演高達（Jean-Luc Godard）有奇特的內在相似處的考克多。這位法國二十世紀上半葉的綜合藝術家，除了是電影劇本作家、電影導演之外，也是小說家、詩人、畫家、芭蕾舞編劇家與理論家。當時，我也對同樣是二十世紀上半葉風行西方的超現實主義藝術與文學展開研究。在我的研究過程中，我注意到三〇年代的台灣詩人楊熾昌與林修二十分喜愛考克多的文體風格，五、六〇年代的紀弦與商禽也同樣喜愛考克多，這些都與象徵主義、超現實詩風有密切的關連。也幾乎是同時，我開始重讀弗洛依德，並且持續開設「精神分析與文化符號」的課程，試圖思考如何討論文學與藝術中所展露的負面意識。

似乎是很自然的，我開始回顧台灣與中國的超現實脈絡與負面意識。如同我所曾經提出的問題：二十世紀初，中國文學與台灣文學的變態意識在哪裡？我十分好奇，當二十世紀人們歷經兩次世界大戰，人的形象可以如同賈可梅提（Giacometti）的雕像不斷被削減掏空，人的意識狀態的黑色空間反覆被文學家與藝術家所探索，爲何中國與台灣的文學固執地堅持「寫實」與「健康」的立場？爲何在台灣的文學史中，沒有發展出從巴代爾到格里耶（Robbe-Grillet）的負面意識與新小說或是新新小說？

一九九六年，我發表了兩篇文章：〈超現實的視覺翻譯：重探台灣五〇年代現代詩

「橫的移植」〉與〈故宮博物院 vs. 超現實拼貼：台灣現代詩中兩種文化認同建構之圖像模式〉。在這兩篇文章中，我凸顯了兩個重要的問題：也就是從文學史的角度搜尋台灣的超現實與負面意識脈絡，以及從文字中的圖像性分析其中的主體／客體相對位置和其中牽引的文化認同問題。這兩篇文章開展了我後來持續三年的研究計畫「台灣現當代文學與劇場中的『中國』」，深入探討台灣文化場域中以戀物的模式所演出的「中國符號」與「台灣圖像」，以及相對而生的負面書寫問題之本土意義與歷史位置，其成果就是此刻所出版的這本書。

我曾經說過，在閱讀的過程中，於「層層覆蓋的文字或是視覺符號之間穿梭」，經歷了各種不同的情境與感受，「迷戀、騷動、挫折、嫌惡、憤怒、摧毀、恐懼、哀傷、憂鬱、無語」；我發現這些其實都與作者和我自身的個人歷史與時代脈絡息息相關。因此，透過閱讀與書寫，我企圖完成的工作是要了解我自己以及我所面對的歷史。在研究與書寫的過程中，我重新回到了歷史與記憶，整理我自幼到成長的體驗，我所看到與聽到的蛛絲馬跡，以及我今日持續面對的問題。

這本書包含十二篇論文，分三部分，分別以「方法論」、「文化圖像」以及「負面文學史」三個層面切入，企圖回應上述問題。我在第一部分提出文化符號之視覺詮釋，以及精神分析徵狀式閱讀的方法論；第二部分根據此徵狀式閱讀之方法論；展開對於台灣文化場域所展演的文化圖像之分析，並探討此文化圖像所透露的主體／客體相對位置以及其中牽引的文化認同問題；第三部分則對應於前述二個層面的思考軸以及所揭露的文化認同問題，從負面思維重新觀看台灣文學史，搜尋台灣寫實文學傳統之外的超現實書寫與負面意識脈絡。

我看到台灣文化從林懷民《寒食》中那種倉皇試圖尋根而不著的赤子無奈，那種如同介之推般「抱木而燔死」的忠誠，我也看到這種孤兒情懷逐漸轉向女神再生力量的召喚。召喚女神，來施展文化新生的能力。然而，在建立本土文化的同時，我也看到為了鞏固系統而固定文化論述結構的衝動，因此出現了戀物窒礙的困境；也就是說，「女神文化」在展開的同時，亦被戀物固著、凝止於神龕之上而失去生命動力。這種內在的兩難亦呈現於台灣當前文化論述場域的各種層面。

在《時間龍》中，我們看到林燿德以暴力書寫展演出台灣文壇與政壇之騷亂與暴力，呈現我們這個時代的文化集體潛意識的同時，他的書寫中白衣神州人被刺的創傷場景卻不自覺地反覆出現，而外省人後裔的被迫緘默或是否認出身，亦如同「被嫌惡、被踐踏、被捕獵」的「夢獸族」般，展演出「橫斬」動作中施虐與受虐慾望。此矛盾也同時揭露了八〇年代末期到九〇年代末期台灣整體文化場域尚未化解的不安與內在衝突。

因此，我試圖探討台灣文化場域不容負面意識的歷史背景與內在文化動力，從三〇年代超現實主義詩人楊熾昌所展開的「異常爲」書寫爲何被台灣「新文學」所排拒，四〇年代延續到五、六〇年代的銀鈴會詩人林亨泰，所進行的超現實語言實驗爲何在八〇年代的本土化過程中逐漸消失，五〇年代紀弦的「橫的移植」爲何出現，如何兼有藏著跨越語言的林亨泰與大陸「決瀾社」創始人之一超現實畫家李仲生的雙重痕跡，以至六〇年代到八〇年代之間余光中、瘂弦、陳黎、蘇紹連如何分別以「故宮博物院」與「超現實拼貼」兩種觀看角度，呈現文化認同轉折空間的兩種圖像模式，最後我思索八〇年代、九〇年代以林燿德爲代表的後現代轉向與暴力書寫之本土意義。

我發現，這一系列台灣文學史中的負面書寫脈絡，不僅揭露了台灣文學史與文化史所不容的「他者書寫」，也揭露了不同心理地層而鑲嵌了歷史與時代痕跡的負面「本土意義」以及「台灣意識」。

我們的童年記憶、家庭經驗、個人歷史、種族歷史、土地感情，是如同母體的原初點。推離母體，才能夠推離置換母體的象徵系統背後的想像父親。台灣若期待新文化與新藝術形式的誕生，詩人與藝術家必須如同母神，自成創造源頭，將文字推離口腔，以創造新的文字，或是以子音切斷母音的方式，抗拒母體的磁場，重新分節，產生新的意義與形式。就像是陳黎近期詩作中的〈子音〉模式，無論是漢字，或是音符，或是顏料線條，或是肢體語言，藝術家需要以不同的方式組合元素，以便像是翻飛的蝴蝶一般，發展出變形後的新形貌。然而，對於母體一般原初點的否認，無論是中原文化，或是台灣歷史，都會造成停留於仇恨與排拒的固著之中。我們必須不斷回到我們的原初點，回到文化中的記憶起點，以便理解，並且尋求超越。

正如我在第十二章的結論處所言，我們思索台灣文化場域所呈現的文化圖像，其中所流露的儀式召喚、戀物投注、淨化排他工作，以及各種處於自我推離流放之位置而完成的負面書寫，我們了解文字與藝術如何展演出我們文化場域中疆界的反覆設定與跨越的文化行爲，我們也看到「文化他者」如何具體地浮現於視覺化的空間場所。檢視台灣文學的負面書寫史，我們看到，這一系列負面書寫所呈現的，是台灣經驗的黑色部分，是殖民處境以及白色恐怖之下由沈默而轉折的符號抗拒。這種符號抗拒，深深鑲嵌了台灣的歷史痕跡，同時也開展了我們的表達空間與容忍空間，或許，直接的對抗，只會將「我」與「他」的關係平面化；體驗與接納文化與族群之間或是之內的多重關係，追溯原初點，追溯歷史，並且重新創造，重新賦予符號意義，才是文化的生機。

在此前後近乎五年的研究與書寫過程中，我的歷屆助理以及我在輔大比較文學研究所的博士班學生對我幫助甚大。我的助理施展驚人的毅力以及搜尋技術，在全台灣每一個圖書館或是文化中心與表演中心的角落尋找資料，我的學生與我反覆討論精神分析與台灣文學的問題。因此，拾起每一份資料，回顧每一篇文章，我的眼前就會浮現這些助理與學生的面龐，歐陽端端、馬治平、洪力行、林素碧、陳正芳、楊如英、蕭瑞莆、唐維敏、馮慧瑛、簡素琤、呂文翠、李桂芳、盛鎧、鄭印君、吳婉筠、橫路啓子、潘薇綺。我要在此謝謝他們！這是一段值得珍惜的記憶。我也要謝謝提供我圖片資料的藝術家林懷民、賴聲川、林秀偉與陶馥蘭，他們的藝術創作激發了本書的想像空間與書寫動機。

參考書目

外文部分

Adam, Peter. *Art of the Third Reich.* New York: Harry N. Abrams, Inc., Publishers, 1992.

Appiah, Kwame Ahthony. "Is the Post-in Postmodernism the Post-in Postcolonial?" *Critical Inquiry* 17 (Winter 1991): 336-57.

Bataille, Georges. *The Tears of Eros.* (1961) Trans. Peter Connor. San Francisco: City Lights Books, 1989.

Benjamin, Walter. *Illuminations.* London: Collins/Fontana, 1973.

Berger, John. *Ways of Seeing.* (1972)《看的方法：繪畫與社會關係七講》，陳志梧譯，台北：明文書局，一九八九。

Berger, Pamela. *The Goddess Obscured: Transformation of the Grain Protectress from Goddess to Saint.* Boston: Beacon Press, 1985.

Bhabha, Homik. *The location of culture.* New York: Routledge, 1994.

Billington, Sandra. & Green, Miranda. Eds. *The Concept of the Goddess.* London and New York: Routledge, 1996.

Breton, André. *What is Surrealism? Selected Writings.* Ed. By Franklin Rosemont. New York: Pathfinder, 1978.

Brower, Reuben A. *Mirror on Mirror: Translation, Imitation, Parody.* Cambridge, Massachusetts: Harvard University

Press, 1974.

Bryson, Norman. "The Gaze and the Glance" in *Vision and Painting: The Logic of the Gaze.* New Haven: Yale UP, 1983. 87–131.

Bryson, Norman. "Semiology and Visual Interpretation" (1987) in Bryson, Norman, Michael Ann Holly & Keith Moxey, eds. *Visual Theory: Painting and Interpretation.* New York: Harper Collins, 1991. 61–73.

Bryson, Norman, Michael Ann Holly, and Keith Moxey, eds. *Visual Culture: Images and Interpretations.* Hanover: Wesleyan UP, 1994.

Burt, Ramsay. *The Male Dancer: Bodies, Spectacle, Sexualities.* London & New York: Routledge, 1995.

Calinescu, Matei. *Five Faces of Modernity: Modernism, Avant-Garde, Decadence, Kitsch, Postmodernism.* Duke UP, 1987. Sixth Printing, 1996.

Caroselli, Susan. Ed. *"Degenerate Art": The Fate of the Avant-Garde in Nazi Germany.* Los Angeles County Museum of Art, 1991.

Carter, Paul. *Living in a New Country: History, Travelling and Language.* London: Faber & Faber, 1992.

Caws, Mary Ann. *The Art of Interference: Stressed Readings in Visual and Verbal Texts.* Princeton: Princeton UP, 1989.

Chambers, Iain. *Migrancy, culture, identity.* London & New York: Routledge, 1994.

Chang, Sung-sheng Yvonne. *Modernism and the Nativist Resistance.* Duke UP, 1993.

Davidson, Michael. "Ekphrasis and the Postmodern Painter Poem." *Journal of Aesthetics and Art Criticism* 42.1 (1983): 69–79.

Deleuze, Gilles and Felix Guattari. *Kafka: Toward a Minor Literature.* (1975) Trans. Polan. Foreward by Reda Bensmaia. Minneapolis: U of Minnesota P, 1986.

Deleuze, Gilles. Foucault, trans. *Sean Hand.* Minneapolis: U of Minnesota P, 1988.

Deleuze, Gilles. *Proust and Signs.* Trans. Richard Howard. New York: George Braziller, 1972.

Deleuze, Gilles & Guattari, Felix. *Anti-Oedipus: capitalism and schizophrenia.* Translated from the French by Robert Hurley, Mark Seem, and Helen R. Lane. Minneapolis : U of Minnesota P, c1983.

Evans, Jessica. & Stuart Hall. *Visual Culture: the Reader.* London, Thousand Oaks, New Delhi: SAGE Publications, 1999.

Freud, Sigmund. "Female Sexuality" (1931), The Standard Edition XXI, 223-243.

Freud, Sigmund. *General Theory of the Neuroses* (1916-17), *The Standard Edition.* XVI, Lectures XXIII-XXVIII. 358-464.《精神分析引論．精神分析新論》，葉頌壽譯。台北：志文出版社，一九八五年初版，一九九七年再版。

Freud, Sigmund. "Three Essays on the Theory of Sexulity" (1905), *The Standard Edition* VII, 125-245.

Freud, Sigmund. "The Unconscious" (1915), *The Standard Edition of the Complete Psychological Works of Sigmund Freud.* XIV. trans. under the General Editorship of by James Strachey, in colaboration with Anna Freud, assisted by Alix Strachey and Alan Tyson. London: The Hogarth Press and the Institute of Psycho-Analysis. 161-215.

Freud, Sigmund. *New Introductory Lectures on Psycho-Analysis* (1933) *The Standard Edition.* XXII, Lectures XXXI-XXXII. 57-111.《精神分析引論．精神分析新論》，葉頌壽譯。台北：志文出版社，一九八五年初

版，一九九七年再版。

Freud, Sigmund. "Group Psychology and the Analysis of the Ego," (1921) *The Standard Edition.* XXIII, 67–144.

Freud, Sigmund. "Creative Writers and Day-Dreaming" (1908), *The Standard Edition.* IX, 142–153.

Freud, Sigmund. "Revision of the Theory of Dreams," *The Standard Edition.* XXII, Lecture XXIX in *New Introductory Lectures on Psycho-Analysis* (1933), 7–30.

Freud, Sigmund. "The Method of Interpreting Dreams" (1900), The Standard Edition IV, 96–121.

Freud, Sigmund. *The Standard Edition of the Complete Psychological Works of Sigmund Freud.* trans. under the General Editorship of by James Strachey, in colaboration with Anna Freud, assisted by Alix Strachey and Alan Tyson. London: The Hogarth Press and the Institute of Psycho-Analysis.

Gimbutas, Marija. *The Goddesses and Gods of Old Europe: Myths and Cult Images,* London: Thames and Hudson Ltd, 1974, 1982. Reprinted 1996.

Gimbutas, Marija. *The Language of the Goddess.* Foreward by Joseph Campbell. New York: Harper & Row Publishers Inc., 1989.

Giry, Marcel. Le Fauvisme. (1981)《野獸派》，李松泰譯，台北：遠流出版公司，一九九二。

Gold, Thomas B. "Civil Society and Taiwan's Quest for Identity." *Cultural Change in Postwar Taiwan.* Ed. by Steven Harrell & Huang Chun-chieh. Taipei: SMC Publishing Inc., 1994. 47–68.

Goldberg, RoseLee. *Performance Art: From Futurism to the Present.* Revised and enlarged edition. New York: Harry N. Abrams, Inc., Publishers, 1988.

Graham, Lanier. *Goddesses.* New York, London, Paris: Abbeville Press Publishers, 1997.

Graham, Martha. "Graham 1937." *The Vision of Modern Dance.* Ed. Jean Morrison Brown. Princeton, New Jersey: Princeton Book Company, 1979. 49–54.

Hagstrum, Jean. *The Sister Arts: The Tradition of Literary Pictorialism in English Poetry from Dryden to Gray* Chicago: U of Chicago P, 1958.

Hall, Stuart. "Cultural Identity and Diaspora." *Colonial Discourse and Post-Colonial Theory: A Reader.* New York: Columbia UP, 1994. 392–403.

Heffernan, James A. W. "Ekphrasis and Representation" in *New Literary History.* 1991, 22: 297–316.

Hollander, John. "The Poetics of Ekphrasis." *Word & Image: A Journal of Verbal/Visual Enquiry.* 4.1 (1988): 209–219.

Hurtado, Larry W. Ed. *Goddesses in Religions and Modern Debate.* Atlanta, Georgia: Scholars Press, 1990.

Irigaray, Luce. "The Gesture in Psychoanalysis," trans. by Elizabeth Guild, in *Between Feminism and Psychoanalysis.* Ed. Brennan, Teresa, New York: Routledge, 1989. 127–138.

Irigaray, Luce. "The Looking Glass, from the Other Side," *This Sex Which Is Not One.* (1977) Trans. Catherine Porter with Carolyn Burke. Ithaca, New York: Cornell UP, 1988. 9–22.

Jay, Martin. *Downcast Eyes: The Denigration of Vision in Twentieth-Century French Thought.* Berkeley, Los Angeles, London: U of California P, 1993.

Jameson, Fredric. 詹明信，〈科幻小說中文類方面的不連貫性〉，卓世盟譯，《中外文學》十四卷一期，一九八五年六月，頁四九—六四。

Jenks, Chris. Ed. *Visual Culture*. New York: Routledge, 1995.

Kinsley, David. The *Goddesses' Mirror: Visions of the Devine from East and West*. New York: State University of New York, 1989.

Koritz, Amy. "Re/Moving Boundariesa: From Dance History to Cutural Studies," in *Moving Words: rewriting dance*. Morris, Gay. Ed. London & New York: Routledge, 1996. 88–103.

Krieger, Murray. "The Ekphrastic Principle and the Still Movement of Poetry: Or, Laocoon Revisited." *The Play and Place of Criticism*. Baltimore: Johns Hopkins UP, 1967. 105–28.

Krieger, Murray. *Ekphrasis: The Illusion of the Natural Sign*. Baltimore and London: The Johns Hopkins UP, 1992.

Kristeva, Julia *Tales of Love*. (1983) Trans. Leon S. Roudiez. New York: Columbia UP, 1987.

Kristeva, Julia. "Baudelaire, or Infinity, Perfume, and Punk." *Tales of Love*. (1983) Trans. Leon S. Roudiez. New York: Columbia UP, 1987. 318–340.

Kristeva, Julia. "Not I" in *Tales of Love*. (1983) Trans. Leon S. Roudiez. New York: Columbia UP, 1987. 41–45.

Kristeva, Julia. "Revolution in Poetic Language" in *The Kristeva Reader*. Ed. Toril Moi. Oxford: Basil Blackwell, 1986. 89–123.

Kristeva, Julia. "Stabat Mater" in *Tales of Love*. (1983) Trans. Leon S. Roudiez. New York: Columbia UP, 1987. 232–263.

Kristeva, Julia. "Word, Dialogue and Novel" (1966) in *The Kristeva Reader*. ed. Toril Moi. Oxford: Basil Blackwell,

1986.

Kristeva, Julia. "Giotto's Joy," (1972) in *Desire in Language: A Semiotic Approach to Literature and Art.* Ed. Leon S. Roudiez. Trans. By Thomas Gora, Alice Jardine and Leon S. Roudiez. New York: Columbia UP, 1980.

Kristeva, Julia. *Powers of Horror: An Essay On Abjection* (1980). Trans. Leon S. Roudiez. New York: Columbia UP, 1982.

Kristeva, Julia. *Strangers to Ourselves.* Trans. Leon S. Roudiez. New York: Columbia University Press, 1991.

Kristeva, Julia. *In the Beginning Was Love: Psychoanalysis and Faith.* (1985). Trans. Arthur Goldhammer. New York: Columbia UP, 1987.

Kristeva, Julia. *Nations Without Nationalism.* (1990) Trans. Leon S. Roudiez. New York: Columbia UP, 1993.

Lane, Christopher. "The Psychoanalysis of Race: An Introduction," *The Psychoanalysis of Race.* Ed. Christopher Lane. New York: Columbia UP, 1998. 1-37.

Liu, Lydia He. *Translingual Practice: Literature, National Culture and Translated Modernity-China, 1900-1937.* Stanford UP, 1995.

Massey, Doreen. "Double Articulation: A Place in the World." in Angelika Bammer. ed. *Displacements: Cultural Identities in Question.* Bloomington and Indianapolis: Indiana U P, 1994. 110-122.

Meltzer, Francoise. *Salome and the Dance of Writing.* Chicago: U of Chicago P, 1987.

Meyer, Kinereth. "Ekphrasis and the Hermeneutics of Landscape." *American Poetry* 8 (1990): 23-36.

Mitchell, W. J. T. "Ekphrasis and the Other" in *The South Atlantic Quarterly* 91: 3, Summer 1992. 695-719.

Mitchell, W. J. T. "On Poems on Pictures: Ekphrasis and the Other", *Poetics Today speical issue, Literature and Art.* Ed. Wendy Steiner, vol. 10(1989).

Mitchell, W. J. T. *Iconology: Image, Text, Ideology.* Chicago: U of Chicago P, 1986.

Mitchell, W. J. T. *Picture Theory.* Chicago & London: The U of Chicago P, 1994.

Morris, Gay. Ed. *Moving Words: rewriting dance.* London & New York: Routledge, 1996.

Mouffe, Chantal. "Radical Democracy: Modern or Postmodern?" *Universal Abandon?: The Politics of Postmodernism.* Ed. Andrew Ross. Minneapolis: U of Minnestora P, 1988. 31-45.

Murray, Linda. *The High Renaissance and Mannerism.* London: Thames and Hudson, 1967. Reprinted 1990.

Nadeau, Maurice. "Dali and Paranoi-Criticism," in *The History of Surrealism.* Cambridge, Massachusetts, 1989. 183-190.

Neumann, Erich. *The Great Mother: An Analyais of the Archetype.* Trans. By Ralph Manheim. New York: Princeton UP, 1955, 1963.

Nochlin, Linda. *The Politics of Vision: Essays on Nineteenth-Century Art and Society.* London: Thames & Hudson, 1991.

Nochlin, Linda. *Women, Art and Power.*《女性，藝術與權力》，游惠貞譯，台北：遠流出版公司，一九九五。

Olson, Carl. Ed. *The Book of the Goddess Past and Present: An Introduction to Her Religion.* New York: Crossroad Press, 1988.

Penney, James. "Uncanny Foreigners: Does the Subaltern Speak Through Julia Kristeva?" *The Psychoanalysis of Race.* Ed. Christopher Lane. New York: Columbia UP, 1998. 120-138.

Pollack, Rachel. *The Body of the Goddess: Sacred Wisdom in Myth, Landscape and Culture.* Dorset, Massachusetts, Queensland: Element Books Limited, 1997.

Reich, Wilhelm. *The Mass Psychology of Fascism.* (the third edition, 1942). Trans. By Mary Boyd Higgins. 1946. New York: The Noonday Press, twelfth printing, 1998.

Riffaterre, Michael. "Syllepsis" in *Critical Enquiry.* VI, 1980, pp. 625-38.

Roach, Joseph. "Kinship, Intelligence, and Memory as Improvisation: Culture and Performance in New Orleans." *Performance & Cultural Politics.* Ed. by Elin Diamond. London and New York: Routledge, 1996. 219-238.

Said, Edward. "Reflections on Exile." in Russell Ferguson, Martha Gever, Trinh T. Minh-ha and Cornel West. Eds. *Out There, Marginalization and Contemporary Cultures.* Cambridge, Mass.: MIT Press, 1990.

Said, Edward. "Representing the Colonized: Anthropology's Interlocutors." *Critical Inquiry* 15 (Winter 1989): 205-25.

Schechner, Richard. *Between Theater and Anthropology.* Philadelphia: U of Pennsylvania P, 1985.

Sullivan, Michael, "Individualism, Protest and the Avant-Garde in Modern Chinese Art" in *China: Modernity and Art.* International Conference (Taipei: Taipei Fine Arts Museum 1991). 97-118.

Sutton-Smith, Brian. "Games of Order and Disorder." Paper presented to Symposium on "Forms of Symbolic Inversion." American Anthropological Association, Rornoto, December 1, 1972.

Suvin, Darko. 蘇恩文，〈科幻與創新〉，單德興譯。《中外文學》十四卷一期，一九八五年六月，頁二七—四八。

Turnbull, Colin. "Liminality: a synthesis of subjective and objective experience" in *By Means of Performance: Intercultural studies of theatre and ritual.* ed. by Richard Schechner and Willa Appel. New York, Portchester, Metbourne, Sydney, Cambridge UP, 1990. 50-81.

Turner, Victor. "Liminal to Liminoid: in Play, Flow, Ritual: An Essay in Comparative Symbology" in *From Ritual to Theatre: The Human Seriousness of Play.* New York: PAJ Publications, A Division of Performing Arts Journal, Inc., 1982. 20-60.

Waghorne, Joanne Punzo. & Cutler, Norman. Eds. *Gods of Flesh, Gods of Stone: The Embodiment of Divinity in India.* Cambridge, PA: Anima Publications, 1985.

Williams, Raymond. "Language and the Avant-Garde." *The Politics of Modernism.* London, New York: Verso, 1989. Reprinted 1997.

Williams, Raymond. *Marxism and Literature.* Oxford: Oxford UP, 1977.

Wollheim, Richard. "What the Spectator Sees." In Bryson, Norman, Michael Ann Holly & Keith Moxey. eds. *Visual Theory: Painting and Interpretation.* New York: Harper Collins, 1991. 101-150

Worton, Michael. & Still, Judith. eds. *Intertextuality: Theories and Practices.* Manchester and New York: Manchester UP,1990.

Žižek, Slavoj. "Love Thy Neighbor? No, Thanks!" *The Psychoanalysis of Race.* Ed. Christopher Lane. New York: Columbia UP, 1998. 154-175.

中文部分

三木大直　陳明台譯，〈悲情之歌——林亨泰的中華民國〉，《笠》一九七期，一九九七年二月，頁八四—九九。

中村義一　〈台灣的超現實主義〉，原文載於日本《曆象》一〇七期，一九八七。陳千武譯載於《笠》一四五期，一九八八年六月；收錄於呂興昌編訂《水蔭萍作品集》，台南：台南市立文化中心，一九九五，頁二八九—九三。

心岱　〈冷眼熱淚〉，《人間孤兒》，汪其楣著，台北：遠流，一九八九，頁一七一—二。

王拓　〈是現實主義文學，不是鄉土文學——有關「鄉土文學」的史的分析〉，《仙人掌》二期，一九七七年四月；收錄於尉天驄主編《鄉土文學討論集》，台北：遠景，一九七八，頁一〇〇—一一九。

王秀雄　〈台灣第一代西畫家的保守與權威主義暨其對戰後台灣西畫的影響〉，《中國・現代・美術——兼論日韓現代美術》（國際學術研討會論文集），台北：台北市立美術館，一九九一，頁一三五—七四。

王家驥　〈台灣當代美術中「本土」論述的省思〉，「鄉土文學論戰二十週年回顧研討會」，台北：文建會，春風文教基金會，中國時報副刊，一九九七年十月。未出版。

王浩威　〈重組的星空！重組的星空？〉，《林燿德與新世代作家文學論》，台北：文建會，一九九七，頁二九五—三二二。

王浩威〈偉大的獸——林燿德文學理論的建構〉，《聯合文學》十二卷五期「光與火：林燿德紀念輯」，一九九六，頁五五—六一。

王德威〈從鄉土想像到國族論述〉，「鄉土文學論戰二十週年回顧研討會」，台北：文建會，春風文教基金會，中國時報副刊，一九九七年十月。未出版。

王德威〈文學的上海——一九三一〉，《如何現代，怎樣文學？》，台北：麥田，一九九八，頁二六九—七八。

王潤華〈從沈從文的「都市文明」到林燿德的「終端機文化」〉，《當代台灣都市文學》，頁一一—三八。

王墨林〈身體的反叛〉，《都市劇場與身體》，台北：稻香出版社，一九九二，頁一一—六六。

王墨林〈「雲門舞集」的政治論述：舞蹈，國族的身體迷宮〉，《當代》一四一期，一九九九年五月，頁七二—九。

包忠文〈左聯文藝鬥爭中的幾個問題〉，《三十年代文藝自由論辯資料》，吉明學、孫露茜編，上海：上海文藝出版社，一九八八，頁六一三—九。

司馬中原〈火焰人生〉，《林燿德與新世代作家文學論》，台北：文建會，一九九七，頁四五九—六〇。

平路〈我對「台灣文學」的看法〉，《文訊》一二二期，一九九五，頁五二—五。

幼獅記者〈「桃花源記」的再思——張曉風訪問記〉，《曉風創作集》，台北：道聲出版社，一九七六，頁七四七—五六。

白萩〈超現實主義的檢討（一）〉，《笠》二卷三期，一九六五年八月，頁四二—六八。
白靈〈停駐在地上的星星〉，《都市終端機》，台北：書林，一九八八，頁一三—四〇。
矛鋒《同性戀文學史》，台北：漢忠文化，一九九六。
向陽〈七〇年代現代詩風潮試論〉，《當代台灣文學評論大系Ⅱ：文學現象》，林燿德主編，台北：正中書局，一九九三，頁三二七—三七三。
朱天心〈三三行〉，《鐘鼓三年》，台北：三三集刊，一九八〇，頁一一八—一二五。
朱天文〈又一齣賴聲川的戲〉，《暗戀桃花源》，賴聲川著，台北：皇冠，一九八六，頁一二一—五。
朱實〈潮流澎湃銀鈴響——銀鈴會的誕生及其歷史意義〉，《台灣詩史「銀鈴會」論文集》，林亨泰主編，彰化：磺溪文化學會編印，一九九五，頁一一—二二。
朱雙一〈資訊文明的審視焦點和深度關照——林燿德小說論〉，《聯合文學》十二卷五期「光與火：林燿德紀念輯」，一九九六，頁四四—九。
羊子喬〈超現實主義的提倡者——楊熾昌：訪楊熾昌談文學之旅〉，《台灣文藝》一〇二期，一九八六年九月，頁一一三—五。
西脇順三郎（Nishiwaki Junzaburo）〈詩學〉，收錄於《西脇順三郎的詩與詩學》，杜國清譯著，高雄：春暉出版社，一九八〇。
何聖芬〈我的鄉愁我的愛：林懷民專訪〉，《幼獅月刊》四〇一期，一九八七，頁八—一二。
余光中〈中國結〉、〈秦俑〉，《夢與地理》，台北：洪範書店，一九九〇，頁一七四—六、一八〇—四。
余光中〈白玉苦瓜〉、〈唐馬〉，《余光中詩選1949～1981》，台北：洪範書店，一九八一，頁二八七—九〇、三〇四—七。
余光中〈地圖〉，《望鄉的牧神》，台北：純文學，一九七二，六一—九。
余光中〈黃河〉，《中華現代文學大系：詩卷》，台北：九歌，一九八九，頁一九一—三。
余光中等《雲門舞話》，台北：雲門舞集基金會，一九九三。
余鳳高〈心理學派與中國現代文學〉，《文學評論》五期，一九八五，頁六二—七五。
吳晟〈故鄉——無悔系列〉，《大地之子》，汪其楣著，台北：東華書局，一九九〇，頁五—一二。
吳密察〈台灣人的夢與二二八事件——台灣的脫殖民地化〉，《當代》八七期，一九九三，頁三〇—四九。
吳潛誠〈九十年代台灣詩（人）的國際視野〉，《台灣現代詩史論：台灣現代詩史研討會實錄》，台北：文訊雜誌社，一九九六，頁五〇七—五一八。
吳潛誠〈遊走在後現代城市的想像迷宮——重讀林燿德的散文創作〉，《聯合文學》十二卷五期「光與火：林燿德紀念輯」，一九九六，頁五〇—四。
呂興昌〈林亨泰四〇年代新詩研究——跨越語言一代的詩人研究之二〉，原載一九九二年十一月二十五日《鍾理和逝世三十二週年暨台灣文學學術研討會論文集要》，高雄：高雄縣政府；收錄於呂興昌著《台灣詩人研究論文集》，台南：台南市立文化中心，一九九五，頁二七三—三四六。
宋雅姿整理 〈相聲的記憶——賴聲川回憶《那一夜，我們說相聲》的創作過程〉，《那一夜，我們說相聲》，賴聲川著，台北：皇冠，一九八九年第五版，頁一〇一—一二七。
李仲生 〈超現實主義繪畫〉，原載《聯合報》一九五三年六月十日六版；收錄於蕭瓊瑞編《李仲生文集》，台北：台北市立美術館，一九九四，頁二三—四頁。
李仲生 〈超現實派繪畫〉，原載《聯合報》一九五五年八月五日六版；收錄於蕭瓊瑞編《李仲生文集》，台北：台北市立美術館，一九九四，頁二五。
李仲生 《李仲生文集》，蕭瓊瑞編，台北：台北市立美術館，一九九四。
李有成 〈原住民被殖民史〉，原載《聯合報》一九九五年九月二十日〈聯合副刊〉「第十七屆聯合報文學獎新詩首獎〈福爾摩莎・一六六一〉短評」；收錄於《島嶼邊緣》，陳黎著，台北：皇冠，一九九五，頁二一一—二。
李何林 《近二十年中國文藝思潮論》（一九三九），上海：上海書局，一九九六。
李昂 〈洪範版序〉，《花季》，台北：洪範書店，一九八五，頁二—三。
李昂 〈寫在第一本書後〉（一九七五），《花季》，台北：洪範書店，一九八五，頁一九八—九。
李喬 〈孤兒即父祖〉，《人間孤兒一九九二枝葉版》，台北：雲門舞集基金會，一九九三，頁三—八。
李欽賢 《日本美術的近代光譜》，台北：雄獅圖書有限公司，一九九三。
李瑞騰 〈文學中國：以台灣為中心的思考〉，《台灣文學觀察雜誌》八期，一九九三，頁六二—

九。

李瑞騰〈六十年代台灣現代詩評略述〉，「台灣現代詩史研討會」，一九九五年三—五月，收錄於《台灣現代詩史論》，台北：文訊雜誌社主編，一九九六，頁二六五—二八〇頁。
李歐梵〈中國現代文學的現代主義——文學史的研究兼比較〉，《當代台灣文學評論大系Ⅱ：文學現象》，林燿德主編，台北：正中書局，一九九三，頁一二一—五八。
李歐梵〈現代中國文學中的浪漫個人主義〉、〈中國現代小說的先驅者——施蟄存、穆時英、劉吶鷗〉，《現代性的追求》，台北：麥田，一九九六，頁九一—一一五、一六一—七四。
李豐楙〈民國六十年（一九七一）前後新詩社的興起及其意義——兼論相關的一些現代詩評論〉，《當代台灣文學評論大系Ⅱ：文學現象》，林燿德主編，台北：正中書局，一九九三，頁二九七—三三六。
李鑄晉〈巴黎與中國初期西洋畫的發展〉，《中國—巴黎：早期旅法畫家回顧展專輯》，台北：台北市立美術館，一九八八年，頁七—一五。
汪其楣〈最痛與最愛的〉，《人間孤兒》，台北：遠流，一九八九，頁三—六。
汪其楣《人間孤兒》，台北：遠流，一九八九。
汪其楣《人間孤兒一九九二枝葉版》，台北：雲門舞集基金會，一九九三。
汪其楣《大地之子》，台北：東華書局，一九九〇。
沈曉茵〈從寫實到魔幻——賴聲川的身分演繹〉，收錄於《他者之域：文化身分與再現策略》，劉紀蕙主編。台北：麥田，二〇〇〇。

瘂弦〈獻給H. Mattisse〉，《瘂弦詩選》，台北：洪範書店，一九八一，頁二三二—八。

瘂弦〈在城市裡成長——林燿德散文作品印象〉，《一座城市的身世》，林燿德著，台北：時報文化，一九八七，頁一一—二四。

具常 陳千武譯，〈東亞現代詩——台灣、日本、韓國的詩比較小考〉，《笠》一八六期，一九九五年四月，頁九八—一一一。

周文旺記錄整理〈台灣的「前現代派」與「現代派」：林燿德訪林亨泰〉，《台北評論》四期，一九八八年三月，頁六八—七六。

周毅〈浮光掠影囂孤魂——析三十年代作家穆時英〉，《中國現代文學研究叢刊》三期，一九八九，頁一四〇—九。

周蕾 羅童譯，〈殖民者與殖民者之間〉("Between Colonizers: Hong Kong's Postcolonial Self-writing in the 1990s," *Diaspora: A Journal of Transnational Studies*, vol. 2, No. 2（Fall 1992）: pp. 151-70.)，《寫在家國以外》，台北：牛津大學出版社，一九九五，頁九一—一一七。

周蕾《婦女與中國現代性：東西方之間閱讀記》，台北：麥田，一九九五。

孟樊〈台灣後現代詩的理論與實踐〉，《世紀末偏航：八〇年代台灣文學論》，林燿德、孟樊編，台北：時報文化，一九九〇，頁一四三—二二五。

林亨泰〈台灣現代派運動的實質及影響〉，「現代詩研討會」，一九九一年六月；收錄於《見者之言》，彰化：彰化縣立文化中心編印，一九九二，頁二八〇—九五。

林亨泰〈台灣詩史上的一次大融合（前期）：一九五〇年代後半期的台灣詩壇〉，「台灣現代詩史研討會」，一九九五年三—五月；收錄於《台灣現代詩史論》，台北：文訊雜誌社，一九九六，頁九九—一〇六。
林亨泰〈我們時代裡的中國詩（一）〉，《笠》五四期，一九七三年四月，頁九一—七。
林亨泰〈我們時代裡的中國詩（四）〉，《笠》五七期，一九七三年十月，頁三二—五。
林亨泰〈我們時代裡的中國詩（五）〉，《笠》五八期，一九七三年十二月，頁二九—三一。
林亨泰〈我們時代裡的中國詩（六）〉，《笠》五九期，一九七四年三月，頁六二—四。
林亨泰〈抒情變革的軌跡——由「現代派的信條」中的第一條說起〉，原載《中外文學》一二〇期，一九八二年五月；收錄於《見者之言》，彰化：彰化縣立文化中心編印，一九九二，頁二六〇—七九。
林亨泰〈現代詩季刊與現代主義〉，《現代詩》復刊二二期，一九九四年八月，頁一八—二七。
林亨泰〈現代詩與我〉，引自三木大直〈悲情之歌〉，《笠》，一九九七年二月，頁九二—九。
林亨泰〈現實的探求〉，《創世紀》六五期，一九八四年十月，頁二〇八—一四。
林亨泰〈新詩的再革命（一）〉，《笠》一四六期，一九八八年八月，頁一三七—四四。
林亨泰〈新詩的再革命（二）〉，《笠》一四七期，一九八八年十月，頁一三六—四四。
林亨泰〈跨越語言一代的詩人們——從「銀鈴會」談起〉，原載《笠》一二七期；收錄於《見者之言》，彰化：彰化縣立文化中心編印，一九九二，頁二三〇—六。
林亨泰〈銀鈴會文學觀點的探討〉（一九九一），原載《自立早報》一九九一年八月二十六—三十日〈本土副刊〉；後收錄於《台灣詩史「銀鈴會」論文集》，林亨泰主編，彰化：磺溪文化學會編印，一九九五，頁三三—六四；亦收錄於《見者之言》，彰化：彰化縣立文化中心編印，一九九二，頁二〇〇—二三。

林亨泰〈銀鈴會與四六學運〉（一九八九），原載《台灣春秋》一〇期，一九八九年七月；收錄於《見者之言》，彰化：彰化縣立文化中心編印，一九九二，頁二三四—九。

林亨泰〈談現代詩派的影響〉，《笠》一一五期，一九八三年六月，頁一八。

林亨泰《事件與爪痕》（一九七二—一九八五），《跨不過的歷史》，台北：尚書文化，一九九〇。

林亨泰《長的咽喉》（一九五五—一九五六），《林亨泰詩集》，台北：時報，一九八四。

林亨泰《非情之歌》（一九六二），《林亨泰詩集》，台北：時報，一九八四。

林亨泰〈現代詩的基本精神〉（原名〈优里西斯的弓〉），彰化：笠詩社，一九六八。

林亨泰〈跨不過的歷史〉（一九八五—一九八九），《跨不過的歷史》，台北：尚書文化，一九九〇。

林亨泰〈靈魂的啼聲〉（一九四二—一九四九），《林亨泰詩集》，台北：時報，一九八四。

林亨泰、簡政珍、林燿德會談〈詩人與語言的三角對話〉，《跨不過的歷史》，台北：尚書文化，一九九〇，頁一七〇—二一五。

林秀偉〈生命的磁場：曼陀羅中形形色色的肉身圖像〉，《生之曼陀羅節目單》，太古踏舞團主辦，台北：國家戲劇院，一九九五。

林秀偉〈舞出心靈的昇華〉演講錄音帶，劉紀蕙整理，台北：誠品書店，一九九七年三月二十九日。未出版手稿。
林秀偉〈關於大神祭〉，《大神祭節目單》，文建會主辦。台北：國父紀念館，一九九一年十二月。
林佩芬〈永不停息的風車——訪楊熾昌先生〉，原載《文訊》九期，一九八四年三月；收錄於呂興昌編訂《水蔭萍作品集》，台南：台南市立文化中心，一九九五，頁二六三—七九。
林瑞明〈國家認同衝突下的台灣文學研究〉，《文學台灣》七期，一九九三，頁一四—三二。
林燿德〈浮雲西北是神州〉，《坦蕩神州》，溫瑞安著，台南：長河，一九七八，頁二六五—七三。
林燿德〈掌紋〉，《三三集刊》十四輯《女兒家》，馬叔禮等編，台北：皇冠，一九七八，頁九三—九。
林燿德〈文明記事〉（一九八二），《銀碗盛雪》，台北：洪範書店，一九八七，頁七五—八五。
林燿德〈寫實主義者〉（一九八三），《都市終端機》，台北：書林，一九八八，頁九九—一〇〇。
林燿德〈行行且遊獵〉（一九八四），《都市終端機》，台北：書林，一九八八，頁一八八—九一。
林燿德〈不安海域——八〇年代前期台灣現代詩風潮試論〉（一九八五），《重組的星空：林燿德評論集》，台北：業強，一九九一，頁一—六二。
林燿德〈後記〉，《一九四九之後》，台北：爾雅，一九八六，頁二九三—七。

林燿德　〈恆星之最——武嶺巨人與現代中國〉、〈後記〉，《恆星之最——武嶺巨人與現代中國》，林燿德等著，台北：黎明，一九八七，頁一—六六。
林燿德　〈積木頑童〉，《一九四九以後》，台北：爾雅，一九八六，頁一二七—四〇。
林燿德　〈檣桅上的薔薇〉，《一九四九之後》，台北：爾雅，一九八六，頁五九—七九。
林燿德　〈薪傳〉、〈天空的垃圾〉、〈革命罐頭〉，《日出金色》，四度空間五人集，台北：文鏡，一九八六，頁一〇九—一〇、一一七—二一、一四三。
林燿德　〈台灣的「前現代派」與「現代派」：與林亨泰對談〉（一九八八），《觀念對話》，台北：漢光，一九八九，頁七八—九八。
林燿德　〈後記〉，《惡地形》，台北：希代，一九八八，頁二五五—六。
林燿德　〈焱炎〉（一九八八），《都市之甍》，台北：漢光，一九八九，頁一九九—二一〇。
林燿德　〈權力架構與現代詩的發展：張錯與林燿德對談〉（一九八八），原載《國文天地》四卷三期，一九八八，頁三二—九；收錄於《觀念對話》，台北：漢光，一九八九。
林燿德　〈《觀念對話》題解〉，《觀念對話》，台北：漢光，一九八九，頁一六三—九二。
林燿德　〈以書寫肯定存有：與簡政珍對話〉，《觀念對話》，台北：漢光，一九八九，頁一六三—九二。
林燿德　〈筆走龍蛇〉，《楚漢：溫瑞安詩集》，溫瑞安著，台北：尚書文化，一九九〇，頁五—七。
林燿德　〈林亨泰註〉（一九九〇）；收錄於《跨不過的歷史》林亨泰著，台北：尚書文化，一九九〇，頁一五一—六九。
林燿德、鄭明娳專訪〈與新感覺派大師施蟄存先生對談〉，《聯合文學》六卷九期，一九九〇，頁一三〇—四一。
林燿德《時間龍》，台北：時報文化，一九九四。
林燿德〈小說迷宮中的政治迴路〉（一九九三），《敏感地帶——探索小說的意識眞相》，台北：駱駝出版社，一九九六，頁一—六八。
林燿德〈台灣當代科幻文學（上）（下）〉，《幼獅文藝》四七五、六期，一九九三年七、八月。
林燿德〈如何對抗保險箱製造商的陽謀〉，《迷宮零件》，台北：聯經，一九九三，頁七—九、三六—四四。
林燿德〈魚夢〉，《迷宮零件》，台北：聯經，一九九三，頁三六—四四。
林燿德〈環繞現代台灣詩史的若干意見〉（一九九三）；收錄於《世紀末現代詩論集》，台北：羚傑企業有限公司，一九九五，頁七—三三。
林燿德〈八〇年代現代詩世代交替現象〉，《世紀末現代詩論集》，台北：羚傑企業有限公司，一九九五，頁五一—六二。
林燿德〈自序：拒絕編號的愚人〉（一九九五），《不要驚動不要喚醒我所親愛》，台北：文鶴，一九九六，頁一—二。
林燿德〈自序〉，《大東區》，台北：聯合文學，一九九五，頁五。
林燿德〈軍火商韓鮑〉（一九九五），《不要驚動不要喚醒我所親愛》，台北：文鶴出版社，一九九六，頁六七—一三八。
林懷民《涅盤節目單》，台北：雲門舞集基金會，一九八二。
林懷民《旅程》，《說舞》，台北：遠流，一九九二新版，頁三五—四〇。
林懷民《斷簡與殘篇》，《擦肩而過》，台北：遠流，一九九三，頁二三五—四八。
林懷民〈禱歌——寫在九歌首演前〉，《聯合報》一九九三年八月八日〈聯合副刊〉。
林懷民〈關懷斯土，關愛斯民〉，《人間孤兒》，汪其楣著，台北：遠流，一九八九，頁一六七—一八。
林懷民《流浪者之歌節目單》，台北：雲門舞集基金會，一九九四。
林懷民、徐開塵、紀慧玲《喧嬋鬧荷說九歌》，台北：民生報，一九九三。
邱坤良〈努力愛春華〉，《人間孤兒》，汪其楣著，台北：遠流，一九八九，頁一四七—五〇。
邱婷〈林亨泰：台灣詩運發展的見證人〉，《文訊》一一七期，一九九五年七月，頁二八—九。
金光林、小海永二、陳千武〈亞洲現代詩的動向〉，《笠》一七三期，一九九三年二月，頁一一五—三〇。
金絲燕《文學接受與文化過濾：中國對法國象徵主義詩歌的接受》，北京：中國人民大學出版社，一九九四。
阿盛〈多點亮一盞燈〉，《人間孤兒》，汪其楣著，台北：遠流，一九八九，頁一六九—七〇。
姚一葦〈我看林懷民的《寒食》〉，《雲門舞話》，台北：雲門舞集，一九九三，頁一二四—三二。

施叔青〈後記〉，《那些不毛的日子》，台北：洪範書店，一九八八，頁二〇五—八。

施建偉〈現實主義還是現代主義——試論心理分析小說派的創作傾向及其歷史教訓〉，《中國現代文學研究叢刊》二期，一九八五，頁四〇—六〇。

施淑〈文協分裂與三〇年代初台灣文藝思想的分化〉、〈書齋、城市與鄉村——日據時代的左翼文學運動及小說中的左翼知識份子〉、〈感覺世界——三〇年代台灣另類小說〉、〈日據時代台灣小說中頹廢意識的起源〉，《兩岸文學論集》，台北：新地，一九九七，頁三—二九、四九—八三、八四—一〇一、一〇二—一二〇。

柏谷譯〈形上學派、超現實派與象徵詩派〉，Kimon Friar著，《現代詩》三五期，一九六一年八月，頁二二—五。

洪凌、紀大偉〈當代台灣科幻小說的都會冷酷異境〉，《當代台灣都市文學論》，鄭明娳編，台北：時報文化，一九九五，頁二六五—八六。

洛夫〈我與西洋文學〉，發表於「中華民國第五屆全國比較文學會議座談會」；收錄於《詩的邊緣》，台北：漢光，一九八六。

洛夫〈超現實主義與中國現代詩〉，《幼獅文藝》，一九六九年六月，頁一六四—八二。

洛夫〈詩人之鏡：《石室之死亡》自序〉，《創世紀》二一期，一九六四年十二月，頁二—二一。

紀弦〈六點答覆〉（一九五八）《紀弦論現代詩》，台中：藍燈出版社，一六七〇，頁九一—四。

紀弦〈多餘的困惑及其他〉（一九五八），《紀弦論現代詩》，台中：藍燈出版社，一九七〇，頁九五—一〇七。

紀弦〈從自由詩的現代化到現代詩的古典化〉（一九六一），《紀弦論現代詩》，台中：藍燈出版社，一九七○，頁二六—三二。

紀弦〈從浪漫主義到現代主義〉（一九五七），《紀弦論現代詩》，台中：藍燈出版社，一九七○，頁一五九—六三。

紀弦〈現代派信條釋義〉，《現代詩》一三期，一九五六，頁四。

紀弦〈新現代主義之全貌〉，《現代詩》新一號（二四、二五、二六期合刊），一九六○，頁二二—三二。

紀弦〈詩是詩、歌是歌，我們不說詩歌〉（一九五五），錄於《紀弦論現代詩》，台中：藍燈出版社，一九七○。

紀弦〈談林亨泰的詩〉，《現代詩》一四期，一九五六，頁六六—七。

紀弦《紀弦詩論》，現代詩社，一九五四。

紀弦《紀弦論現代詩》，台中：藍燈出版社，一九七○。

紀弦〈三十年代的路易士〉，《聯合報》一九九三年八月二十八日〈聯合副刊〉。

紀弦〈在人生的夏天〉，《中央日報》一九九一年十二月二十三日〈中央副刊〉。

紀弦〈從一九三七年說起——紀弦回憶錄之一片段〉，《文訊》七、八期，一九八四年二月，頁七六—八五。

胡蘭成（三三群士）〈三三社〉，《鐘鼓三年》，台北：三三集刊，一九八○，頁一○六—一一八。

凌雲夢（鄭明娳）〈詭異的銀碗——林燿德詩作初探〉，《藍星詩刊》八期，一九七六年七月，頁八八—一〇八。
唐文標〈天國不是我們的——評張曉風的《武陵人》〉，《中外文學》一卷八期，一九七三，頁三六—五六。
唐文標〈詩的沒落——台港新詩的歷史批判〉，《文季》一期，一九七一；收錄於《現代文學的考察》，趙知悌（尉天驄）編，台北：遠景出版社，一九七八，頁四六—九四。
唐正序、陳厚誠主編《二十世紀中國文學與西方現代主義思潮》，成都：四川人民出版社，一九九二。
唐納〈清算軟性電影論〉，原載《晨報》一九三四年六月十五—二十七日；收錄於《中國電影理論文選1920-1989》上冊，李晉生、徐虹、羅藝軍編，北京：文化藝術出版社，一九九二，頁二六九—八〇。
奚密〈本土詩學的建立：讀陳黎的《島嶼邊緣》〉，《中外文學》二五卷十二期，一九九七年五月，頁一五九—六九。
奚密〈回顧現代詩論戰：再論「一場未完成的革命」〉，「鄉土文學論戰二十週年回顧研討會」，台北：文建會，春風文教基金會，中國時報副刊，一九九七年十月。未出版。
奚密〈我有我的歌：紀弦早期作品淺析〉，《現代詩》復刊二一期，一九九四年二月，頁四—一三。
奚密〈現代到後現代：從米羅的《吠月之犬》談起〉，《中外文學》二三卷三期，一九九四，頁

六—一三
奚密　〈邊緣，前衛，超現實：對台灣五、六十年代現代主義的反思〉，「台灣現代詩史研討會」，一九九五年三—五月；收錄於《台灣現代詩史論》，台北：文訊雜誌社，一九九六，頁二四七—六四。
奚密　《現當代詩文錄》，台北：聯合文學，一九九八。
旅人　〈林亨泰的出現〉，收錄於《林亨泰研究資料彙編》，呂興昌編，彰化：彰化縣立文化中心，一九九四，頁九五—一一二。
朗紹君　〈中國現代藝術的開拓者〉，《中國前衛藝術》，香港：牛津大學出版社，一九九四，頁六四—二。
馬森　〈「台灣文學」的中國結與台灣結——以小說爲例〉，《當代台灣文學評論大系Ⅱ：文學現象》，林燿德主編，台北：正中書局，一九九三，頁一七三—二二三。
馬森　《西潮下的中國現代戲劇》，台北：書林，一九九四。
商禽　〈閱讀紀弦的詩〉，《現代詩》復刊二〇期，一九九三年七月，頁三一—四。
尉天驄　（趙知悌）編　《現代文學的考察》，台北：遠景出版社，一九七八。
尉天驄　〈對個人主義的考察——站在什麼立場說什麼話：兼評王文興的《家變》〉，原載《文季》二期；收錄於《現代文學的考察》，趙知悌（尉天驄）編，台北：遠景出版社，一九七八，頁三三—四五。
尉天驄　〈對現代主義的考察——幔幕掩飾不了污垢：兼評歐陽子的《秋葉》〉，原載《文季》一期；收錄於《現代文學的考察》，趙知悌（尉天驄）編，台北：遠景出版社，一九七八，頁一一二四。
尉天驄主編　《鄉土文學討論集》，台北市：尉天驄，一九七八。
康原　〈詩史的見證人：跨越語言一代的詩人林亨泰〉，《文訊月刊》七五期，一九九二年一月，頁一〇六—九。
張元茜　〈民初藝術改革的本質——記民初一段特殊的文化史〉，《中國—巴黎：早期旅法畫家回顧展專輯》，台北：台北市立美術館，一九八八，頁二七—四八。
張文智　《當代文學的台灣意識》，台北：自立晚報社文化出版部，一九九三。
張芬齡　〈山峰海雨詩鄉——花蓮三詩人楊牧、陳黎、陳克華初論〉，《現代詩》復刊二一期，一九九四年二月，頁四四—五九。
張英進著　馮洁音譯　〈都市的線條：三十年代中國現代派筆下的上海〉，《中國現代文學研究叢刊》三期，一九九七，頁九三—一〇九。
張漢良　〈中國現代詩的「超現實主義風潮」：一個影響研究的倣作〉，《中外文學》十卷一期，一九八一年六月，頁一八四—六五。
張漢良　〈都市詩言談——台灣的例子〉，《當代》三二期，一九八八年十二月，頁三八—五二。
張曉風　〈初綻的詩篇〉，《曉風創作集》，台北：道聲出版社，一九七六，頁一九八—二二〇。
張曉風　《武陵人》，《曉風創作集》，台北：道聲出版社，一九七六，頁六三九—七二二。
張默　〈從《靈河》到《魔歌》〉（一九七五），《洛夫「石室之死亡」及相關重要評論》，台北：

漢光，一九八八，頁一六二—八。
梅漢唐文（Hans van der Meyden）〈進入國際藝術的大熔爐——中國畫家及巴黎畫派（1920～1950）〉，《中國—巴黎：早期旅法畫家回顧展專輯》，台北：台北市立美術館，一九八八，頁一六—二七。
陳千武（桓夫）〈台灣現代詩的演變〉，《笠》九九期，一九七〇年十月，頁三八—四二。
陳千武〈亞洲現代詩的歷程〉，《笠》一五七期，一九九〇年六月，頁九九—一一一。
陳明台〈清音依舊繚繞——解散後銀鈴會同人的走向〉，《台灣詩史「銀鈴會」論文集》，林亨泰主編，彰化：磺溪文化學會編印，一九九五，頁九二—一一五。
陳明台〈楊熾昌・風車詩社・日本詩潮〉，原發表於一九九四年十一月二十五—二十七日「賴和及其同時代的作家——日據時期台灣文學國際學術會議」，後收錄於呂興昌編訂《水蔭萍作品集》，台南：台南市立文化中心，一九九五，頁三〇七—三六。
陳明台〈論戰後台灣現代詩所受日本前衛詩潮的影響——以跨越語言一代的詩人爲中心來探討〉，原發表於一九九七年五月十七日彰化師範大學舉辦的「第三次現代詩學會議」，後刊登於《笠》二〇〇期，一九九七年八月，頁九一—一〇八。
陳芳明〈回頭的浪子——余光中詩觀的演變〉，《火浴的鳳凰——余光中作品評論集》，黃維樑編，台北：純文學，一九七九，頁三九六—四〇八。
陳芳明〈百年來的台灣文學與台灣風格——台灣新文運動史導論〉，《中外文學》二三卷九期，一九九五，頁四四—五五。

陳芳明〈台灣左翼文學發展的背景〉、〈楊逵的反殖民精神〉，《左翼台灣——殖民地文學運動史論》，台北：麥田，一九九八，頁二七—四六、七五—九八。
陳厚誠《死神唇邊的笑：李金髮傳》，台北：業強，一九九四。
陳昭瑛〈論台灣的本土化運動：一個文化史的考察〉，《中外文學》，二三卷九期，一九九五，頁六—四三。
陳昭瑛《台灣文學與本土化運動》，台北：正中書局，一九九八。
陳裕盛〈晚近科幻小說的冷酷異境——遊走於權力稜線的《時間龍》〉，《林燿德與新世代作家文學論》，台北：文建會，一九九七，頁四二九—四四。
陳鼓應〈評余光中的流亡心態〉，原載於《中華雜誌》一七三期，一九七七；後收錄於《鄉土文學討論集》，尉天驄主編，台北：遠景，一九七八，頁四〇三—一七。
陳鼓應〈評余光中的頹廢意識與色情主義〉，原載《中華雜誌》一七二期，一九七七；收錄於《鄉土文學討論集》，尉天驄主編，台北：遠景，一九七八，頁三七九—四〇二。
陳鼓應《這樣的「詩人」余光中》，台北：大漢出版社，一九七七。
陳黎〈十四行，雙人馬戲團〉（一九九二），《陳黎詩集Ⅰ：1973～1993》，花蓮：東林文學社，一九九七，頁二九〇。
陳黎〈子音〉（一九九六），《貓對鏡》，台北：九歌，一九九九，頁一三七。
陳黎〈不捲舌運動〉，《島嶼邊緣》，台北：皇冠，一九九五，頁一一五—七。
陳黎〈太魯閣．一九八九〉（一九八九），《陳黎詩集Ⅰ：1973～1993》，花蓮：東林文學社，一九九七，頁二一二—二〇。

陳黎〈在島嶼邊緣：《島嶼邊緣》跋〉，《島嶼邊緣》，台北：皇冠，一九九五，頁二〇二—六。

陳黎〈走索者〉、〈花蓮港街・一九三九〉、〈福爾摩莎・一六六一〉、〈島嶼飛行〉，《島嶼邊緣》，台北：皇冠，一九九五，頁一三九—四二、一八一—七、一八八—九三、一九九—二〇一。

陳黎〈夜歌〉（一九九〇），《陳黎詩集I：1973～1993》，花蓮：東林文學社，一九九七，頁二六一。

陳黎〈花蓮港街・一九三九〉（一九九四），《島嶼邊緣》，台北：皇冠，一九九五，頁一八一—七。

陳黎〈昭和紀念館〉、〈島嶼邊緣〉，《家庭之旅》，台北：麥田，一九九三，頁一五一—三。

陳黎〈秋歌〉（一九九三），《島嶼邊緣》，台北：皇冠，一九九五，頁三九—四一。

陳黎〈島嶼之歌〉（一九九四），《島嶼邊緣》，台北：皇冠，一九九五，頁一九四—八。

陳黎〈島嶼飛行〉（一九九五），《島嶼邊緣》，台北：皇冠，一九九五，頁一九九—二〇一。

陳黎〈島嶼邊緣〉（一九九三），《家庭之旅》，台北：麥田，一九九三，頁一五一—三。

陳黎〈海邊濤聲〉（一九九〇），《陳黎詩集I：1973～1993》，花蓮：東林文學社，一九九七，頁二八八。

陳黎〈陰影之歌〉，（一九九四），《島嶼邊緣》，台北：皇冠，一九九五，頁八一—四。

陳黎〈尋求歷史的聲音（上）〉，《東海岸評論》八五期，一九九五年八月，頁五五—六一。
陳黎〈尋求歷史的聲音（下）〉，《東海岸評論》八六期，一九九五年九月，頁五七—六一。
陳黎〈奧林匹克風——Ars Poetica〉（一九九五），《島嶼邊緣》，台北：皇冠，一九九五，頁五一。
陳黎〈福爾摩莎・一六六一〉（一九九五），《島嶼邊緣》，台北：皇冠，一九九五，頁一八八—九三。
陳黎〈膀胱〉（一九九二），《陳黎詩集Ⅰ：1973～1993》，花蓮：東林文學社，一九九七，頁二七二—三。
陳黎〈貓對鏡Ⅱ〉（一九九七），《貓對鏡》，台北：九歌，一九九九，頁八四—六。
陳黎〈激舞〉、〈小丑畢費的戀歌〉、〈魔術師的情人〉、〈吠月之犬〉，《親密書》，花蓮：花蓮文化中心，一九九二，頁二六—七、四一—三、六一—二、二四五—七。
陳黎〈魔笛〉（一九七五），《陳黎詩集Ⅰ：1973～1993》，花蓮：東林文學社，一九九七，頁五八—九。
陶馥蘭《生日快樂節目單》，台北：多面向舞團，一九九〇。
陶馥蘭《舞書：陶馥蘭話舞》，台北：萬象，一九九四。
陶馥蘭《身體書：一個舞蹈工作者的身體筆記》，台北：萬象，一九九六。
單德興〈講評八〇年代的文學旗手〉，《林燿德與新世代作家文學論》，台北：文建會，一九九七，頁六一—七〇。

彭小妍〈浪蕩天涯：劉吶鷗一九二七年日記〉，《中國文哲研究集刊》一二期，一九九八年三月，頁一—三九。

彭瑞金〈吳濁流、陳若曦、亞細亞的孤兒〉，《文學界》一四期，頁九三—一〇四。

彭瑞金《台灣新文學運動四十年》，台北：自立晚報社，一九九一。

游勝冠《台灣文學本土論的興起與發展》，台北：前衛出版社，一九九六。

游喚〈幽人意識與自然懷鄉——論台灣新世代詩人的詩〉，《世紀末偏航》，林燿德、孟樊合編，台北：時報文化，一九九〇，頁二二九—六四。

無名氏〈詩藝與品鑑——瘂弦論〉，《幼獅文藝》，一九九四年六月，頁八二—九〇。

馮青〈帶著光速飛竄的神童——一個解碼者／革命之子／林燿德〉，原載《自由青年》六九七期，一九八七；後收錄於《都市終端機》，林燿德著，台北：書林，一九八八，頁二七五—九九。

黃石輝〈怎樣不提倡鄉土文學〉，《伍人報》，一九三〇；引自陳昭瑛，頁一一九—二〇。

黃嘉謨〈硬性影片與軟性影片〉，《現代電影》一卷六期，一九三三；收錄於《中國電影理論文選1920-1989》上册，李晉生、徐虹、羅藝軍編，北京：文化藝術出版社，一九九二，頁二六五—八。

楊牧〈詩和詩的結構：林燿德作品試論〉，《銀碗盛雪》，林燿德著，台北：洪範書店，一九八七，頁一—六。

楊青矗〈台灣文學的認同〉，《自由時報》第十五版，一九九九年十一月二十三日。

楊素芳整理〈六十年代綜合討論〉，「台灣現代詩史研討會」，一九九五年三—五月；收錄於《台灣現代詩史論》，台北：文訊雜誌社，一九九六，頁二八一—七。
楊斌華〈解構：〈都市文化的黑色精靈〉——評林燿德的詩〉，《藍星詩刊》復刊二三期，一九九〇年四月，頁一二五—三五。
楊照（詹愷苓）〈浪漫滅絕的轉折——評朱天心小說集《我記得……》〉，《自立早報》一九九一年一月六—七日〈本土副刊〉。
楊照〈「彷彿在君父的城邦」〉，《七〇年代懺情錄》，楊澤主編，台北：時報文化，一九九四，頁一三九—四六。
楊照〈發現「中國」——台灣的七〇年代〉，《七〇年代：理想繼續燃燒》，楊澤主編，台北：時報文化，一九九四，頁一二七—三四。
楊憲宏〈舞台是透明的〉，《人間孤兒》，汪其楣著，台北：遠流，一九八九，頁一五一—六六。
楊澤〈有關年代與世代的〉，《七〇年代：理想繼續燃燒》，楊澤主編，台北：時報文化，一九九四，頁三—九。
楊熾昌《水蔭萍作品集》，呂興昌編訂，葉笛譯，台南：台南市立文化中心，一九九五。
楊熾昌〈《喬伊斯中心的文學運動》讀後〉，原發表於《台南新報》，一九三六年四月七日；後收錄於《水蔭萍作品集》，呂興昌編訂，葉笛譯，台南：台南市立文化中心，一九九五，頁一五一—八。

楊熾昌〈土人的嘴唇〉，原發表於《台南新報》，一九三六年；後收錄於《水蔭萍作品集》，呂興昌編訂，葉笛譯，台南：台南市立文化中心，一九九五，頁一三五—九。

楊熾昌〈台灣的文學喲，要拋棄政治的立場〉，原發表於《台南新報》，一九三六年；後收錄於《水蔭萍作品集》，呂興昌編訂，葉笛譯，台南：台南市立文化中心，一九九五，頁一一七—九。

楊熾昌〈回溯〉，原發表於《聯合報》一九八〇年十一月七日〈聯合副刊〉；後收錄於《水蔭萍作品集》，呂興昌編訂，葉笛譯，台南：台南市立文化中心，一九九五，頁二二一—九。

楊熾昌〈洋燈的思維〉，原以南潤筆名發表於《台南新報》，一九三六年四月二十六日及五月某日；後收錄於《水蔭萍作品集》，呂興昌編訂，葉笛譯，台南：台南市立文化中心，一九九五，頁一五九—六五。

楊熾昌〈紙魚後記〉，原收於《紙魚》中，一九八五年十一月；後收錄於《水蔭萍作品集》呂興昌編訂，台南：台南市立文化中心，一九九五，頁二三二—四六。

楊熾昌〈殘燭的火焰〉，原收於《紙魚》中，一九八五年十一月；後收錄於《水蔭萍作品集》，呂興昌編訂，台南：台南市立文化中心，一九九五，頁二五一—三。

楊熾昌〈新精神，詩精神〉，原發表於《台南新報》，一九三六年五月；後收錄於《水蔭萍作品集》，呂興昌編訂，葉笛譯，台南：台南文化市立中心，一九九五，頁一六七—七五。

楊熾昌〈詩的化妝法〉，原發表於《台灣日日新報》，一九三七年九月十九日；後收錄於《水蔭萍作品集》，呂興昌編訂，葉笛譯，台南：台南市立文化中心，一九九五，頁一九〇—一。

楊熾昌〈燃燒的頭髮——爲了詩的祭典〉，原發表於《台南新報》，一九三四年四月八日、四月十九日；後收錄於《水蔭萍作品集》，呂興昌編訂，葉笛譯，台南：台南市立文化中心，一九九五，頁一二七—三八。
楊熾昌〈檳榔子的音樂〉，原發表於《台南新報》，一九三四年二月十七日、三月六日；後收錄於《水蔭萍作品集》，呂興昌編訂，葉笛譯，台南：台南市立文化中心，一九九五，頁一二一—六頁。
楊麗玲〈文學惡地形上的戰將：林燿德〉，《自由青年》七二六期，一九九〇年二月，頁四二—七。
溫曼英〈在風雨如晦中演《薪傳》〉，《雲門舞話》，台北：雲門舞集，一九九三，頁二八—三七。
溫瑞安《中國人》，台北：皇冠，一九八〇。
溫瑞安〈龍哭千里〉（一九七二），《龍哭千里》，台北：言心出版社，一九七八，頁一一—九。
溫瑞安編《坦蕩神州》，台北：長河出版社，一九七八。
葉石濤〈接續祖國臍帶之後：從四〇年代台灣文學來看「中國意識」和「台灣意識」的消長〉，《中國論壇》二五卷一期，一九八七，頁一三五—四七。
葉笛〈日據時代台灣詩壇的超現實主義運動——風車詩社的詩運動〉，「台灣現代詩史研討會」，一九九五年三—五月；收錄於《台灣現代詩史論》，台北：文訊雜誌社，一九九六，頁二一—三四。

葉笛譯　〈超現實主義宣言〉，Andre Breton著，《笠》二卷一期，一九六五年六月，頁一三—三六。
葉維廉　〈在記憶離散的文化空間裡歌唱——論痖弦記憶塑像的藝術〉，《中外文學》二三卷三期，一九九四，頁七四—一〇四。
廖咸浩　〈玫瑰騎士的空中花園——讀陳黎新詩集《島嶼邊緣》〉，《島嶼邊緣》，台北：一九九五，頁三—四。
廖炳惠　〈比較文學與現代詩學在台灣——試論台灣的「後現代詩」〉，《第二屆現代詩學會議論文集》，彰化：彰化師範大學國文學系，一九九五。頁六九—九六。
廖炳惠　〈台灣：後現代或是後殖民〉，《書寫台灣》，台北：麥田，二〇〇〇。
趙無極　〈趙無極的自白〉；引自〈來台初期的李仲生〉，《李仲生》，蕭瓊瑞編，台北：伯亞：一九九一，頁二一。
劉吶鷗　〈中國電影描寫的深度問題〉，《現代電影》一卷三期，一九三三；收錄於《中國電影理論文選1920～1989》上冊，李晉生、徐虹、羅藝軍編，北京：文化藝術出版社，一九九二，頁二六一。
劉岳兵　〈詩魔的禪悟・禪學的匯通：試論洛夫詩路歷程中超現實主義〉，《幼獅文藝》七七卷二期，一九九三年二月，頁四八—五五。
劉紀蕙　〈台灣現代運動中超現實脈絡的日本淵源：談林亨泰的知性美學與歷史批判〉，《比較文學：第一回東亞細亞比較文學學術發表論文集》，漢城：韓國比較文學會，一九九八，頁一九—

四五。
劉紀蕙〈女神文化的動力之河與戀物固著：論台灣舞蹈劇場中的宗教圖像與女神符號〉，《戲劇、歌劇與舞蹈中的女性特質與宗教意義》，劉紀蕙、史琳達、康士林、羅基敏、林水福合編，台北：輔仁大學外語學院，一九九八，頁一二一—三八。
劉紀蕙〈林秀偉訪談錄〉，劉紀蕙訪問記錄，台北：一九九七年五月二日。未出版手稿。
劉紀蕙〈前衛的推離與淨化運動：論林亨泰與楊熾昌的前衛詩論以及其被遮蓋的際遇〉，《書寫台灣：後殖民、後現代與文學史》，周英雄、劉紀蕙主編，台北：麥田，二〇〇〇。
劉紀蕙〈故宮博物院 vs. 超現實拼貼：台灣現代讀畫詩中兩種文化認同之建構模式〉，《中外文學》二五卷七期，一九九六年十二月，頁六六—九六。
劉紀蕙〈陶馥蘭訪談錄〉，劉紀蕙訪問記錄，台北：一九九七年八月十一日。未出版手稿。
劉紀蕙〈超現實的視覺翻譯：重探台灣現代詩「橫的移植」〉，《中外文學》二四卷八期，一九九六年一月，頁九六—一二五。
劉紀蕙〈跨藝術互文與女性空間：從後設電影談蘿茲瑪的藝術相對論〉，《中外文學》二五卷十二期，一九九七年五月，頁五二—八一。
劉紀蕙〈燈塔、鞦韆與子音：論陳黎詩中的花蓮想像與陰莖書寫〉，《中外文學》二七卷二期，一九九八，頁一一八—三八。
劉紀蕙〈斷裂與延續：台灣舞台上文化記憶的展演〉，《認同・差異・主體性：從女性主義到後殖民文化想像》，台北：立緒文化，一九九七，頁二六九—三〇八。

劉紀蕙《文學與藝術八論：互文・對位・文化詮釋》，台北：三民書局，一九九四。

劉紀蕙〈林燿德現象與台灣文學史的後現代轉折：從《時間龍》的暴力書寫談起〉，發表於「文化、認同、社會變遷——戰後五十年台灣文學國際學術研討會」，台北：台灣大學，一九九九年十一月十二—十四日。

劉登翰〈中國情結和台灣意識——台灣文學的歷史情結〉，《笠》一六四期，一九九一年，頁一三三—四一。

劉裘蒂〈論余光中詩風的演變〉，《璀璨的五采筆——余光中作品評論集1979～1993》，黃維樑編，台北：九歌，一九九四，頁四五—八七。

劉蒼芝〈河邊的雲門〉，《雲門舞話》，台北：雲門舞集，一九九三，一一—二七。

蔣勳〈起來接受更大的挑戰〉，《仙人掌》一期，頁六七。

蔣勳〈談大地之子——代序之二〉，《大地之子》，汪其楣著，台北：東華書局，一九九〇。

鄭明娳〈當代台灣文藝政策的發展、影響與檢討〉，《當代台灣政治文學論》，台北：時報文化，一九九四，頁一三—七一。

鄭清茂〈取徑於東洋——略論中國現代文學與日本〉，《中外文學》二一卷十二期，一九九三年五月，頁六七—九二。

盧健英〈舞過半世紀，讓身體述說歷史：回顧台灣舞蹈五十年〉，《表演藝術》三三期，一九九五年七月，頁四—一一。

蕭蕭〈五〇年代新詩論戰述評〉，「台灣現代詩史研討會」，一九九五年三—五月，收錄於《台灣現代詩史論》，台北：文訊雜誌社，一九九六，頁一〇七—二二。
蕭瓊瑞〈來台初期的李仲生：1949～1956〉，《李仲生》，台北：伯亞，一九九一，頁一—五六。
蕭瓊瑞《五月與東方——中國美術現代化運動在戰後臺灣之發展1945～1970》，台北：東大，一九九一。
賴聲川〈無中生有的戲劇——關於『即興創作』〉，《暗戀桃花源》，台北：皇冠，一九八六，頁四—一一。
賴聲川《暗戀桃花源》，台北：皇冠，一九八六。
龍瑛宗〈熱帶的椅子〉，《文藝首都》九卷三號，一九四一，頁九五—六；引於羅成純〈龍瑛宗研究〉，《龍瑛宗集》，台北：前衛，一九九〇，頁二三三—三二六。
簡政珍〈余光中：放逐的現象世界〉，《璀璨的五采筆——余光中作品評論集1979～1993》，黃維樑編，台北：九歌，一九九四，頁八八—一二四。
顏元叔〈余光中的現代中國意識〉，《火浴的鳳凰——余光中作品評論集》，黃維樑編，台北：純文學，一九七九，頁六九—八九。
羅門〈讀凌雲夢的「林燿德詩作初探」有感〉，《藍星詩刊》復刊九期，一九八六年十月，頁八二—九〇。
羅門〈立體掃描林燿德詩的創作世界〉（一九九七），《林燿德與新世代作家文學論》，中國青年寫作協會編印，台北：文建會，一九九七，頁二一九—二六三。

羅門〈內在視覺世界的探索——看李仲生教授畫展有感〉，原載《民族晚報》一九七九年十二月一日；收錄於《論視覺藝術》，台北：文史哲出版社，一九九五。
羅青《什麼是後現代主義》，台北：五四，一九八九。
羅青〈後現代狀況出現了〉，《日出金色》，台北：文鏡，一九八六，頁一—一九。
譚楚良、羅田、王國棟《中國現代主義文學》，桂林：廣西師範大學，一九九二。
嚴家炎《中國現代主義小說流派》，北京：人民文學出版社，一九九五。
蘇紹連〈夏卡爾的夢〉、〈地震圖〉，《八十三年詩選》，台北：現代詩刊社，一九九四，頁一四。

〈人名索引〉

三劃

上田保　226
上田敏雄　226, 234

四劃

中村義一　205
戶田房子　222, 266
王文興　156
王拓　156
王浩威　372, 384-5, 412-3

五劃

北川冬彥　201, 226
北園克衛　201, 226, 229, 234
古繼堂　383
史惟亮　5, 71
平路　70

六劃

安西冬衛　201
朱天心　31, 413
百田宗治　201
西脇順三郎　200-1, 208, 224, 226, 229, 234

七劃

佐藤朔　226, 267
余光中　3, 8-9, 26, 29, 156, 296, 304-7, 309, 311, 315-7, 323, 325, 333
吳潛誠　273
吳濁流　9, 70-1
呂興昌　155
宋冬陽　422
李仲生　29, 228, 264, 267, 269, 271-2, 274, 289
李金髮　225, 268, 278-9
李張瑞　197, 225, 266
李喬　9, 70-1
李鑄晉　268, 278
村野四郎　201, 226-7, 229, 234
汪其楣　9-10, 29, 65, 70, 72-4, 78-9, 88, 103
言曦　156

八劃

具常　225
周毅　168, 191
周蕾　341-2
孟樊　291, 372
尙榫鐵平　223, 266
岸麗子　223, 266
林永修　197, 266
林亨泰　17, 19-20, 25, 29, 153-4, 156-7,

159, 180-1, 224-5, 228-36, 238, 240, 242, 247-55, 260, 265-6, 290, 385-7
林秀偉　11-2, 29, 108, 110, 121, 135-141, 144-7
林風眠　268, 271
林燿德　3, 9, 27-9, 181, 225, 229-30, 232, 254, 368-388, 396-399, 401, 404-7, 409-18
林懷民　7, 8-10, 29, 50, 65, 79, 88, 91-104, 108-10, 116-9, 121, 132, 147
林麗珍　110

九劃

姚一葦　96, 98
施建偉　171-2, 175-6
施淑　191
施蟄存　167, 170, 182, 385-8
春山行夫　200-1, 226, 229, 232, 234, 241-2, 267
洪凌　398
洪通　5, 71
洛夫　156, 233, 250-1, 261, 267, 276, 290, 317, 371, 404
紀弦　19-20, 29, 156, 181, 224-5, 228-9, 230-3, 254, 260, 264, 267, 275-7, 279, 281-2, 285-9, 384-7
胡蘭成　5, 31, 411

十劃

唐正序　168-9
奚密　157, 282, 340-1, 343
徐悲鴻　268
秦松　276, 278, 288

十一劃

商禽　23, 25, 233, 251, 261, 275, 277, 290, 385
尉天驄　155-6, 384-6
張我軍　193-4
張良典　197, 266
張英進　173
張深切　193
張漢良　260-2, 378, 397
張曉風　29, 86-7
連橫　9, 72, 74
陳千武（桓夫）　153, 225, 233-5, 250-1
陳明台　152-3, 252, 255
陳厚誠　168-9, 278
陳昭瑛　15-6
陳裕盛　398
陳鼓應　156
陳黎　9, 13, 27, 29, 291, 296, 324, 327-32, 333-4, 340-1, 343-4, 351, 354, 356, 359-61, 378-9
陶淵明　81, 86
陶馥蘭　9, 11-2, 29, 108, 110, 121-35, 141, 144-7

十二劃

瘂弦　9, 21, 29, 101, 156, 233, 251, 261, 276-7, 290, 296, 304, 317-9, 322-4, 329, 333-4, 370, 385
單德興　372

彭瑞金　70, 153-5, 384
游勝冠　14-5, 368
覃子豪　225
黃凡　382
黃石輝　14
黃嘉謨　174

十三劃

楊三郎　268
楊逵　154, 198-9, 253, 272
楊照　4-7
楊澤　3, 7-8, 315, 410-2
楊熾昌（水蔭萍）16-8, 29, 154-6, 159, 167, 180, 182, 190-1, 196-203, 205-6, 208-12, 215-20, 224, 228, 254-5, 260, 265-6
溫瑞安　6, 410-1, 413-4
葉石濤　153-4, 372, 383
葉泥　230, 233-4
葉珊（楊牧）　156, 378, 385
葉笛　226, 233-4, 266-7
葉維廉　290
詹冰　153, 224, 228-9, 266

十四劃

廖炳惠　372-3, 375-6
廖朝陽　420
福井敬一　206, 215
福澤一郎　226

十五劃

劉吶鷗　167, 174, 176, 182, 387
劉海粟　268
劉啓祥　268
劉紹爐　110
劉靜敏　110
廚川白村　190
歐陽子　156
蔣勳　71, 73
鄭明娳　372, 378

十六劃

穆時英　167-8, 172, 174, 176, 182, 191, 387
蕭翔文　153, 229
蕭瓊瑞　269, 271, 275-6
賴和　154, 198, 253
賴聲川　8-10, 29, 65, 79-80, 83, 85-8, 104
錢杏村　172
錦連　153, 225, 234

十七劃

戴望舒　225, 279

十八劃

簡政珍　181, 254, 305-6
顏水龍　268

十九劃

龐薰琴 269, 271
羅門 272, 274, 371, 373, 375, 377, 380, 414
羅青 372, 376-9, 381
羅智成 3, 315
關良 269, 271

二十劃

嚴家炎 170-1, 175
蘇紹連 9, 26-7, 29, 291, 296, 324-6, 329, 333-4

二十五劃

黌光 226, 271

A

Alberti, Leon Battista 阿爾柏提 38-9
Althusser, Louis 阿圖塞 35, 38, 41
Apollinaire, Guillaume 阿波里奈爾 200, 230, 266
Appiah, Kwame Anthony 艾皮亞 342
Aragon, Louis 阿拉貢 226, 266
Arendt, Hannah 鄂蘭 57
Auden, W. H. 奧登 156

B

Barthes, Roland 巴特 35
Bataille, Georges 巴岱爾 219, 223, 220, 369
Baudelaire, Charles 波特萊爾 167, 176-7, 182, 228, 232, 261, 278, 385
Bausch, Pina 鮑許 113, 122-3
Benjamin, Walter 班雅明 35, 311
Berger, John 柏格 39-40
Bhabha, Homi K. 巴柏 35, 66
Borenschen, Silvia 包雯生 123
Bourdieu, Pierre 波笛爾 35
Bourget, Paul 波哲 177-8, 215
Breton, André 布荷東 209, 226-7, 233-4, 266-7, 271
Bryson, Norman 布萊森 35-8, 302
Buñuel, Luis 布紐爾 157

C

Calinescu, Matei 卡里內斯古 173
Camus, Albert 卡繆 156

Caws, Mary Ann 卡絲 284-5

Chirico, Giogio de 奇利哥 272

Cocteau, Jean 考克多 200-2, 205, 230

Cunninghum, Merce 康寧漢 113

D

Dali, Salvador 達利 20, 227, 238, 240, 271, 279, 291, 301

Deleuze, Gilles 德勒茲 373

Deleuze & Guatarri 德勒茲與瓜達里 162, 168, 177-80

Desmond, Jane 戴絲蒙 64

E

Eliot, T. S. 艾略特 232, 234

Éluard, Paul 艾呂亞 226, 266

Evans, Jessica 艾玟絲 35

F

Fanon, Frantz 法農 35

Foucault, Michel 傅柯 35-6

Freud, Sigmund 弗洛依德 35, 43-52, 59, 103, 163-4, 170-2, 177

G

Gimbutas, Marija 京布塔思 112

Gold, Thomas B. 顧德 4, 71

Graham, Martha 瑪莎・葛蘭姆 91, 113

Grotovsky 葛托夫斯基 113

H

Hall, Stuart 霍爾 35, 303

Hemingway, Ernest 海明威 156

Holland, Eugene 尤金・賀蘭 182

Humphrey, Doris 漢佛瑞 113

I

Irigaray, Luce 伊希迦黑 357-8

J

Jameson, Fredric 詹明信 376, 399

K

Kafka, Franz 卡夫卡 258

Klee, Paul 克利 205

Koritz, Amy 柯瑞姿 64

Krieger, Murray 克里格 284

Kristeva, Julia 克莉絲特娃 17, 52-6, 59-60, 79, 159, 162, 167, 180, 299,. 316, 356, 363, 417

L

Lane, Christopher 蘭恩 53-4

Lautreamont, Comte de 洛特曼 369

Limón, José 李蒙 113

M

Massoon, André 馬松 126

Matisse, Henri 馬蒂斯 21-2, 290, 301, 319, 322-3

Miro, Joan 米羅 20, 205, 282, 285, 287, 291, 301, 327-8

Mitchell, W. I. T.　米契爾　36, 43, 298-9, 323
Munch, Edvard　孟克　101, 205, 291

N

Nietzsche, F. W.　尼采　177-8, 215
Nikolais, Aliwin　尼可萊斯　113, 122
Nochlin, Linda　諾克林　41-3

R

Radiguet, Raymond　拉吉訶　202
Reich, Wilhelm　賴希　177
Riffaterre, Michael　里法特　299
Rilke, Rainer Maria 里爾克　227, 234
Roh, Franz　佛蘭茲・洛　271
Ruskin　羅斯金　36

S

Sade, Marquis de　薩德　220, 369
Said, Edward　薩依德　332
Schechner, Richard　謝克納　113
Schiele, Egon　伊根・席勒　101
Sokolow, Anna　安娜・索克洛　122
Sontag, Susan　桑塔　35
Sutton-Smith　蘇同—史密斯　67-8

T

Tanning, Dorothea　唐寧　126
Turner, Victor　特納　36, 67-9

V

Valéry, Paul　梵樂希　201, 228, 232

W

Williams, Raymond　雷蒙・威廉斯　162
Wollheim, Richard　沃漢　39

Z

Žižek, Slavoj　齊采克　39, 57-9

〈文學現象、文學集團與批評術語索引〉

一劃

一九四九　2, 19, 333, 371, 383

二劃

二二八事件　20, 27, 74, 102, 240, 247, 277, 325, 397

三劃

《三三》集刊、三三詩社　3, 5-6, 410, 412-3

四劃

《文學月報》　166, 171
《文藝耽美》　226, 266
水沫書店　173
中國青年寫作協會　371
中國情結　3, 305, 413-4
中國符號　2, 8-10, 13, 29, 34, 43, 46, 50, 60, 65, 91, 108, 113-4, 148, 316, 368, 374
中華獨立美術協會　270
反共文學　157
太古踏舞團　110
文化認同　2, 8-9, 12-3, 17, 29, 34, 53, 60, 67, 70, 108, 145, 148, 182, 269, 292, 296, 299, 302, 334
文化清潔運動　404
文革　168, 404

五劃

《台灣文藝》　154, 191, 193
《台灣民報》　166
《台灣青年》　193-4
《台灣新文學》　154, 166, 192, 198-9
《台灣新民報》　166
主知主義、主知美學（Intellectualism）153, 224, 226, 231-2, 235
主體性（Subjectivity）　9, 15-6, 18, 54, 59-60, 343, 368, 375-6, 417-8
他者：符號他者、社會他者、藝術他者、文化他者　3-4, 14, 20, 25, 28-9, 34, 38, 54-7, 59-60, 113-4, 160, 264, 284-5, 292, 296, 298-9, 302-3, 307, 311, 325-6, 332-4, 356-8, 363, 369, 416-8
台展與府展　269
台灣文化協會　166
台灣文藝聯盟　166, 198
台灣意識　3, 15, 17, 29, 65, 71-2, 91, 118, 369, 374
台灣新文學　148, 154, 159-60, 166, 191-3, 198
台灣圖像　2, 8, 10, 34, 43, 46, 50, 60
四六事件、四六學運　20, 229-30, 235-6, 240
外國人恐懼症（xenophobia）　54-5
左聯　166, 171, 173-4

本土論、本土論述、本土化運動　4, 13-7, 25, 29, 146, 148, 191, 252, 341, 368, 413
未來派（Futurism）　200, 228

六劃

《伍人報》　191
《先發部隊》　166, 191-2, 194
白色恐怖　3, 20-1, 102, 240, 247, 277, 325, 418
白樺派　200
立體主義（Cubism）　153, 228
伊底帕斯徵候群、伊底帕斯組織化、伊底帕斯神經官能症（Oedipal Neurosis）　17-8, 129, 159, 162, 169, 181, 190, 218, 255
先鋒派　220
多面向舞蹈團　110, 133
妄想（Paranoia）　190, 196
自由人　174
自戀（Narcissism）　15, 340-1, 356

七劃

《赤道》　191
戒嚴時期　20, 27, 230
投注（Cathect）　42-4, 46-51, 340-1, 356, 362, 418
決瀾社　29, 269-70
身分認同、文化身分（Identity Politics, Cultural Identity）　4, 9, 18, 64-6, 71, 74, 80, 91, 103-4, 148, 217, 219, 236, 303-4, 313, 315, 326, 332, 343
泛轉、變異（Perverse）　17-9, 29, 59-61, 152, 161, 163, 165, 167, 170, 173, 176, 180-2, 217, 219-20, 418,

八劃

《明日》　191
固著（Fixation）　13, 109, 118, 121, 141, 147-8
孤兒文化、孤兒情結　9-11, 13, 29, 50, 70-1, 74, 79, 103-4, 108, 121, 148
法西斯主義（Fascism）　27, 59, 161, 168, 179, 386, 396, 402, 404-5, 415
物體藝術（Object Art）　146

九劃

前衛藝術（the Avant-Garde）17, 152, 156, 162, 226-7, 267-8, 271, 276, 291
後現代（Post-modern）　16-7, 19, 27, 29, 79, 94, 181, 254, 325, 341-3, 368-70, 372-82, 385-8, 398, 412, 415-6
後設心理學（Meta-psychology）　35, 49, 83, 164
後殖民主義（Post-colonialism）　54, 341-3
拼貼（Collage）19-21, 25, 29, 144, 181, 227, 239-40, 254, 278-9, 281, 285, 289-91, 301-3, 316, 318, 323-4, 328, 334, 377
政治小說（Political Fiction）397-8
施虐／受虐（Sado-masochism）　28, 34, 42-3, 48, 59-61, 370, 397, 403, 416-8,
《前鋒週報》　166
《南音》　191-2
《洪水》　191

《風車詩誌》 18, 154, 220
皇民化、皇民文學、國語運動 16, 269, 277, 327
科幻文學（Science Literature） 369, 397-9, 416
美術文化協會 226

十劃

流放、離散（the diaspora） 2, 19, 65, 313-5, 324, 332-5, 418
原初自戀（primal narcissism） 48
原初壓抑（primal repression） 48, 164
浪遊者（flâneur） 206
神州詩社 3, 5-6, 412-3
起源（Origins） 55-6, 60, 417-8
高雄美麗島事件 3, 7, 71

十一劃

《現代》 279, 282
《現代詩》 19, 153, 230-1, 233-4, 252, 255, 260-1, 266, 288
《笠》詩刊 19, 153, 233-5, 252, 255, 266-7
國共內戰 20
國防文學 166, 174
國家主義（Nationalism） 55, 173, 341-2, 363
推離（Abjection） 8-9, 16-7, 52-4, 60, 118, 152, 159-62, 299, 301, 311, 316, 334, 363, 418
現代主義、現代派（Modernism） 14, 16-7, 19-20, 152, 154-5, 159, 160-3, 167-9, 170, 173, 177, 180-2, 190-1, 196, 198, 201-2, 220, 224-5, 229-31, 233-5, 252-3, 255, 260, 265-6, 276, 278, 287, 375, 380-1, 386-8
現代性（Modernity） 160, 165, 173, 177, 182
現代詩論戰 4
第三種人 174
符號衝動（Semiosis） 14, 108, 146, 182, 344, 362
組織化（Organization） 18, 162-3, 165-7, 169, 172-4, 176, 178, 190-2, 217, 418
都市文學（Urban Literature） 173, 176, 369, 371-2, 376-8, 412

十二劃

《創世紀》 19, 153, 233-4, 255, 266, 276, 387
《無軌列車》 173
《詩與詩論》 153, 200-1, 224, 226, 229, 232, 241, 265
《漢聲》 5, 71
《福爾摩沙》 166, 192
《潮流》 228-9
《藍星》 381
創傷經驗（Traumatic Experience） 3, 25, 28, 54, 57-8, 206, 323, 326
殖民地文學 16, 154--5, 198-9
象徵系統 17, 49, 52-3, 60, 69, 159-60, 162, 179, 217, 299, 349, 351, 357-8, 362-3, 417

超現實主義（Surrealism）：台灣超現實詩、超現實論述、日本超現實運動 16-20, 25-7, 29, 129, 146, 148, 153-5 157, 167, 180-1, 197, 200-2, 205, 224-9, 231-3, 251, 255, 260-2, 265-8, 270-2, 274-5, 277, 281-2, 285, 287, 290, 296, 301, 323, 386, 388

鄉土文學、鄉土文學論戰 3, 5, 6, 14, 65, 146, 191, 413

集體論述、集體意識 9-10, 19, 50, 52, 54, 72, 74, 79, 92-3, 150

雲門舞集 5, 71, 88, 91, 109, 116-9, 135

十三劃

愛恨並存（Ambivalence） 48, 114

愛欲（Eros） 41, 112, 139, 147, 340, 344, 370, 396

新世代、新生代 2-3, 65, 291, 324, 326, 333, 371-2, 374, 377, 379, 381-4, 388

新即物主義（Neue Sachlichkeit） 153, 200, 227

新感覺派（上海、日本、台灣） 168, 170, 173-4, 182, 384-8

新精神（Esprit Nouveau） 197, 201, 208

極限主義（Minimalism） 240, 242

歇斯底里（Hysteria） 164, 196

解嚴 74

跨越語言的一代 29, 153-4, 224, 228, 255, 386

達達主義（Dada） 200, 227-8, 261, 268-9, 270, 278

十四劃

種族問題、族群問題（Ethnicity） 34, 53-4, 56-7, 59, 160, 417

精神分裂式分析（schizo-analysis） 177-8, 182, 291

舞踏（Butoh） 113

認同作用、認同機制（Identification） 18, 50, 54, 56-7

銀鈴會 20, 29, 154, 157, 163, 181, 224, 228-30, 235-6, 247, 252, 255, 266, 387

十五劃

寫實主義（Realism） 14-5, 17-8, 60, 148, 153-4, 159-60, 172, 181, 191, 198-200, 202, 219, 253, 268, 385-7, 413

影響研究 260-4

徵狀式閱讀（Symptomatic Reading）、症狀 35, 43, 44, 46-50, 77, 141, 159, 161, 196, 343-4, 370, 417

暴力書寫、暴力魔幻書寫 9, 18-9, 28, 196, 220, 369-70, 396, 403, 405, 415

十六劃

戰鬥文藝 230-1

獨立美術協會 226

十七劃

優劇場 110

十九劃

懷鄉情結（Nostalgia） 84, 304-5, 316-7

二十一劃

魔幻寫實主義、魔術的寫實主義（Magischer Realismes） 291, 369, 388, 416

二十二劃

讀畫詩（Ekphrasis） 3, 284-5, 296-7, 299-304, 306-7, 309, 311, 317, 324, 333

二十三劃

戀物（Fetishism） 13, 43, 50, 109, 118, 121, 141, 144, 147-8, 418

內文簡介

二十世紀初，台灣文學的變態意識在哪裡？當二十世紀人們歷經兩次世界大戰，人的形象可以如同賈可梅提(Giacometti)的雕像不斷被削減掏空，人的意識狀態的黑色空間反覆被文學家與藝術家所探索，爲何台灣的文學固執地堅持「寫實」與「健康」的立場？爲何在台灣的現代文學史中，沒有發展出從巴岱爾(George Bataille)到格里耶(Robbe-Grillet)的負面意識與新小說或是新新小說？

本書分三部分，分別以「方法論」、「文化圖像」以及「負面文學史」三個層面切入，企圖回應上述問題。第一部分提出文化符號之視覺詮釋以及精神分析徵狀式閱讀的方法論，第二部分根據此徵狀式閱讀之方法論，展開對於台灣文化場域所展演的文化圖像之分析，並探討此文化圖像所透露的主體／客體相對位置以及其中牽引的文化認同問題，第三部分則對應於前述二個層面的思考軸以及揭露的文化認同問題，從負面思維重新觀看台灣文學史，搜尋台灣寫實文學傳統之外的超現實書寫與負面意識脈絡，從三〇年代超現實詩人楊熾昌的「異常爲」書寫，四〇年代延續到五、六〇年代的銀鈴會詩人林亨泰所進行的超現實語言實驗，到五〇年代紀弦的「橫的移植」，六〇年代到八〇年代之間「故宮博物院」與「超現實拼貼」兩種觀看模式，以至於八〇年代、九〇年代以林燿德爲代表的後現代暴力轉向。

這一系列台灣文學史中的負面書寫脈絡，不僅揭露了台灣文學史與文化史所不容的「他者書寫」，也揭露了不同心理地層而鑲嵌了歷史與時代痕跡的負面「本土意義」以及「台灣意識」。

作者

劉紀蕙

一九五六年生於台北市萬華區糖廠廢棄的鐵道旁，成長於日本式的老屋子與巷弄間，該址早已不在。祖籍據說是上海市，其實不詳。一九八四年獲得美國伊利諾大學比較文學博士，一九九四年創立輔仁大學比較文學研究所，致力於推動整合性人文研究。曾任輔仁大學英文系主任、輔仁大學比較文學研究所所長。現爲輔仁大學比較文學研究所專任教授。主要研究領域爲台灣文學、現代主義文學與藝術、精神分析與文化研究、電影研究與跨藝術研究。著有《文學與藝術八論：互文・對位・文化詮釋》（三民，一九九四），主編《框架內外：藝術、文類與符號疆界》（立緒，一九九九），《書寫台灣：文學史、後殖民與後現代》（麥田，二〇〇〇），《他者之域：文化身分與再現策略》（麥田，二〇〇〇）等論文集。

責任編輯

馬興國

中興大學社會系畢業，資深編輯。

國家圖書館出版品預行編目資料

孤兒・女神・負面書寫—文化符號的徵
狀式閱讀／劉紀蕙　著：--初版　--臺北縣
新店市：立緒文化，民89
面；　　公分。--（學術叢書；7）
參考書目：面
ISBN　957-8453-92-2（平裝）

1.文學-哲學,原理　2.藝術-哲學,原理　3.臺灣-文化

541.262　　　　　　　　89003832

孤兒・女神・負面書寫：文化符號的徵狀式閱讀

Orphan, Goddess, and the Writing of the Negative: The Performance of Our Symptoms

出版——立緒文化事業有限公司
作者——劉紀蕙

發行人——郝碧蓮
總經理兼總編輯——鍾惠民
行政主編——吳燕惠
編輯——徐雅慧
行政——陳妹伊
地址——台北縣新店市中央六街62號1樓
電話——(02) 22192173・22194998
傳眞——(02) 22194998
E-mail: ncp2000 @ tpts l. seed. net. tw
劃撥帳號——1839142-0號　立緒文化事業有限公司帳戶
行政院新聞局局版臺業字第6426號

行銷代理——紅螞蟻圖書有限公司
電話——(02) 27999490　傳眞——(02) 27995284
地址——台北市內湖區文德路210巷30弄25號1樓
排版——浩瀚電腦排版股份有限公司
印刷——祥新印刷股份有限公司

法律顧問——敦旭法律事務所吳展旭律師
國際通商法律事務所黃台芬律師

分類號碼——541.00.001
ISBN 957-8453-92-2
出版日期——中華民國89年5月初版　一刷（1～2,000）

定價⊙400元

立緒文化事業有限公司　信用卡申購單

■信用卡資料

信用卡別（請勾選下列任何一種）

□VISA　□MASTER CARD　□JCB　□聯合信用卡

卡號：________________

信用卡有效期限：______年______月

身份證字號：________________

訂購總金額：________________

持卡人簽名：________________（與信用卡簽名同）

訂購日期：______年______月______日

所持信用卡銀行________________

授權號碼：________________（請勿塡寫）

■訂購人姓名：________________性別：□男□女

出生日期：______年______月______日

學歷：□大學以上□大專□高中職□國中

電話：________________職業：________________

寄書地址：□□□

____

■開立三聯式發票：□需要　□不需要（以下免塡）

發票抬頭：________________

統一編號：________________

發票地址：________________

■訂購書目：

書名：__________、______本。書名__________、______本。

書名：__________、______本。書名__________、______本。

書名：__________、______本。書名__________、______本。

共__________本，總金額________________元。

⊙請詳細塡寫後，影印放大傳真或郵寄至本公司，傳真電話：(02)2219-4998
信用卡訂購最低消費金額為一千元，不滿一千元者不予受理，如有不便之處，敬請見諒。